拉木·嘎土萨，原名石高峰，纳西族摩梭人。云南省社会科学院二级研究员、中国作家协会会员。创作出版《摩梭女人》《梦幻泸沽湖》《摩梭达巴文化》等21部专著。作品获得第一届、第二届全国少族民族文学研究优秀奖，两次全国少数民族文学创作骏马奖，中华文学基金会"庄重文文学奖"。2017年，获得云南省人民政府特殊津贴。

拉玛伊佐，原名张海彬，彝族。四川会理人。现为中国少数民族语言文学学院讲师。北京师范大学文学院与美国俄亥俄州立大学东亚系联合培养博士，中央民族大学博士后，彝汉双语诗人、译者、文学批评写作者。从事中国当代诗歌、小说批评以及中国少数民族文学研究，在《文艺争鸣》《民族文学研究》《当代作家评论》《当代文坛》等期刊发表论文多篇，出版诗集《复活一个太阳》《拉玛伊佐作品选》。

该书为国家社科基金项目成果

藏羌彝走廊

当代少数民族诗人群研究

拉木·嘎土萨　拉玛伊佐　著

云南人民出版社

图书在版编目（CIP）数据

藏羌彝走廊当代少数民族诗人群研究／拉木·嘎土萨, 拉玛伊佐著. -- 昆明：云南人民出版社, 2024.4
ISBN 978-7-222-22440-7

Ⅰ.①藏… Ⅱ.①拉… ②拉… Ⅲ.①少数民族—诗人—人物研究—中国—现代 Ⅳ.①K825.6

中国国家版本馆CIP数据核字(2024)第059697号

责任编辑：刘　焰
助理编辑：李明珠
装帧设计：木束文化
责任校对：朱　颖
责任印制：窦雪松

藏羌彝走廊当代少数民族诗人群研究
ZANG-QIANG-YI ZOULANG DANGDAI SHAOSHU MINZU SHIRENQUN YANJIU
拉木·嘎土萨　拉玛伊佐　著

出　版　云南人民出版社
发　行　云南人民出版社
社　址　昆明市环城西路609号
邮　编　650034
网　址　www.ynpph.com.cn
E-mail　ynrms@sina.com
开　本　720mm×1010mm　1/16
印　张　16
字　数　270千
版　次　2024 年4月第1版第1次印刷
印　刷　云南优创印刷有限公司
书　号　ISBN 978-7-222-22440-7
定　价　48.00元

如需购买图书、反馈意见，请与我社联系
总编室：0871-64109126　发行部：0871-64108507　审校部：0871-64164626　印制部：0871-64191534

云南人民出版社微信公众号

目 录

绪 论

　　"藏羌彝走廊"是我国历史上形成的以氐羌系统为代表的众多族群先民为主体，纵贯大西北和大西南的民族迁徙通道。这条民族走廊的概念于20世纪80年代首次被提出，是我国著名社会学家费孝通先生在总结前人研究的基础上，就中国西部民族分布格局提出的科学创见。

　　作为地理概念，藏羌彝走廊的范围呈现出动态延展特征，这是由外部需求所建构的。但无论边延怎样变化，其主体区域已经固定下来。这条走廊北起甘肃，沿洮泯河谷向南进入四川西部，经过岷江、金沙江、雅砻江、大渡河纵贯构成的高山峡谷与云南、西藏毗连处的横断山脉连在一起，与怒江、澜沧江流经的高原峡谷一起构成一个相对封闭的地理区域。从行政建制上来看囊括了今甘肃甘南藏族自治州与陇南市部分县乡；青海省果洛藏族自治州全境以及海南藏族自治州、黄南藏族自治州、玉树藏族自治州所辖部分县域；四川省阿坝藏族羌族自治州、甘孜藏族自治州、凉山彝族自治州、攀枝花市以及雅安市、绵阳市、乐山市、宜宾市等所辖部分县份；云南省怒江傈僳族自治州、迪庆藏族自治州、丽江市以及大理白族自治州、保山市、楚雄彝族自治州、昭通市等所辖部分县域；西藏自治区昌都市东部各县地等。

　　作为文化概念，藏羌彝走廊是一条民族文化走廊。这里分布着藏缅语族中的藏族、羌族、彝族、纳西族、普米族、傈僳族、白族、怒族、哈尼族、拉祜族、景颇族、珞巴族等少数民族，以藏语支和彝语支的民族居多，但并不局限于此，壮侗语族的壮族、傣族，苗瑶语族的苗族，孟-高棉语族的部分族体以及回族等

1

多个民族共同生活在这一区域内。一方面，受复杂的地理环境和历史上民族迁徙等因素的影响，藏羌彝走廊中的各个民族形成杂居与聚居并存的分布状态，在此条件下保存了丰富的各族语言、历史遗存、民间信仰、文学艺术、风土习俗等诸多民族文化要素。另一方面，藏羌彝走廊内的各族人民又保持着密切的民间往来。在经贸物资流通的同时，各民族之间增进了相互了解，形成了多元文化交融的局面。其中文学是该地区具有鲜明特色的重要文化表现，在这片异彩纷呈的土地上，盛开着各民族独具特色、神奇瑰丽的文学之花。

与中原传统文学相比，藏羌彝走廊少数民族文学从一开始就散发着浓郁的民间气息。它不是为统治阶级上层酬唱应和而产生的，而是为记录一个民族所经受的磨难、歌颂挺身而出为民牺牲的奉献精神或者铭记漫长岁月中遇到的欢欣事物，而诗歌作为众多文学载体中最具感染力的文学形式，在藏羌彝走廊民族地区具有深厚的土壤。习近平总书记在文艺工作座谈会上讲过："人民的需要是文艺存在的根本价值所在。能不能搞出优秀作品，最根本的决定于是否能为人民抒写、为人民抒情、为人民抒怀。一切轰动当时、传之后世的文艺作品，反映的都是时代要求和人民心声。我国久传不息的名篇佳作都充满着对人民命运的悲悯、对人民悲欢的关切，以精湛的艺术彰显了深厚的人民情怀。"藏羌彝走廊少数民族诗歌文学传统正与习近平总书记重要讲话精神高度契合。从改革开放至今，藏羌彝走廊地区经历了经济社会的大发展，便利的交通改变了过往的沟通方式，产业发展提高了少数民族群众经济收入的同时也带来了诸如自然环境的破坏与人际关系的疏离。于是对少数民族自我寻找"文化身份"的书写成为当下本地区少数民族诗人的自觉追求和时代义务。将现当代藏羌彝走廊少数民族诗人群体作为一个整体研究对象有许多理由，其一，他们在展现"民族性"上是共通的。通过他们的作品，可以知悉在文化趋同的时代背景下少数民族诗人在"文化寻根"方面所做出的努力。他们的创作实践在技法上有熟练和稚嫩之别，在创作态度上却都极为真诚，对本民族的文化心存敬重，在复原本民族深层历史记忆和文化记忆方面均做出了令人尊敬的成绩。其二，面对"人与自然"关系的大命题上，藏羌彝走廊诗人群体面临的时代背景相同，遭遇的困境也极为相似。面对发展问题，不同的人群有不同的理解，技术研究者看重的是生产力发展带来的效益，而将与之俱来的负面影响看作不可避免的阵痛。诗歌创作者则更关注这种阵痛带来的身体和心灵的伤害，在他们看来伤口可以复原，伤痕却永难磨灭，通过诗歌形式表现哲学层面的思考这一点是共通的。其三，他们对于"文化多样性发展"这一论题的坚守相同，即在这个地球上，每一个民族的文化平等，文化不分大小主次，其蕴含的价值不可替代。

藏羌彝走廊诗人群体既有个人化的诗学书写，再现少数民族文化在全球化进程中各自不同的际遇，也有自我超越、走出藩篱的集体诗学表达。诗人们对文化身份、文化自信所做的努力为当代少数民族诗歌赢得了"他文化"的尊重。这也使得藏羌彝走廊现当代诗人群具有了相当的影响，他们在"地方性传统"的承继与踔厉上将起到重要的作用。与个体研究不同，诗人群体研究应当注重"共通性"和"渐进表达"，采用文学人类学研究理论和方法条分缕析地展现一个时代的地域文学风貌。由此，本课题选定现当代藏羌彝走廊少数民族诗人及作品为文本，研究这一地域多元文化与文学现象，从纵向上探究族群文化与历史渊源的关系，从横向上关注诗人群体所关注的时代精神、人性魅力，以期阐述他们对人类命运的思考，探析少数民族诗人群成长的轨迹，创作风格的形成及其对中国多民族文学发展的贡献。

本研究项目主要关注以下三个诗人群的研究。

第一章聚焦的康巴诗人群研究。康巴诗人群是指生长、生活在康巴大地的藏族诗人群体。从20世纪60年代至今，康巴这片土地出现了一批诗艺相近、创作趋向与目标的整体融合且初具规模的诗人。这批诗人中既有已经在诗歌创作领域取得优异成绩，获得外界关注的列美平措、阿布司南等，也有新近崛起的那萨、洛迦·白玛、桑丹、夏加、梅萨等后起之秀。这批在康巴大地上成长起来的诗人对个体生命体验、族群文化历史、康巴自然风貌有着敏锐的感知，其诗歌创作明显呈现出相同或近似的情感取向和艺术特征。他们构成了全国藏羌彝走廊范围内为数不多的可以称为"诗群"的创作群体，其人数规模和诗歌分量在一定程度上已经具备了"诗群"的特征，因而将其称为"康巴诗人群"。

康巴诗人群共同的创作特征主要体现在创作内蕴的民族性与地域色彩，族群意识、身份认同、民族志表征、家园的重构意识等是他们作品中共同的核心元素，亲切质朴的语言、纷繁飘零的藏风意象是他们艺术建构的灵魂。无论是从思想内核还是语言层面来看，康巴诗人群的诗歌创作都显露出鲜明的"康巴"意识和藏民族色彩，如此具有辨识度的创作特质为当代文坛带来了全新的审美体验，开拓了文学新的认知领域。与此同时，我们也应该思考，康巴诗人群的创作是否还可以超越自身的价值观念、族群信仰以及传统文化的局限，从而达到揭示人类共同精神境遇和气质内涵的走向。

康巴诗人群的诗歌主题，一是族群意识与身份认同。少数民族文学的创作与研究领域，族群意识与身份认同问题始终是一个绕不开的重要话题。身份建构包括少数民族作家在创作中不自觉选择的民族身份以及创作背后的身份与象征，即作者在建构艺术世界的同时也在进行自我身份的追寻或重塑，作品中的民族文化符号正是作者表达族群身份与意识的艺术媒介。对康巴诗人群而言，族群记忆是一种自觉的情感流露和文化承袭。在他们的创作中，族群记忆更多的是一种集体无意识的自然呈现。康巴诗人群常在诗艺间以回溯历史人物、溯源民族精神的方式实现自我表述和构建族群意识。在康巴其他诗人的创作中亦有许多追寻集体记忆的诗篇，藏民族渊源深厚的生存智慧与历史文化一直是诗人们取之不尽的创作源泉，也是他们进行灵魂拷问、自我认知和认识世界的艺术手段。

在各种文化与各种民族趋向大融合的当代语境下，少数民族的身份认同意识显得尤为重要。康巴诗人群作品中呈现的集体文化符号、族群记忆标志等是他们自我身份认同与识别的标志。值得注意的是，康巴诗人群诗歌中所传达的身份认同意识不仅仅是单一的对族群文化崇拜与赞扬的认知，在多民族融合、文化多元化的当代语境下，他们看到了族群文化面临被冲击，并逐渐走向流逝的命运。康巴诗人群因强烈的民族身份认同而为民族文化的发展走向感到不安，同时，他们也敏锐地感知到民族文化的落后部分，从而产生了文化焦灼与反思的理智情感。身份认同又具思辨色彩，即在表达归属情感的同时善于自我反思和内省。

二是地方性知识与民族志书写。学界对地方性知识的系统认识以格尔兹的人类学论文集的诞生为标志，随着格尔兹对地方性知识的多视角阐释，地方性知识的内涵不再仅仅指一种非西方的、非现代的、民间的、原始部落的知识，而更多的是指当地人因生产生活的需要而产生的一种知识体系和文化符号系统，其背后是当地人对自然现象、社会人事的认知和理解。因此，他们天生具备了"住在土著人中间"的民族志工作者的必备条件。康巴诗人群在创作过程中，常将本民族的风俗习惯、人文风土进行文学想象，从而实现文化描写与阐释的民族志式创作。康巴诗人群的创作中蕴含了丰富的藏民族元素，其中有对藏族现实生活的表达，也有生死观念的深层呈现。可以说，康巴诗人群的诗作是一幅富有民族志色彩的风俗民情之画，一首地方性知识充沛的藏地之曲。

藏族除了信仰系统化的藏传佛教之外，他们也信仰原始本教：一种以自然崇拜为核心的宗教信念。牦牛、雄狮、鹰、大鹏、马、虎等动物在藏族文化里具有丰富的文化渊源和深刻意蕴，是藏族原始的图腾信仰之物，这些图腾常作为诗歌符号频频出现在康巴诗人群的创作中。康巴诗人群作品中的风物呈现是创作者进行地方性知识与民族志书写的艺术方式，具有标识性的风物为读者认识藏族文化，深入认识众多世界中的另一个世界提供了一次可贵的实践。

三是对自然生态环境的关注。进入21世纪以来，随着气候变暖、环境污染、植被破坏等日益恶化的生态问题的凸显，越来越多的人认识到生态环境的恶化给人类生存和生命持续带来的威胁。在文学世界领域，西方生态批评潮流带来的生态书写和反思渐渐成为中国文学创作和批评的一大热门话题。人类中心主义语境下的生态失语问题引起了人们越来越多的关注，不过，生态批评的概念被引入文学批评领域，作家、诗人们也开始纷纷投入生态文学的写作。这种现象的出现"并非仅仅是由于自然环境屡遭破坏和人们环境保护意识的增强，而且也是由于它包含的美学价值、道德伦理和精神之光"。

康巴诗人群生于奇山秀水的大自然怀抱中，在与大自然的朝夕相处中与之建立了相依相偎的情感。他们认为万物有灵，一树一草都有生命。但随着现代科技的发展，城市化开发力度不断增强，藏族地区草原、雪山、森林无一幸免地遭受污染与破坏，诗人们将残酷现实所引起的恐慌不安情绪放置进诗篇，试图以此唤醒人们对自然与生命的尊重和热爱。在生态危机日益严重的今天，它启示我们要树立生命神圣性和一切生命都平等的生态伦理观念，要把人与自然视作相互依存的命运共同体。

四是乡土情结与家园重构。对于有乡土生活经验的人而言，即便后来生活在都市，童年记忆中的那片乡土依然是他们永远的精神家园。由此可见，乡土情结是一种"剪不断，理还乱"的魂牵梦萦的故乡情愫。当代乡土情结蕴含对故乡的依恋，也包含着建构现代人类精神家园的努力。康巴诗人群用诗人对乡土的诗意描述，表现出浓烈的乡土眷恋与寻根意识。康巴诗人对故乡的依恋情愫不再是简单颂扬故土的山河大海、雪山草原。他们对故乡的情感更多的是一种对精神原乡的回溯，以及把自身放置于外部世界、从"他者"的立场反观故乡时，所感知到的从"彼时"故乡到"此时"故乡的时空距离变动下，家园变迁给人所带来的认知观念和情感结构的变化。康巴诗人群对诗意家园有着强烈的皈依情感和诗意想象，他们重构家园的探索不只单纯指向回归乡土和传统家园，而是一种重建人类精神世界和心灵生态的努力。

康巴诗人群的诗艺建构与审美追求，一是语言陌生化与日常感并存，它们既有日常语言的亲切朴素，又有陌生化的疏离感。诗人们在两种不同的语言状态间穿梭自如，构建了朴素而又不乏华丽的审美世界。

康巴诗人群用语义颠倒、夸张修辞和反讽等手法实现了诗歌语言的陌生化。陌生化打破了人们"自动化"的语言接受方式，让语言变得极具新鲜感和生动感。夸张修辞是康巴诗人群诗歌艺术实现陌生效果常用的艺术手段，灵动修辞是康巴诗人群实现诗歌语言陌生化常用的策略。康巴诗人群活跃、灵动、富有思辨色彩的诗学思维，他们用语义转义、夸张修辞和移就修辞的审美方式将诗歌形式艰深化，增加了读者阅读的感受时长。诗人们赋予了日常事物生动新鲜的魅力，通过打破人们的惯性思维、枯燥的感知与纯粹的认识来达到诗歌艺术的生动性与丰富感。

康巴诗人群的诗歌语言是充满新鲜感和陌生化色调的。而日常语言则是生活化、平民化，充满亲切感与熟悉感的语言。这是看似相互矛盾的一组关系，但康巴诗人们却巧妙地将二者融合。他们的诗歌在给人距离感的同时，也给人带来阅读上的亲近感和审美上的生活化气息。他们的诗歌常用熟悉的日常生活景物表达情感，将日常的信息表达转变成诗歌的情感抒发。他们也擅长使用对话和戏剧式的旁白，呈现出生活语言的亲切感和艺术语言的距离感并存的审美效果。

二是呈现色彩纷繁的宗教意象世界。美是在主客体的交融中形成的，康巴诗人群的诗歌美学既有主观层面的"意"内核，又有客观层面的"象"之形态。在宗教意象领域，他们创造了生物自然意象、法物意象和非生物自然意象等丰富多彩的意象世界，用宗教符码构筑了他们独特、神秘的诗艺天堂。康巴诗人群诗歌中丰富多彩的意象运用丰富了诗歌的审美境界，创造出一个物象、事象和拟象融为一体的艺术空间，传达出藏族源远流长的宗教文化，传递了仁慈、空灵、豁达、静心的藏传佛教精神。

三是塑造丰富多彩的艺术形象。形象性是一切艺术作品都应具备的属性。可以说，因为形象的存在，人们才好辨别艺术作品与其他社会意识形态之间的区别。康巴诗人群诗中呈现了许多可感的、有血有肉的艺术形象。如多情善良的藏族女郎形象、踏实肯干的驮脚汉形象和坚忍顽强的生命形象等。

康巴诗人群创作的价值与反思在于，一是对诠释民族精神有积极的实践与探索。康巴诗人群用诗歌诠释了藏民族的宽厚包容、慈悲善良、关爱弱势群体的民族精神。二是对传承民族文化有现实意义。诗歌创作涉及藏族歌舞、婚丧习俗、节日习俗、图腾符号、神话传说等方方面面，为藏族文化的传承与促进民族心理趋同的文化整合创造了重要价值，为展现和传播藏族民俗文化风情做出了重要贡献。三是体现追求超越之美。他们诠释民族精神，传承民族文化，描绘民族生活，但却不仅仅囿于狭隘的民族主义色彩，而是逐步构建出一个具有多重视野和多维审美向度的诗歌世界。四是成为广借传媒进行文学传播的必要手段之一。康巴诗人群积极加强与各种媒介的联系，从以报刊、图书为代表的传统纸媒到新兴媒体微信平台和文学网站，都有康巴诗人群诗歌的发表，他们甚至为本民族的诗歌传播搭建了专门的平台。从新媒介传播角度来看，康巴诗人群的诗歌宣传渠道还可以拓展至广播、微电影、短视频平台等媒介。广泛的诗歌传播渠道也为当代少数民族文学研究提供了多样化空间和便利之道。

不足之处，主要体现在康巴诗人群整体所用的意象大致相同，对同一意象反复抒写，这造成了他们所表达的情感思想和艺术审美都出现了重复的情况，使得康巴诗人群的创新性在一定程度上受到遏制。这样的现象容易造成后劲不足、个体识别度不高的后果，不利于这一群体的长期发展。

康巴诗人群民族色彩的张扬为地域性和民族性写作提供了宝贵的经验与典范。但也应该做到推陈出新，站在更高的高度与世界文学进行对话。即，在多元文化碰撞交融的今天，少数民族作家诗人的文化寻根意识与文化焦虑感日益增强，少数民族作家诗人在面对主流文化以及西方文化的冲击时，应坚定民族文化立场，保持自觉的文化守护意识。同时，应积极吸收、容纳其他文化，为本民族文化融入新鲜的血液。基于此，康巴诗人群在守护藏族文化、追忆古老文明的同时，也要打开视野，树立世界性眼光，在诗歌形式和诗歌内容方面追求自我突破与更新，以高品质的诗歌与主流文学甚至国际文学对话，从而更好地发展和传播本民族文化。

第二章关注凉山彝族诗人群研究。彝族文学发展史早已表明，彝族本来就有历史久远的彝、汉双语文学传统，尤其是双语诗歌传统。如果将藏羌彝走廊中的彝族诗人群作为研究对象，笔者主张把当代凉山彝、汉双语诗人群都包括进来。凉山彝族诗人群不仅使用汉语进行诗歌创作，而且还使用彝语文进行创作和批评。凉山彝族诗人群是一个历时性的概念，因此，还需要把后来一些凉山彝族诗人，包括80后、90后的写作者也包括进来，作一个历时性的梳理和考察，才能窥见一个历时性的、动态的凉山彝族诗人群的面貌，进而帮助我们更加清楚地研究藏羌彝走廊诗人群总体的面貌以及各自的差异。

凉山彝族诗人群的彝文新诗写作，一是彝文古代诗歌传统。彝族民间神话丰富多彩，是从事现代彝族文学艺术取之不尽、用之不竭的艺术宝库。彝族口头文学中的民间神话资源尤其对现代彝族汉语诗歌和彝文诗歌的发展有着不可替代的重要作用。这种古老的体裁对于重新激活彝汉双语诗歌内部的传统指涉性有着非凡的活力。这些彝族民间的口头神话按照其题材可以分为开天辟地神话、日月星辰神话、动植物神话、图腾、祖先神话、洪水、人类再繁衍神话、文化起源神话、神和神性英雄神话。

彝族民间文学"在口耳相传的同时，多数作品被辑录于文献典籍之中，形成彝族民间口头流传与书面传播并行的局面"。对凉山彝族古典文学的研究往往是跨学科的，譬如口头诗学、民间文学、古典文献学、民俗学等。凉山彝族书面文学传统和口头文学传统并行不悖，皆对当代彝族诗人群的彝汉双语实践构成了深远而不可替代的影响。

二是彝文新诗生成诸因素，譬如《彝文规范方案》的颁布、彝语文的学校教育历程以及大学校园中的文学社团和文学期刊、民族文字出版机构的成立等。对这些因素进行梳理和呈现，有助于我们更加充分地认识当代凉山彝族诗人群中彝文写作实践的过程。

三是彝文新诗的生成与翻译，兼通汉语的彝文新诗写作者之所以能够促进彝文新诗的发展，有两方面原因：其一，对多数当代彝文新诗写作者而言，借助现代汉语，可以对域外各国各民族诗歌理论和优秀诗歌文本进行阅读与理解；其二，借助现代汉语，可以对国内各民族诗歌遗产进行学习，以及了解当代诗歌的创作情况。

凉山彝族诗人群的汉语诗歌写作，一是彝族汉语文学传统。在历史悠久的彝族文学史中，彝族人民使用本民族的语言文字（即彝语和彝文）创造了丰富多彩的彝语口头和书面文学传统（作品和理论）。除此之外，彝族人民也在较早的时候接触汉语，并通过坚持不懈的努力和创造力，构筑了自己丰富多彩的汉语文学传统。这源远流长的彝族汉语文学传统已经构成了彝族文学史不可分割的重要部分，滋养鼓励后继从事彝族文学创作和研究的作家、诗人和批评者。当然，在彝族历史的各个时期，因为社会发展和历史进程本身的差异，各个地区的汉语文学发展历程存在不同的差异，当代凉山诗人群正是彝族各个地区历史发展差异性的一种呈现。

二是凉山彝族诗人群汉语诗歌的发展。批评家认为："彝族有着历史久远的文学遗产，但作家文学起步却比较晚。封建王朝时代，曾经有过少数上层人物接受汉文熏陶，用汉文、汉诗的形式创作了一些文学作品，但范围窄，作品不多，属于汉语古诗形式，与彝族传统诗歌不完全相同。近代彝族作家的出现，是20世纪五四新文化运动以后的事。"当代彝族文学汉语实践者中，有许多汉语文学写作者都会讲彝语，但他们中的大多数人都使用汉语写作。在当代彝族诗歌史上，那些重要的诗人都与民族高校的文学教育和文学传统有很强的关联。

三是凉山彝族诗人群汉语诗歌的文化地理特征。当代凉山彝族诗人群的汉语诗歌写作风格有其强烈的特征，这种特征一方面源于凉山彝族本身所具有的文化地理特征。世界文化潮流发展到今天，对多元文化的尊重和包容使得凉山彝族汉语诗人群能够在20世纪80年代以来借助鲜明的文化地理特征而备受关注。事实上，在凉山诗人群诞生之前，到凉山工作的前辈诗人们，已因为对凉山风物、江河和社会变迁的书写而备受关注。

凉山彝族诗人群对他者的书写，一是吉狄马加的诗歌与国际主义。与其他诗人们相比，吉狄马加的诗歌写作中独特的一面，是面向世界的。20世纪90年代以来，吉狄马加由于工作的原因，有机会访问许多国家和地区，其视野比起其他诗人更加开阔。

二是阿库乌雾的旅美诗歌与文化反思。在凉山彝族诗人群当中，阿库乌雾是一位操持彝汉双语写作的诗人，他也是一位彝汉双语文学批评家，一位跨文化写作实践者。

三是霁虹的东欧行旅诗对西南文化地理的超越。在当代中国文学书写领域，很少有人真正书写城市，或者鲜有非常成功的城市文学书写者。这使得中国当代文学对城市文学的书写处在某种尴尬的处境，一方面中国在近些年来大规模的城市化进程，使得许多人有机会经验城市的生活模式；但另一面随着许多人离开乡土社会抵达城市，他们在精神层面上首先关注的不是当下实实在在的城市生活经验，而是把目光投向过去，投向自己曾经熟悉的生活领域，而当下的生活经验，似乎他们都没有真正触及。迄今为止，霁虹的大部分作品都是关注过去的生活，或者说在处理和关注文化与地理意义上的生活处境。

第三章着力于羌族诗人群研究。"当代诗歌"属于"当代文学"的一个子集，而"当代羌族诗人群"是隶属于"当代诗歌"的。笔者使用"当代羌族诗人群"这样一个命名，其实是一种学术研究的策略，并无学理上的必然性。同时，笔者论述的诗人群与其说属于"当代"，毋宁说属于"新时期"，因为这群"当代羌族诗人"几乎都出生于1960年之后，甚至还有一些诗人出生于1990年之后。

羌族诗人群的审美建构，一是羌族诗人群的诗歌主题，羌族诗人群怀着清晰而强烈的"主题"意识。因为他们自身的"主题"意识和民族写作伦理，所以他们写作的"主题"俯身就取，故而他们的"主题"的旨归也就显得清晰明确，其中家国、民族、自然等主题尤为突出，故而笔者将从这几个主题展开论述。

二是羌族诗人群的诗歌意象。因为民族生存语境的挤压和诗人自觉，或是不自觉的自我审视心态和羌族诗人所居住的得天独厚的自然环境，催生当代羌族诗人对历史文化自我审视化和对周边自然环境的自我审美化。而这种自我审视的心态，归根结底是民族自我意识的表现，也是对抗他者对民族自我的定义。

三是羌族诗人群的诗歌语言，可以视为诗人对对象世界的一种审美外显。羌族诗人的审美，不仅可以从词语的选用上观察到，而且可以从诗人的修辞术中感受到。

羌族诗人群的主体意识，一是地域主体意识。羌族诗人的地域主体意识比较明显，以展现其地域主体意识的方式，不仅通过对现实的加强抒写来呈现自我主体的方式，也有将历史与现实交织在一起，从而实现抒写目的，彰显地域主体意识的存在的方式。

　　二是文化主体意识。当代羌族诗人群是一支具有很强文化意识的诗人群体，而这种文化意识会催生文化主体意识。

　　三是民族主体意识。当代羌族诗人群具有非常浓厚的民族主体意识，纵观当代羌族诗人的写作，他们对本民族历史具有一种痴迷的心理倾向。他们以一种后现代史学家的笔法，通过追溯本民族的历史，然后进行想象性的重构。

　　总之，藏羌彝走廊是一条积淀着深厚底蕴的文化通道。藏族、羌族、彝族等世代生息繁衍于此的古老民族将自己智慧的结晶凝结于文学艺术之中，诞生出文采炳蔚、思想深沉的史诗佳作。诗歌的传统代代延续，绵延不绝，至20世纪80年代喷薄而发。藏羌彝走廊少数民族诗人异军突起，以独具的个人特色、浓郁的民族特色、鲜明的地域特色、强烈的时代特色绽放于中国诗坛。诗人们用笔记录他们独特的生命体验，一起在这片神秘而美丽的土地上吟唱，共同书写着内心浪漫的诗情。这个充满活力的创作群体，在诗歌中表达着对故乡、民族的热爱，体现了强烈的地域风格，表现对自然景观和民族文化书写。当代社会中的少数民族诗人同样承担着现代性的后果，在作品中也表现出对城市的关注。他们以《人民文学》《民族文学》《星星》《诗刊》等文学平台为阵地，代表家乡故土发出自己的声音。他们的作品获得广大读者的喜爱，引起诗歌评论界的注意。评论者将其视作新时代背景下西部边疆民族地区出现的一种文学现象，对该区域的诗人群体和作品给予了高度关注。经过多年的发展，诗人群在诗歌不断被边缘化的背景下，通过对本民族传统文化的坚守，通过借鉴现代诗歌观念与手法对诗歌艺术的不懈探索，使其作品成为一种值得研究的文学现象，为中国现当代少数民族文学研究提供了鲜活的个案，也必然会对少数民族文学的发展产生重要的影响。

第一章 藏族康巴诗人群研究

"康"在藏语中有"区域""境域"之意，"康巴"则是指生活在康区范围内的藏族。从历史地理区域划分来看，康巴主要包括四川的甘孜藏族自治州、西藏的昌都市、云南的迪庆藏族自治州和青海的玉树藏族自治州。康巴地区自然雄奇、藏风浓厚、人文淳朴，独特的地理环境和文化风貌孕育了一大批杰出的诗人和作家。本章讨论的康巴诗人群是指生长、生活在康巴大地的藏族诗人群体。从20世纪60年代至今，康巴这片土地出现了一批诗艺相近、创作趋向且初具规模的诗人，这批诗人中既有已经在诗歌创作领域取得优异成绩，获得外界关注的列美平措、阿布司南等，也有新近崛起的那萨、洛迦·白玛、桑丹、夏加、梅萨等后起之秀。这批在康巴大地上成长起来的诗人对个体生命体验、族群文化历史、康巴自然风貌有着敏锐的感知，其诗歌创作明显呈现出相同或近似的情感取向和艺术特征。他们构成了全国藏羌彝走廊范围内为数不多的可以称为"诗群"的创作群体，其人数规模和诗歌分量在一定程度上已经具备了"诗群"的特征，因而将其称为"康巴诗人群"。

康巴诗人群共同的创作特征主要体现在创作内蕴的民族性与地域色彩上，族群意识、身份认同、民族志表征、家园的重构意识等是他们作品中共同的核心元素，亲切质朴的语言、纷繁飘零的藏风意象是他们艺术建构的灵魂。无论是从思想内核还是语言层面来看，康巴诗人群的诗歌创作都显露出鲜明的"康巴"意识和藏民族色彩，如此具有辨识度的创作特质为当代文坛带来了全新的审美体验，开拓了文学新的认知领域。与此同时，我们也应该思考，康巴诗人群的创作是否还可以超越自身的价值观念、族群信仰以及传统文化的局限，从而达到揭示人类共同精神境遇和气质内涵的走向。

第一节 康巴诗人群的诗歌主题探析

一、族群意识与身份认同

在少数民族文学创作与研究领域，族群意识与身份认同问题始终是一个绕不开的重要话题。"当代少数民族作家的族性书写表征着作者对于自身族群身份及文化身份的建构过程"①，这种身份建构包括少数民族作家在创作中不自觉选择的民族身份以及创作背后的身份与象征，即作者在建构艺术世界的同时也在进行自我身份的追寻或重塑，作品中的民族文化符号正是作者表达族群身份与意识的艺术媒介。在当下，各民族、各种文化不可避免地走向大融合，全球化、现代化带来的多元价值观念给少数民族作家带来了前所未有的冲击。他们一方面庆幸视野得以开阔，民族文化得以更加迅速而广泛地传播；另一方面也为文化传统遭遇"混血"而惶惑不安。康巴诗人群正是在这样的文化背景和心理机制下，追寻古老的族群文化记忆，展现自己的民族身份。

（一）族群记忆的呈现

对康巴诗人群而言，族群记忆是一种自觉的情感流露和文化承袭。在他们的创作中，族群记忆更多的是一种集体无意识的自然呈现。"人是完全依赖于意象和集体符号的。心理的、物质的、媒介的意象在寻求为自己创造一个自我意象的共同体方面具有重要作用。"② 富有地域色彩的习俗仪式、生产生活方式、自然景观等一切可感可见的物质符号使得康巴诗人进入集体记忆场域。由此，他们得以传递祖先的经验，许多古老的族群记忆在他们的诗歌中被激活而与现实生活融

---

① 朱未央. 族性书写中的民族文化素与身份隐喻：以扎西达娃、阿来等少数民族作家为例 [D]. 上海：复旦大学，2012：5.
② 阿莱达·阿斯曼. 个体记忆、社会记忆、集体记忆与文化记忆 [J]. 陶东风，编译. 文化研究，2020（3）：53.

合在一起。例如列美平措在《圣地之旅·第三首》中说：

> 我逐渐知道祖先图腾的意义了
>
> 就像鲜血滴在羊皮上的显影
>
> ············
>
> 羊群如波浪般涌流而去
>
> 这时候，牦牛坚定的步子
>
> 在草地在雪山上走过来
>
> 作为图腾它当之无愧
>
> 在它健壮躯体庇护下的土地
>
> 生存着更加坚韧执拗的人民[①]

牦牛不仅连接着诗人与祖先和故乡的血肉联系，而且现实生活中藏族人的生活也离不开牦牛，他们用牛皮制作衣服和帐篷，用牛角做容器，用牦牛粪烧火取暖，牦牛对高原民族的生存生活有着不可忽视的贡献。诗中说"随着血液渗入生命更深处的地方"，是指随着时间的流逝、阅历的增长，诗人看到了更广阔的世界，但走得久远并没有让诗人对族群的记忆变得淡薄，反而让他更加深刻地认识到祖先图腾的意义。牦牛庇护下的藏族人民有着生生不息的生存精神与生命力量，高原的一切总是带给诗人心灵的冲击，那是一片让生命回归真实与淳朴的土地："摘下面具的时候，诗笔颤动。"[②] "摘下面具"也就意味着面对本真，回归自然，"颤动"则是灵魂因深受某种力量的感染而生发了由内而外的战栗。草原是承载康巴诗人记忆与思想的地方，渗透着诗人美好的生活经验与精神归属，列美平措在《草原组曲·黎明》中深情吟唱：

> 黎明踏上草原
>
> 舒畅而又轻快
>
> 晨风清爽而温柔
>
> 鸟儿吵醒酣睡的旱獭

---

① 列美平措.列美平措诗歌选 [M].成都：四川民族出版社，2004：167.

② 列美平措.列美平措诗歌选 [M].成都：四川民族出版社，2004：167.

> 旭日升在草地的边缘
>
> 牧场一片灿烂
>
> 扩胸，一个深呼吸
>
> 把鲜嫩的太阳装进胸怀[①]

踏上草原、走进牧场，旱獭醒来，看似如此简单的生活方式却是经祖辈验证过的，世代积累并连续传递的生存智慧，因而它是充满安全感和可靠性的。所以，习惯于走在"高原腹心地带"的诗人只有在归回族群生活场域时，才格外感到诗意栖居的欢乐与惬意。

族群是一个有着共同的祖先、语言或文化的客观存在的群体。归属于特定社群的人跨越漫长的历史经历而逐步形成了族群意识，这种意识是"一个民族自我追溯和自我表述的方式，也是一个民族对本民族群体历史发展的一种内部性建构的尝试"[②]。康巴诗人群常以回溯历史人物、溯源民族精神的方式实现自我表述和构建族群意识。夏加的《天子·格萨尔》无疑是一部执着于追溯族群历史文化的典范之作。这里的"格萨尔"是指举世闻名的鸿篇巨制《格萨尔》史诗，它涵盖了藏民族历史上的民族征战、宗教信仰、风俗习惯、天文历算、道德观念等丰富多彩的内容，是藏族优秀传统文化的精髓和精神信仰的支撑力量。夏加以《格萨尔》作为其诗歌创作的艺术来源，自然是在强化族群记忆的认同和历史连续感。《天子·格萨尔》展现的是充满英雄色彩的世界，也是一个激奋人心、富有昂扬奋进的民族精神的世界。夏加的诗行里充满着格萨尔说唱艺人的古老而诗性的思辨智慧，也有重述英雄与神话时代的演绎才能。《天子·取宝》里诗人将古老的传说娓娓道来：

> 瓦蓝的八瓣翠莲
>
> 在阿里金窟绽放
>
> 金黄的曼陀罗
>
> 在天子的手心，旋转

[①] 列美平措.列美平措诗歌选[M].成都：四川民族出版社，2004：263.
[②] 林琳.族群记忆与历史书写：以回族文学为例[J]宁夏大学学报：社会科学版，2016（3）：91.

彩剑、金镜、净无纤尘

天女扎西茨措姣美的脸

像星辉一般灿烂①

诗人以天子格萨尔将阿里金国从水深火热里解救出来的故事作为诗歌原型，充分发挥想象来溯源民族传奇，将"翠莲""曼陀罗"等富有民族文化色彩的符号融入诗行，让原本气魄宏伟的战争充满诗意之美。

在少数民族的文学书写中，往往以某个历史人物为符号代表民族气节与心理，如彝族的支格阿鲁、柯尔克孜族的玛纳斯，这些人物早已成为本民族的标签。格萨尔作为藏族历史文化的"百科全书"，其精神内涵早已刻入藏族集体无意识领域，从而代代相传。梅萨在《半支莲》中追溯了前世居住于"岭国"的美丽女子，她艳丽多姿、容貌姣好、优雅轻盈，在众星与月争辉的苍穹里留下了沉香，"阿尼玛沁寄婚的夜/那只鹿，那只至臻的红鹿/是否还将那叶仙草深深轻含？"②诗中的"岭国"指格萨尔时代，泛指藏族历史文化传统，阿尼玛沁是藏族文化中的山神，诗歌仍然是对民族古老记忆的溯源。即便诗人在写"珞缨缀珠，瑰姿艳逸"的女子，看似轻描淡写不露痕迹，但诗的核心内涵依然是对族群记忆的召唤。

阿布司南在《诗》里引用茨仁唯色的诗句表达他对族群记忆的回溯，他感到眼前的世界是一个众神早已离开的世界，正在融化的雪山变得面目全非，现实环境的不如意让诗人格外怀念记忆中的天然家园，并表示往昔圣洁的雪山远在天边。

八瓣莲花一朵朵开放，啊

五色经幡一串串飞扬

众神守护着我们的家园

像喇嘛守护着心灵

像藏獒犬守护着帐房③

---

① 夏加.天子·格萨尔 [M].成都：四川民族出版社,2012：198.
② 梅萨.半枝莲 [M].北京：作家出版社,2016：9.
③ 阿布司南.我的骨骼在远方 [M].北京：作家出版社,2015：112.

阿布司南诗中的雪山、花朵和经幡是每一位藏民族成员共享的当下日常生活与过往经历，诗人通过描写记忆中的雪山来与古老的族群家园实现对话与交流。在康巴其他诗人的创作中亦有许多追寻集体记忆的诗篇，藏族渊源深厚的生存智慧与历史文化一直是诗人们取之不尽的创作源泉，也是他们进行灵魂拷问、自我认知和认识世界的艺术手段。

人类学家史密斯曾说："族群的核心是神话、记忆、价值和符号。"[①] 集体记忆或个体记忆都是一个群体的成员对其群体归属和认可情感的表达。康巴诗人群诗中的族群记忆书写反映了藏族特有的生活方式、文化传统和社会历史形态，对民族凝聚力的形成和民族身份的识别具有重要意义。

（二）自我身份的认知与反思

身份认同的本质是文化认同，这种"认同主要建立在共同体成员对区别于他者的共有形象的归属感的认知"[②]，康巴诗人群作品中呈现的集体文化符号、族群记忆标志等是他们自我身份认同与识别的标志。值得注意的是，康巴诗人群诗歌中所传达的身份认同意识不仅仅是单一的对族群文化崇拜与赞扬的认知，在多民族融合、文化多元化的当代语境下，他们看到族群文化面临被冲击，并逐渐走向流逝的命运，康巴诗人群因强烈的民族身份认同而为民族文化的发展走向感到不安，同时，他们也敏锐地感知到民族文化的落后部分，从而产生了文化焦灼与反思的理智情感。

康巴诗人群歌颂淳朴的家园生活和坚韧智慧的族人，抒写古老深厚的族群文化，从而实现自我内部的身份认同。洛迦·白玛的《跟我一起去草原》如是说：

> 跟我一起去高原吧
> 去雪山和河流的故乡
> 格桑花和藏羚羊的家
> 在沉默的草地放牧牛羊
> 放牧我们残留的岁月

---

① 纳日碧力戈.现代背景下的族群建构 [M].昆明：云南教育出版社,2000：59-60.
② 张媛."多元文化"视野下的大众传媒与少数民族身份认同建构 [J].东岳论丛.
2013（4）：182.

跟我一起去高原吧

让我们把未醒的梦都交还给黑暗

让所有因悲喜流的泪

都回到湖泊和天空

回到它们前世的家①

康巴诗人群对自我身份的认知，很多时候都是像洛迦·白玛这种对美丽高原的归属感与向往，在诗中建构"乌托邦"美好家园是他们实现自我身份认同的一种方式。与此同时，他们感知到了族群文化的流逝并对其表露出忧伤与焦虑。那萨的《能否找到来时的路》写道："我们都恐慌着/梦里的土壤耕不出青稞苗/闲置的木鞭、出走的神犬/都成了流浪的亲人/谁又在梦里魂萦着黑帐篷的炊烟/谁又在雪夜歇斯底里地挥洒泪泉。"②木鞭被闲置，神犬在出走，而"我们"不知道能否找到来时的路。诗中所表达的恐慌来自文化身份迷失错乱的迷茫不安，象征一种渐行渐远的文明。那种文明原本是诗人表征自我身份的标签。族群文明的流逝引起了诗人自我身份认知的焦虑。梅萨的《一个人的夜晚》同样表达了因族群文化流逝而产生的悲痛。

守不住雪山

守不住帐篷

守不住只容五尺身躯的天葬台

以至让一只嗷嗷待哺的藏獒

在异族他乡的铁笼里相思成疾③

在诗的末尾，诗人坦白自己无颜面对祖先与轮回的家园，只能无奈地注视着山脉与江河。

全球化时代，各种文明相互交汇和碰撞，处于边缘的少数民族文明面临着被挤压、被冲击的命运。面对"文明的冲突"，少数民族诗人、作家内心难免感到

---

① 洛迦·白玛. 雪园覆盖的梦园 [M]. 成都：四川文艺出版社, 2016：9.
② 那萨. 一株草的加持 [M]. 西宁：青海人民出版社, 2016：137.
③ 梅萨. 半枝莲 [M]. 北京：作家出版社. 2016（4）：41.

焦虑和压抑。梅萨诗中的"雪山""帐篷""天葬台""藏獒"等意象是传统家园文明与族群文化记忆的代指，但现在却面临一切都"守不住"的遭遇。诗人将这种留不住古老文明的责任直指自我，认为自己无颜面对祖先。在诗人的内心深处，认为自我的存在和族群文明的流失之间是紧密相连的，通过自我灵魂的拷问来观照现实，立足于无情的现实之上实现自我的认知。

另外，康巴诗人群的诗歌情感在某种程度上超越了族群意识，呈现出一种广博的人类情怀。他们从不陷于私人世界的哀哀戚戚，反而有一种对人类整体命运的终极关怀，正如桑丹在《溯源》里所说，执着地守望情歌才能滋养灵魂之河永远流下去，如同歌者需要万般锤炼才能让嘹亮动情的歌声承受一切遭遇。

> 一个康巴的女人
> 需要深重的欢乐和痛苦
> 才能将自己的一生
> 满怀大情大爱
> 爱到哪里
> 哪里就是家园
> 爱到哪里
> 哪里就是人间[①]

诗人所说的"情歌之源"是指康定，"执着的守望"道出坚守家园、坚守族群文明的民族意识。但诗人的所爱所思远不止坚守自我那么简单，从"大情大爱"可以看出，诗歌所要表达的价值情感已经超越了民族范畴，是一种以藏族的胸怀和视野关注人类家园的博爱情怀。在这里，"家园"不限于康定，不限于藏族地区，"家园"是扩大了的人间，是一个乐于奉献爱的温情世界。

梅萨对世界的感知亦是多维度的，她深爱着自己的民族，也同样关注着民族以外的一切。其诗篇《佛手上的念珠》《寻找太阳部落》等写得大气磅礴，立意宏伟，不仅承担了她作为民族诗人的重担，而且放眼外部世界，显示出对大环境中的"小我"的认识，彰显了一种豁达的博爱精神。

---

① 桑丹.边缘积雪 [M].成都：四川文艺出版，2012：22—23.

中国自古以来就有内省和反思的文化传统。自我的内省上升到对民族的省视便是一种文化反思，"文化反思作为一种哲学自觉，意指人类以人性自觉、理性精神和辩证批判态度，对人类历史文化现象进行富有人类责任的追问和反思，从而觉悟到如何改进和完善自身"①。在康巴诗人群那里，辩证看待族群文明，反观和审视自我是进行自我身份认同的另一种方式。在这方面，列美平措的诗歌最具大胆反思的精神。《圣地之旅·第四首》如是说：

> 我们的思绪进入宗教的迷雾
> 在深厚的人际亲情间沉溺
> 在深沉的民族重负下奋争
> 在这样一片本该熟悉的空间
> 我的步履却不能行走自如②

面对熟悉的康巴大地，诗人以往的欢愉和满足不复存在，取而代之的是面对历史的、宗教和人际亲情的沉重感。诗人看到了历史深处的尘埃和迷雾，看到以熟人社会文化为纽带的圈子带来的狭义和封闭。不仅如此，他也对族群原有的观念感到担忧：

> 我们固有的观念过于陈旧
> 成为时常尴尬万分的注释
> 在过去的日子，我们的生活
> 为别人的评论，为诞生和死亡
> 都不存在的谎言活着
> 如果在城市，我们也有痛苦
> 只是我们想比别人活得更美③

---

① 董朝霞，刘林. 文化反思：走向文化自信的心理机制 [J]. 观察与思考，2021（3）：95.
② 列美平措. 列美平措诗歌选 [M]. 成都：民族出版社，2004（12）：169.
③ 列美平措. 列美平措诗歌选 [M]. 成都：民族出版社，2004（12）：170.

此处，诗人深刻感受到族群古老文明与现代都市文明之间的差距和冲突，对"我们"为"谎言"而活的自我迷失进行深刻反思。但这种反思不是基于五四式的文化批判，而是出于对族群文化的深爱和皈依，也正是出于深爱而选择了正视历史与现实。诗人在《最后》一诗里写道：

> 那部常常放在枕边的书
> 并不能昭示通向远方的路径
> 那曾经让我们欢乐异常的回忆
> 至今仍在我们僵凝的血液里[①]

从下文中"端着猎枪"和美丽的女孩"逃之夭夭"可以看出，诗中的"书"象征一种古老的生活方式和思想观念，犹如打猎这一行为放置现代文明时的突兀感，诗人意在指出那"书"中的观念早已不适用于今天。那萨的《我的族人》也是一首文化反思的佳作：

> 过于从容的笑意
> 淫虐对根的斟酌
> 在盲从或忘本间
> 把高贵的词汇
> 嚼了又嚼
> 直到变成
> 难咽的唾沫[②]

对族人的盲从、忘本和所谓尊贵的标榜，诗人毫不客气进行了批评和揭露。可以看出，列美平措、那萨等康巴诗人对族群文明有着理性自觉的反观精神。他们对族群文化有着清醒的"自知之明"，明白它的来历、形成和现状，从而对其进行深刻的解剖和自省。实际上，这种反思精神里暗含了对族群未来的无限期待

---

① 列美平措.列美平措诗歌选[M].成都：民族出版社,2004（12）：241.
② 那萨.一株草的加持[M].西宁：青海人民出版社,2016：130.

和文化自信内蕴。

在各种文化与各种民族趋向大融合的当代语境下，少数民族的身份认同意识显得尤为重要。王岳川说过："民族文化身份意味着一种民族文化只有通过自己民族文化身份的重新书写，才能确认自己真正的文化品格和文化精神。"[1] 民族文化身份是一个民族区别于其他民族文化的标记，也是一个民族集体意识与精神凝聚力形成的力量源泉，更是一个民族保护本民族文化，抵抗强势的文化整合力量的重要条件。一个群体之所以不同于另一个群体，就是因为这个群体拥有不同于"他者"的特殊文化基因。在列美平措、梅萨、那萨、桑丹等康巴诗人群的诗作里，我们看到他们有着自觉的身份识别和皈依意识，族群文明是诗人们认识自我与观照世界的指南针。他们的诗歌里处处彰显出藏族独特的文化记号，表达了对正在流逝的文明的深层焦虑和不安。同时，他们的身份认同又极具思辨色彩，即在表达归属情感的同时善于自我反思和内省。总之，身份认同书写是康巴诗人诗群自觉承担起族群文化的传承与更新的艺术手段。

二、地方性知识与民族志书写

学界对地方性知识的系统认识以格尔兹的人类学论文集的诞生为标志。随着格尔兹对地方性知识的多视角阐释，地方性知识的内涵不再仅仅指一种非西方的、非现代的、民间的、原始部落的知识，而更多的是指当地人因生产生活的需要而产生的一种知识体系和文化符号系统，其背后是当地人对自然现象、社会人事的认知和理解。地方性知识又与普遍性知识不同，原因在于它有地域性，是由某一区域内的某个特定的群体共同创造和传承的。少数民族作家通常以文学表征本民族的历史变迁、思想习俗和地域景观，我们可以说"对于民族记忆、民族文化、风俗、传统、地域等方面的强调。民族地方知识经验的表述使得少数民族文学具有鲜明的地方性色彩，反映了少数民族生活及艺术的方方面面"[2]。因为地方性知识的书写，少数民族文学才更具识别度，彰显自身的独特性与价值。在康巴大地，自古以来就流传着英雄史诗、神话传奇和图腾传说，它们在藏族文化群

---

① 王岳川. 后殖民主义与新历史主义文论 [M]. 济南：山东教育出版社, 1999：147.
② 曾斌. 少数民族文学的传播与认知功能 [J]. 民族文学研究, 2020（5）：34.

体内部形成一种代际传承的约定俗成的地方性知识。这些地方性知识是人类文明瑰宝的组成部分，书写它们便是对人类古老智慧的延续和传承。

"民族志"的概念在20世纪初就已产生并为人所用，"民族志是关于民族/族群社会文化的记述与描写，其研究对象就是民族（nation/na-tionality）或族群（ethnic group）"①。一般来说，少数民族作家生活在本民族的文化场域之中，民族志工作者的"田野"即是少数民族作家从小耳濡目染的日常文化，他们感受着本民族的婚丧嫁娶、节庆仪式，传承着本民族的精神情感和价值观念。因此，他们天生具备了"住在土著人中间"的民族志工作者的必备条件。他们在创作过程中，常将本民族的风俗习惯、人文风土进行文学想象，从而实现文化描写与阐释的民族志式创作。康巴诗人群的创作中蕴含了丰富的藏族元素，其中有对藏族现实生活的表达，也有生死观念的深层呈现。可以说，康巴诗人群的诗作是一幅富有民族志色彩的风俗民情之画，一首地方性知识充沛的藏地之曲。

（一）图腾符号的书写

藏民族是一个有着虔诚信仰的民族，除了信仰系统化的藏传佛教之外，他们也信仰原始本教：一种以自然崇拜为核心的土著宗教信念。牦牛、雄狮、鹰、大鹏、马、虎等动物在藏族文化里具有丰富的文化渊源和深刻意蕴，是藏族原始的图腾信仰之物，这些图腾常作为诗歌符号频频出现在康巴诗人群的创作中。列美平措在《诞生》里写道：

> 一个风雪的黎明
> 在一座牦牛帐篷
> 的火塘边，我诞生了
> 第一声啼哭，盖过
> 狂风的呼啸，穿透
> 比牛毛还沉的黑夜②

---

① 刘玉皑.民族志导论 [M].北京：民族出版社,2018：11.
② 列美平措.列美平措诗歌选 [M].成都：四川民族出版社,2004（12）：119.

在这里，诗人将生命的诞生放置在牦牛帐篷这样的场地里，看似把降生看得草率粗糙，实质上却能看出藏族对牦牛的依赖与信任。风雪、火塘与牦牛帐篷相互映衬，构成一幅人与牦牛共生共融的和谐、温馨之画。马林诺夫斯基认为，图腾与其信仰者之间是一种互惠互利的关系。图腾保护人们，人们因此对其无限敬重。按照图腾崇拜原则，从现实物质层面来说，牦牛与藏民族游牧生活息息相关，再上升到灵魂世界，牦牛几乎渗透到藏族精神生活的方方面面，他们有放生"菩萨牛"的习俗，会"把牦牛头骨、牦牛角等作为灵物供奉，把牦牛尸体当作镇魔驱邪的法物"[1]。因而也就不难理解，为什么诗人可以把诞生与牦牛放置在同一语境内进行抒情。在《驮运路》里诗人也写道：

> 我来探索路的年轮
>
> 驱赶着牦牛驱赶着蹄音
>
> 在镶嵌虔诚与艰辛的故道
>
> 叩开远古的岁月之谜
>
> 用祖先赋予我的思维
>
> 和祖辈从未有过的幻想
>
> 来探查历史漫长的履历[2]

"牦牛"是对历史与年轮的隐喻，蹄音是远古岁月的歌唱。诗人通过溯源牦牛的足迹来达到对祖先的理解与认识，认为脚印与"历史重叠"也是驮运之路探索的印痕。牦牛作为民族图腾，暗含着历史的沉重与未来的期盼，是人们信念与认知的指南针。另外，在列美平措的《时代》《圣地之旅》《永恒》等诗篇里也反复写到牦牛，牦牛成为藏族诗人表达对祖先、对现世情感的一个标志性符号。

落迦·白玛始终以虔诚的敬畏与灼热的挚爱凝望着康巴大地，牦牛与鹰是她诗里最常出现的图腾印记。《雪园》中诗人深情吟诵：

---

① 刘德川.牦牛图腾问题浅探[J].西藏民族学院学报：哲学社会科学版，2005（3）：35.

② 列美平措.列美平措诗歌选[M].成都：四川民族出版社，2004（12）：120.

流浪的牦牛踏过雪线

在冬的边境留下神秘的预言

关于春天和草地

鹰栖息于残阳的背影

它保持着智者般的超然

和轮回之上的静默①

牦牛为何能够预言？留下关于春天和草地的语言？这不仅仅是作者诗歌创作的纯虚构，更多的是牦牛作为图腾被赋予了神秘和超自然色彩。

在古代藏族人的观念里，牦牛与神灵同在，是神灵的同伴。传说十二丹玛女神的坐骑就是一头白色的漂亮牦牛，藏族人还认为雅拉香波神山神、冈底斯山神都是牦牛化身而成的。洛迦等康巴诗人生活在神话传说的国度，因而其作品富有浓郁的浪漫主义色彩。同样作为图腾的"鹰"在洛迦·白玛的诗歌里是智者的化身，《格萨尔·花岭诞生》篇中说，格萨尔的母亲果毛生下鹏首人身的哥哥、蛇首人身的弟弟和鹰首人身的妹妹，这些半人半兽的形象都"分别代表了一个分支氏族或部落的图腾"②。另外，洛迦·白玛的《三锅庄》《风从远方来》，阿布司南的《鹰鹫》《高地上的神鹰》，那萨的《一群藏獒》，梅萨的《牦牛的故事》《静夜，在月光下祈祷》《羽毛，我的十三天》《半支莲》等诗篇也将鹰、牦牛、藏獒、鹿等图腾之物融入诗行，增添了文本的厚重感和纵深度。

狮图腾作为一个氏族的象征和保护神而存在的渊源可追溯至史诗《格萨尔》。在那里，格萨尔继承了其幼系家族和父亲桑伦的雄狮图腾。可见，后来的狮图腾是作为集体无意识被传承和保留下来的。纵观康巴诗人群的创作，夏加的诗集《天子·格萨尔》是把狮图腾发扬得最淋漓尽致的作品，《天子·格萨尔》弘扬了史诗的恢宏气势，将叙事与抒情结合，再现了英雄的大义、壮烈与无畏。全诗以"雄狮之王出征之黑魔""雄狮之王出征之霍尔""雄狮之王出征之黑姜""雄狮之王出征之门城"等作为诗的标题，充满浓厚的图腾氛围。雄狮作为

---

① 洛迦·白玛.白雪覆盖的梦园[M].成都：四川文艺出版社，2016（2）：26.
② 乔莉莉.《格萨尔》之图腾文化研究[D].西北民族大学，2010：17.

被崇拜的图腾之物，不仅象征着格萨尔降妖伏魔、英勇威武、敢于斗争，智慧无穷的形象，而且还代表了诗人对藏民族精神气节的赞扬与期待。

图腾文化的产生源于原始人对万物起源，尤其是自身起源的探索。图腾是一个民族或族群生命历程的脉搏和历史记忆。少数民族因生活环境的关系而与大自然紧密相连，从而较完整地保留了图腾文化。图腾符号的浸入使得少数民族文学凸显了其民族色彩与地域色彩的独特性，康巴诗人群的创作也因图腾符号的书写而别具神秘感。

（二）康巴风物书写

"风物"一词含义丰富，可指风光景物、风俗物产和习俗。康巴诗人群的风物书写与康巴大地上的粮食作物，自然风情和人文风俗紧密相关。格尔兹认为地方性知识的存在是我们从他种文化中区别和认识我们自己的重要方式，地方性知识"作为一种人类生活中生活方式地方化的地方性的例子，作为众多个案中的一个个案，作为众多世界中的一个世界来看待，这将会是一个十分难能可贵的成就"①。康巴诗人群作品中的风物呈现是创作者进行地方性知识与民族志书写的艺术方式，具有标识性的风物为读者认识藏族文化，深入认识众多世界中的另一个世界提供了一次可贵的实践。

1. 粮食作物

康巴藏族拥有历史悠久的青稞种植史，青稞酒是热情豪放的藏族在待客、举行仪式乃至日常生活都离不开的佳品。热情浪漫的青稞酒给予了康巴诗人诸多的灵感，洛迦·白玛在《青稞酒》一诗中写道：

> 九十九束阳光
>
> 九十九股雪水浇
>
> 九十九阵烈风吹
>
> 长一株穗
>
> 结九十九粒青稞
>
> 叩九十九个头

---

① 周星.民俗语汇·地方性知识·本土人类学[J].社会学评论，2021（3）：51.

> 拜九十九座神庙
>
> 念九十九遍经文
>
> 煮一锅酒
>
> 注入九十九条血脉①

　　青稞在阳光、烈风和雪水的滋养下成长，它是吸日月精华和天地养分的农作物。象征着藏族地区生活区别于大都市的一种天然、健康的生活方式和充满野性的蓬勃生命力。诗人把青稞酒与神庙、经文相联系，表明青稞酒在藏族人的生活中不仅是物质必需品，还孕育了藏族人纯洁、干净的精神世界。《糌粑的香味》是甲波扎西回忆故乡生活的一首佳作，诗人在梦中看见父亲因青稞的收获而绽放灿烂的笑容。青稞带给藏族人的不仅是物质的满足，也有精神的丰收与慰藉：

> 昨夜又梦回故乡
>
> 看见小村青稞地里
>
> 那片沉甸甸的麦穗
>
> 在秋风中轻轻摇曳
>
> 吱吱呀呀叫响的水磨坊
>
> 睁大眼睛在村口张望②

　　青稞地里长满麦穗，在水磨坊里把青稞变成粉末，这是康巴大地共有的生活方式和集体记忆。诗人以游子的口吻追忆藏族地区的生活，呈现了一幅和谐优美的藏族地区生活图景。耶杰·茨仁措姆也用《青稞》反映藏族地区生活面貌与劳动场景：

> 脱去棱角的青稞穗
>
> 嵌着阳光和雨露的爱抚
>
> 像母亲从泥土中抽出的双脚

---

① 洛迦·白玛. 白雪覆盖的梦园 [M]. 成都：四川文艺出版社，2016（2）：23.
② 甲波扎西. 母亲的镰刀（组诗）. 藏人文网 [EB/OL]. https：//mp. weixin. qq. com/s/IosbQjgFi_HUT_U8N8wbZA，2020-11-10.

27

> 留在土地里的青稞粒
>
> 希望以及汗水
>
> 没了黄昏的云霞
>
> 笼着清晨鸟儿的青稞秆①

耶杰·茨仁措姆笔下的青稞见证了季节与时光，孕育了人们阳光下踏实的双脚和泥土般芬芳的体香，青稞是藏族人"温润的脉络"，亦是藏族母亲们勤劳务实的动力。诗人传达的不仅是有关康巴粮食作物的地方性知识，而且让读者从"青稞"身上看到了一个族群朴实、善良、勤奋的品格。另外，桑丹的《青稞的怀想》《又见青稞》，聂·塔尔青的《我愿，是一块故乡的石头》、秋加才仁的《紫青稞》等诗篇里也通过青稞的书写反映了温馨、祥和的藏族地区日常生活场景。

酥油亦是康巴诗人群的诗行里常见的饮品。酥油不是油，而是一种从牛奶中提取出来的脂肪，可做酥油茶、灯和酥油花。藏族人的生活与酥油紧密相连，二者在长期的相依相偎中建立了深厚的情感。洛迦·白玛在《酥油花》里说：

> 水中的手是干净的
>
> 手里的酥油是干净的
>
> 酥油捏成的花是干净的
>
> 花里的信念与祈愿是干净的②

酥油花是一种由酥油雕塑成的艺术品。在这里，酥油超越了物质层面的实用意义，达到了一种信仰高度的素雅和洁净。康巴地区主要为旱地，蔬菜瓜果较少，主食主要为牛肉和奶，于是茶就成了助于消化去腻的最佳饮品。藏族新生代口语诗人宗尕降初在《一坨酥油》里写道：

---

① 耶杰．茨仁措姆．耶杰．茨仁措姆2020年自选诗．藏人文化网[EB/OL]. https：//mp. weixin. qqcom /s 48EpskzxavP8DG7FwyjR3w，2021−01−18.
② 洛迦·白玛．白雪覆盖的梦园[M].成都：四川文艺出版社，2016（2）：30.

有人生病
拿一坨酥油去看望

与亲戚朋友告别
送一坨酥油

登门拜访
也拿一坨酥油

打架道歉
还是拿一坨酥油

领导进村入户
也送一坨酥油
家长见老师
当然也可以送一坨酥油

因此
在藏区
没有什么情感是
一坨酥油
表达不了的
如果有

那就两坨①

_____

① 宗尕降初.一坨酥油∥新世纪诗典 [EB/OL]. https：//mp. weixin. qq. com/s/YM-kzgqU_EQ8mI7R-BSUntQ, 2022-03-09.

桑丹的《卓玛》《掬香姊妹》里也写了藏家女子与酥油之间的若即若离，情深义重。酥油早已融入藏族地区生活的方方面面。它是康巴地区的地缘符号，也是藏族人民的集体情感向度和精神情结。

2. 自然风景

文学与地域之间向来紧密相连，我国古代"山水诗""羁旅思乡诗""边塞诗""记游诗"等都是诗歌与地理结合的结晶。千姿百态的自然环境是诗人创作的灵感源泉，正如游牧场景、雪山、草原、高原等广阔的地域景观赐予了康巴诗人诗的灵性，同时，诗歌中的景物书写反过来成了藏族地区"民族志"似的标志性符号。梅萨的《三月，我在石渠》书写了被巴颜喀拉山的雪水滋润和孕育的丰茂草原，描绘了雅砻江源头诗情画意的扎溪卡和它的丰富物产，神奇地貌与人文风情：

> 白唇鹿　黑颈鹤　高原牦牛
> 文字　石刻　玛尼墙
> 是大自然对这片草原的至臻回馈
> 千年栖息的湿地
> 黑颈鹤九月飞来的家园
> 真达锅庄在每月十五圆之时长袖飘舞
> 康巴女子的百岁细辫
> 在绿松石鲜艳的天空下迎风摆动①

被称为"世界最高城"的小县城石渠在诗人的笔下跃然纸上，江水流淌、山脉耸立、冰雪融化是石渠的常年地貌，牦牛、白鹿、黑颈鹤是高原特有的动物，锅庄是藏族人人会跳的舞蹈，细辫是藏族姑娘钟爱的发式。一首简短的诗歌包罗万象，将藏族地区的地域景观和人文风情描写得淋漓尽致。

生长在青藏高原的聂·塔尔青热衷为草原与雪山歌唱，《草原，谁的归宿》一诗如是说：

---

① 梅萨.半枝莲[M].北京：作家出版社，2016（4）：21-22.

高原上，如果寒风是我的羽翼

雪山便是一生的坐标

为了梦想能开花

我把暗淡的一生许配给了远方

与广袤的草原相依为命①

即便诗人远走他乡，但寒风、雪山、高原依然是诗人精神世界的归宿和故乡的坐标。再比如，聂·塔尔青的《除夕，雪花纷飞》《秋，在高原上放飞》《一路，雪陪伴着》，琼卡尔·扎西邓珠的《天空中，漂起雪花》《冬日，雪花飘飞的季节》《故乡的雪》《雪花飘起时，我们回家吧》，拉卡·索南伊巴的《神奇的雪域》都以雪花、草原等高原景观为诗眼，描绘了一个个牧歌悠扬、雪花飞舞的雪域高原圣地，表达了作者对梦中家园的赞美和思念。

文学是作家的情感产物，地域环境对它的影响是显而易见的。正如陶礼天所说："经过心灵化的作品中具体风景或说'景观'、社会生活图景都是文学地理的内容，都可以视为'文学景观'。"②康巴诗人群笔下"文学景观"不仅仅是呈现藏族地区自然形态与人文风俗等地域文化特征的文学素材，也是表达诗人们对康巴大地地缘认同情愫的文学载体。康巴这片神奇的地域空间对于诗人们而言，具有生命之源、心灵栖息和灵魂归宿等多重隐喻内涵。

三、对自然生态环境的关注

进入21世纪以来，随着气候变暖、环境污染、植被破坏等日益恶化的生态问题的凸显，越来越多的人认识到生态环境的恶化给人类生存和生命持续带来的威胁。在文学世界领域，西方生态批评潮流带来的生态书写和反思渐渐成为中国文学创作和批评的一大热门话题。人类中心主义语境下的生态失语问题引起了人们越来越多的关注，不过，生态批评的概念被引入文学批评领域，作家、诗人们也开始纷纷投入生态文学的写作。这种现象的出现"并非仅仅是由于自然环境屡

① 聂·塔尔青. 草原，谁的归宿. 潮头文学 [EB/OL]. https：//mp. weixin. qq. com/s/3bcyKg_iK9umhXN1hE9U8w, 2018-10-27.
② 陶礼天. 文学地理与文学地理学建构片谈 [J]. 长江文艺，2017（3）：130—133.

遭破坏和人们环境保护意识的增强，而且也是由于它包含的美学价值、道德伦理和精神之光"①。生态一词内涵广泛，包含着自然生态、社会生态和精神生态。蕴含了人对自然之美与生命之美、心灵健康的召唤。康巴诗人群生于奇山秀水的大自然怀抱中，在与大自然的朝夕相处中与之建立了相依相偎的情感。他们认为万物有灵，一树一草都有生命。但随着现代科技的发展，城市化开发力度不断增强，藏地草原、雪山、森林无一幸免地遭受污染与破坏，诗人们将残酷现实所引起的恐慌不安情绪放置于诗篇，试图以此唤醒人们对自然与生命的尊重和热爱，字里行间流动着现代自然文学的审美之光。

（一）万物有灵的生态怀想

万物有灵论思想是宗教学范畴的重要基础，认为灵魂与生命同一。泰勒认为："在原始部族信仰里，灵魂有许多存在方式，首先是人的灵魂，其次是动植物的灵魂，再次就是一些无生命事物的灵魂。精灵则是脱离肉体而独立存在的灵魂。"② 由此可见，万物有灵论是原始人对神灵与灵魂的泛灵信仰。世界一切存在都有生命和灵魂。在今天看来，这种敬畏万物的思想是对人类中心主义现象的反驳和超越。康巴诗人群的诗歌里，可以明显看到泛灵论思想带来的光芒与智慧。

布钦·嘎玛文青在《写给十二月的飞鸟》里说：

> 我的外曾祖父曾在那里杀死过一头熊
>
> 据说刀尖向上，血流向下
>
> 村口的老人们至今记得那抹血红
>
> 我的家族的牲群也终日伫立
>
> 它们习得了外曾祖母的静默
>
> 在午后的角落里用念珠开拓净土
>
> 我的祖父不慎玷污了水源
>
> 神灵剜走了家里一半牲畜的眼珠后

① 刘先平. 跋涉在大自然文学的 30 年// 大自然文学研究：首卷 [M]. 合肥：安徽人民出版社, 2012：11.

② 孔又专. 万物有灵论与原始宗教观念：读泰勒《原始文化》散札 [J]. 三峡论坛, 2011（6）：28.

也终究让他身染顽疾，归于天际①

在藏民族的文化观念里，熊是神圣不可侵犯的动物，杀害熊是一大禁忌。因此，族人为了洗清祖父所犯下的错误而用"念珠开拓净土"，最终，神灵剖走了家畜的眼珠，也让祖父归于西天。布钦·嘎玛文青的世界是一片充满神秘感的净土，他看到了大自然神秘和隐秘的生命一角，认为人应该对动物敬而远之，否则将受到应有的惩罚。这种敬畏神灵、敬畏动物的信念与我们今天将自然视为被人类征服和控制对象的利己主义思想形成了强烈的对比。夏加的《高地视角》也写道：

> 意象是庞大的：云天，厚土，山与原野与江河的矩阵
> 生成花草、生灵的风雪之地。人之外
> 诸神与传说涂着古旧的色彩，持续地活
> 前世是海洋，熟知的人不多。鱼被史册铭记
> 之后记载的，是藏猕猴和罗刹女
> 种姓开始时，骨血为墨，口唇为笔
> 把岭域格萨尔写了又写②

猕猴是藏族的图腾动物，传说猕猴和罗刹女由观世音菩萨和度母化身而成，猕猴和罗刹女结合后生下了一些猴子，这些小猴在后来漫长的岁月里逐渐繁衍并演变成了人类。因此，藏族把猕猴当成是自己的鼻祖，藏族民间一直流传着"门前贴猴像，神鬼不敢闯"的谚语。而鱼则是藏族的禁忌食物，认为吃了鱼等于是吃了自己的祖先。因此，这首诗中，诗人的视角是高地视角，他尽收眼底的不仅是康巴自然景观，更多的是一种对族群历史的回顾。为什么云、土、山、原野和江河生成花草？诗人在纵观历史的时刻，看到了族群起源与动物之间的血脉相连。因此，他感到眼前的一切都是"生灵的风雪之地"，即世界是一个灵魂幻化

---

① 布钦·嘎玛文青. 卡瓦格博的沉默（组诗）. 藏人文化网 [EB/OL]. https：//mp. weixin. qq. com/s/pOtO28YyAIzbbL0RKk1Zsg, 2021-12-28.

② 夏加. 高地视角（组章）. 藏人文化网 [EB/OL]. https：//mp. weixin. qq. com/s/4spdjvx- HMHW2cpnY_gAXQ, 2022-03-23.

成他物存在的世界。耶杰·茨仁措姆在《黑颈鹤》一诗里表达了对归鸟的期待与思念：

> 你来了，带着孩子
>
> 带着一世爱的执念
>
> 翅翼缠住风雪傲视的右眼
>
> 飞翔，穿越，抵达
>
> 梦想拉长的迁徙之路
>
> 收藏起一次次自我疗伤的加持
>
> 系住你回迁的路①

在诗人心中，黑颈鹤是会思念、有梦想，翻山越岭而来的有情感的鸟儿。"加持"指菩萨的慈悲力在众生心中产生的影响，而此时的黑颈鹤用加持自我疗伤，可见它是有信仰，且被菩萨守护的。

此称在《古久农》里写道：

> 与诸神坐拥秋末的黄昏
>
> 重新开掘的旱田上，光芒万丈
>
> 云群纷纷聚集在头顶，众山合拢
>
> 呵护着胸膛上的一万朵花蕊
>
> 没有一只鸟，愿意飞出今晚的月色
>
> 男人披着星光讲述村庄
>
> 像在描述一片饱经风雪的森林
>
> 我察觉到，他的臂膀上长满绿叶
>
> 花朵在左，果实在右②

---

① 耶杰.茨仁措姆.耶杰·茨仁措姆2021年自选诗.藏人文化网[EB/OL]. https：//mp. weixin. qq. com/s/EmzAOkSVSX4CeG4yE_lF6A. 2022−01−20.

② 此称.此称的诗.触迪庆[EB/OL]. https：//mp. weixin. qq. com/s/Wud2ro-SzH-5fRh4W − wGhTQ, 2020−06−15.

在现代城市人看来，与诸神相见，云群突然聚集，众山合拢是远古神话故事里才会出现的场景。但是，在持万物有灵信念的诗人心里，一花一草、一石一木都有神灵存焉。如卡斯特林所言："每一块土地、每一座山岳、每一面峭壁、每一条河流、每一条小溪、每一眼源泉、每一棵树以及世上的一切，其中都容有特殊的精灵。"①

在原始社会，万物有灵观念是藏族对自然万物的创造性想象，"其中包含人类社会和地球生命系统两大体系互动制衡关系的信息符码启示，即一切利于实现平衡的思维模式和文化认同"②。在生态危机日益严重的今天，它启示我们要树立生命神圣性和一切生命都平等的生态伦理观念，要把人与自然视作相互依存的命运共同体。

（二）生态危机的批判

人类中心主义的高扬与自然作为被统治对象的客体化同时发生，是同一个过程的两个方面。福斯特说："几个世纪以来，我们的社会一直把自由视为技术支配自然的结果……我们现在的社会秩序已陷入人类自由和人的自然关系的机械论怪圈，这与生态规律直接形成冲突。"③无处不在的生态危机引起了康巴诗人群强烈的焦虑情绪和批判意识。

列美平措在《许多的景致将要消失》里深深哀叹：

> 对于酷爱探险的勇士
> 我们不知道该崇敬还是憎恨
> 总是在他们的步履涉过之后
> 所有的风景都要消失
> 被荒草藤蔓覆盖的故道
> 失去了神秘安静的韵律
> 我们却没有得到安宁
> 骚动的灵魂依旧骚动
> 烦躁的思绪依旧烦躁④

---

① 爱德华·泰勒. 原始文化 [M]. 连树生，译. 上海：上海文艺出版社，1992：553
② 袁凡茹. "万物有灵论"的生态之思 [J]. 攀枝花学院学报，2012（2）：65.
③ 福斯特. 生态危机与资本主义 [M]. 耿建新，译. 北京：译文出版社，2006：44.
④ 列美平措. 列美平措诗歌选 [M]. 成都：四川民族出版社，2004：25.

　　这里"酷爱探险的勇士"可指来藏族地区旅游的外来人，也可指来开发、打造景区或者搞城市建设的团队。他们的到来破坏了草原与雪山的神秘。更严重的是，他们带来的是自然与精神的双重危机，纯朴的灵魂变得骚动，思绪开始烦躁。"勇士"带来了新的价值观念，但同时也让高原如同都市般喧闹，破坏了雪域世界原本的平静，令充盈的自然空间变得虚空。

　　心灵生态学认为，人类与其他所有生物之间存在一种"内在关联"，外部环境的变化自然会引起精神世界的变化。列美平措对现代性始终保持着警惕，《废墟》一诗里说：

<blockquote>

我不想说出我的感受

面对夕阳下的废墟

我们的感觉失去灵性

那些如火如荼一般的狂热

烧毁了许多人类文明的丰碑

残缺悲凉的景致

耗去了多少人的泪水

摄走了多少人的灵魂

而我们总想修复遗迹

并以此遮掩你的目光

伤痛却在我们心中悄悄溃烂

并迅速遗传给所有伤感的人

我们渴望一切都如新造

并以此安慰所有的人

我们就是这样过着日子

可稍有回忆都疼痛难忍①

</blockquote>

　　在现代社会，人们忘却了曾在神灵面前的恭敬与谦卑，古老文明被科学技术

---

① 列美平措.列美平措诗歌选[M].成都：四川民族出版社，2004：15.

和物质理性替代，人类的信仰崩塌，精神空虚，人处于一种无根性和漂泊感十足的状态中。列美平措以饱满的情感表达了对造成"丰碑"成废墟、景致变得苍凉的现实的心痛，批判了人类忘乎一切，在狂热中沉沦的丑陋面貌。

秋加才仁在《念珠》一诗里写了一颗遗落的念珠，询问它如今去了何方。

> 预言：山脚破落的石屋
> 守候着烟迹斑斑的铜锅
> 掌握着神与自然的协约
> 通晓人类最后命运的修隐者[①]

诗人用"破落"和"烟迹"这样的词语刻画出一幅家园破败的景象，神与自然之间是有协约的，那么人类最后的命运将会怎样呢？诗人接着写道：

> 瘸腿的喇嘛
> 念诵着往生极乐净土的经文
> 牛毛编织的袋子里
> 安睡着通灵的巫婆
> 那座神秘的石屋
> 孤独　破落　低矮
> 在轰隆的机械声中
> 化成了一片彩虹
> 消失在幻境[②]

喇嘛是瘸腿的，巫婆安睡，神秘的屋子孤独而落魄，这带有病态的满目疮痍之景预示着一种神性的消失和自然灵性的坍塌。消失在幻境中的东西是什么？也许是诗人预言的：自然生态崩塌后人类的命运也将走向不归之路。诗人还在《寂寞的雪花》里写道：

---

① 秋加才让. 念珠 [J]. 贡嘎山 , 2015（6）: 62.
② 秋加才让. 念珠 [J]. 贡嘎山 , 2015（6）: 62.

一束光来自何处

划出的光芒割破雪花的心脏

狼群留下的足迹！奔跑……

荒野间的喘息

惊恐的羚羊们

驱散雪花掠过的归宿

沉睡的山灵被惊动①

这里，"光"是一种势不可挡的力量，带有伤害性质的力量的隐喻。雪花破碎的心脏、荒野的喘息、狼群的奔跑和黑夜的落幕组成一幅破碎不堪的狼藉之图。因而，圣洁的雪花才会在它原本的归属世界里感到寂寞。对诗人而言，生态关注与批评是批评和拯救自我生存环境的思想手段。此外，尼玛松保的《之前的文明》、那萨的《一群藏獒》等诗篇也表达了诗人对生态危机现实的思索与批判。

迟子建曾在香港大学的一场讲座中提出疑问：在今天这样的高科技时代，我们还需要神话吗？她说凡是一切"能给生灵以关爱，给大自然以生机，给人以善良的神话，是万古长青的"②。神话与神灵创造了我们与另外一个世界沟通的可能性，而人类对自然的肆意掠夺与索取让时代离自然的神圣性越来越远。康巴诗人群对生态环境的反思与批判是基于生态整体主义观念产生的，他们追求一种皈依自然，赋予自然独立地位的合和世界观。

四、乡土情结与家园重构

（一）乡土的眷恋情结与寻根意识

对于有乡土生活经验的人而言，即便后来生活在都市，童年记忆中的那片乡土依然是他们永远的精神家园。情结（complex）是个人固有的潜意识和行为方式的结果，或是一种藏在人内心深处强烈而无意识的本能冲动。由此可见，乡土情结是一种"剪不断，理还乱"的魂牵梦萦的故乡情愫。当代乡土情结蕴含对故

---

① 秋加才让.寂寞的雪花 [J].青海湖，2013（7）：16.

② 迟子建.今天还需要神话吗 [J].高中生，2018（4）：19.

乡的依恋，也包含着建构现代人类精神家园的努力。康巴诗人群诗人对乡土进行了诗意描述，表现出浓烈的乡土眷恋与寻根意识。桑丹在《情歌·故乡》里说，故乡是她活着的理由之一，要为故乡吟唱千万遍，因为：

> 我血管里奔涌的血脉
> 仍然流淌着康巴藏族人
> 江河一样纯净的柔情
> 雪山一样圣洁的胸怀①

康巴的江河与雪山是桑丹炽热的爱怜，诗人之所以眷恋，不仅是因为故乡的柔情和圣洁，更多的是因为故乡的地域文化传统和人文氛围赋予了她"大情大爱"的胸怀和眼界，因而她说没有比康定更深的情，没有比折多更深的爱。

中国古老文化中的宗法血缘家族性传统的延续，使故乡成为人们表达亲缘认同和身份认同的一种象征。人们的故乡情结成为情感中不可割舍的灵魂纽带。尼玛·松保在《谁，掳走了思念》中回忆了十五的月亮和月光下如泣如诉的小溪，一幅温馨美满的画面跃然纸上，往昔的雪山、小河等景色在脑海里映现：

> 消瘦的雪山目光如炬
> 看远去的小河　往事如烟
>
> 今夜　人在月下景色在岸边
> 只是一叶花瓣悄然驶过
> 西行的月亮，把光
> 留在铅色的浪花②

可以看出，诗人的思念显然是动态的，记忆中的月光，远去的故乡记忆与温情在十五圆月之夜涌上了心头。"离去—归来—离去"向来是中国知识分子与

---

① 桑丹.边缘积雪 [M].成都：四川文艺出版社,2012：17—18.
② 尼玛松保.谁，掳走了思念 [J].诗林,2015（1）：95.

故乡之间忽远忽近的距离模式，对于出生于二十世纪七八十年代的少数民族作家来说，随着现代性城乡空间的移动，他们和故乡之间的距离发生了从"固守"到"若即若离"的变化。此诗中，诗人对故乡的情感显然是一个游子从远方传达而来的对故乡的追忆与思念，这与坐拥故乡怀抱而赞美故乡的传统诗人是不同的。同样，那萨在《假如，我有神力》一诗中深沉地怀念道：

> 假如我有神力
> 我会回到母亲的牧场
> 织一条万能毪毯
> 裹在母亲露袖的肩上
> ⋯⋯⋯⋯⋯
> 假如我有神力
> 我会回到父亲的草原
> 砌一面神奇的围墙
> 抵挡袭来的风寒与野兽①

　　"假如"设定的理想世界与现实世界是千差万别的，"假如"是一种对愿景的想象和渴望。那么，诗人为何不在草原？也不在牧场？有两种可能，一是诗人离开了故乡，在他乡回望故乡；二是故乡已经被"寒风"与"野兽"摧残得面目全非，那么，此刻所怀念的故乡便是一种原始家园的精神回溯。不管诗人所处的时空背景是哪里，我们都可以看出，当代康巴诗人对故乡的依恋情愫不再是简单地颂扬故土的山河大海、雪山草原。他们对故乡的情感更多的是一种对精神原乡的回溯，以及把自身放置于外部世界、从"他者"的立场反观故乡时，所感知到的从"彼时"故乡到"此时"故乡的时空距离变动下，家园变迁给人所带来的认知观念和情感结构的变化。

　　现代工业文明的快速发展，在带来发达的技术与先进生活方式的同时，也给人们注入了不同于从前的情感与迷惘、孤寂与惶感。随着现代性空间的移动，几乎每一个现代中国作家都可能在城乡的往返历程中面临"离根"或者"失根"

---

① 那萨.假如我有神力 [J]. 诗林，2015（1）：95.

的可能，有趣的是"'离开'和'除根''失根'并没有使现代作家真正'离开''除根'和'失根'，相反，却在现实或者灵魂的回返中重审故乡的大地和人事"①。不过，康巴作家群的乡土情结与刘震云、汪曾祺等主流作家人的"除根""失根"这样的个体对乡土的情感发生分裂，甚至破碎有不同。作为少数民族作家，他们对乡土的审视更多的是一种对"失根"的焦虑不安和挣扎后的寻根努力。例如，列美平措在《城市》一诗里说自己不会被城市愉悦地接受，因为：

> 我是一颗变异的种子
> 从我身体流过的血液
> 已经消失了许多的特征
> 峡谷挤瘦了我的豪放
> 沼泽陷尽了我的粗犷
> 雪冻结了我的欢乐
> 狂风吹跑了我的幽默②

"变异"定是诗人从故乡走向城市之后所发生的一种根性的迷失与断裂感。因为在诗的末尾诗人说：

> 并告诫你
> 不要以你喜欢的方式
> 改变或是让我屈服　请你记住

由自然地理环境塑造的文化性格在成形之后，将会反过来塑造人的文化性格。生活的环境空间发生着改变，因此诗人感到失去了"许多特征"。再如，阿布司南的《冬天记事》中说自己：

> 不断抨击外来消息
> 而雪花始终没有撞上我的目光

---

① 何平.现代小说还乡母题研究 [M].上海：复旦大学出版社,2012：117.
② 列美平措.列美平措诗歌选 [M].成都：四川民族出版社,2004：16.

尘土一片片堆积起来

还将继续堆积下去

直到我站起来

向一位阅历颇深的老者

求教今夕是何夕

我为何感到寒冷①

诗人不断收到"股票落水"、"物价"上涨和"房地产"炒作的信息，这似乎是一些都市专属符号，它们与诗人意识中的家园记忆是断裂的。因而，诗人所询问的"今夕是何"表露了其内心所产生的"失根"的恐慌，也传达了信息的"爆炸"带给心灵的混乱和迷惘。

中国几千年的农耕文明强化了人与乡土之间不可分离的情感联系，故乡情结、家园眷恋似乎是每一个中国人与生俱来的情感基础。传统的情结更多的是对故乡的赞美和依恋，而在现代人这里，他们对故乡的眷恋更多的是遭受"城市"阵痛之后，才会产生皈依故乡的渴望；或者，在经历生活空间的变动后，所看到的故乡原初模样的改变所带来的"失根"恐惧与寻根探索。

（二）重构家园的渴望

海德格尔指出，诗意是栖居的根基。这里的诗意一是指神性和敬畏之心；二是指人性的本真和善良。通常，我们把对神灵或者某种超自然力量的想象称为神性。实际上，在海德格尔那里，与日常的凡俗的琐碎不同的精神追求，对堕落、黑暗和病态的拒绝都可以称为神性。诗意则是一种真善美的呈现"只要这种善良之到达持续着，人就不无欢喜，以神性来度量自身。这种度量一旦发生，人就能人性地栖居在大地上，'人的生活'——恰如荷尔德林在其最后一首诗歌中所讲的那样——就是一种'栖居生活'"②。康巴诗人群有着重构精神家园与现实家园的强烈愿望。这种重构是一种基于现实的并带有理想色彩的对真善美的渴望，以及试图重新建构残破家园的努力。

① 阿布司南.我的骨骼在远方 [M].北京：作家出版社,2015：55—56.
② 孙淑奇.诗意、此在、栖居：解读海德格尔《人诗意的栖居》.理论界 [J].2008（7）：135.

那萨的诗歌总是在进行生存的"诗意"想象。比如《在西藏，就做一颗石头》中，诗人以灵动的笔调扬言要做一颗石头去与死神说笑，做安静的路面，还要：

图上云霞的颜色
隐埋喧嚣
从沉默中苏醒

与慵懒的狗一起眯眼
与朝圣阿妈的碧发一起看朝夕
做圣殿的台阶
见证袈裟的记忆
触摸有温度的脚掌

与阳光做爱①

一颗石头的世界是一个神圣的世界，做一颗石头的洒脱是一种理想主义的张扬。诗人刻画了一个没有世俗的蝇营狗苟，没有日常琐碎的世界。西藏是信仰、圣洁和神性的代名词，作者想象在西藏沐浴圣殿、披裹袈裟，与神灵共处，达到了对日常凡俗的反驳与诗意栖居的终极想象。那萨在《我愿是一朵格桑花》中说：

草原的诱惑
来自心性

直观的慰藉
如裸露的情话
暗红心田

① 那萨.一株草的加持 [M].西宁：青海人民出版社,2016：4.

轻叩一层层门窗

通往抵达的路①

人的现实栖居状况并非诗意，而人的本真存在则应是自然的。回归一朵"格桑花"便是回归本真，而召唤诗人的也正是来自心灵深处，且已刻成"心性"的草原。可见，诗人渴望的家园是一个超验性、超世俗的本真世界。

阿布司南在《吉祥的村长》里描绘了一个夕阳暖照、温暖祥和的村庄。

夕阳的下面

也穿梭些无名的鸟吧

我的兄弟们

你们来来往往

牛羊和平一片

土地温顺如初夜的女人

呵　夕阳下农业的天堂

在黄金一样的山坡上

我和世界一片金黄②

村庄不被世俗感染，远离世俗喧嚣的理想家园。海德格尔说栖居"是人作为人的存在本身，作为人自由地出入于一种平静的持存中"③。康巴作家群笔下的家园想象是一种现代人对生存自由的愿望表征。在这种自由状态下，人处于一种无拘无束的自在和本真的"原始"生命形态中。人在自由广阔的天地间是一种与现实的鸡零狗碎、蝇营狗苟相对应的存在。不过，康巴诗人群并非一味沉浸在对过往家园的诗意幻想中，梦想家园在现实中受到的挑战和阻碍是显而易见的。因而，他们试图重构家园，从传统精神家园的真善美中汲取一种重构的力量与源泉。

① 那萨 . 一株草的加持 [M]. 西宁：青海人民出版社 ,2016：22.

② 阿布司南 . 我的骨骼在远方 [M]. 北京：作家出版社 ,2015：91.

③ 鲁宝 . 无家可归者的还乡之路：海德格尔的 "诗意栖居" 思想及其困境 [J], 2018（1）：35.

对家园的重构是立足当下现实的，因为看到了现实的满目疮痍而转向心灵家园去寻找原初蓬勃的精神力量，试图停下从家园走出的脚步，从而返回家园原地。列美平措的《老屋》表达的正是这种情感方向：

> 消失了麻条石铺就的路
> 门前石板下的清流已变成污泥
> 新盖的水泥板下
> 昨日的伤痛已透不出呻吟
> 倚着朽成网状的窗户
> 我的目光
> 却再也不能遥望远方①

列美平措记忆中的碧草蓝天、白云悠悠的传统家园已不复存在。这里，家园的流逝并非生态遭受污染或破坏，而是一种新兴的现代化的栖居模式代替了灵魂居所。"新盖"的水泥板覆盖了麻条石铺就的道路，传达出现代化与城市规模的扩张无孔不入的强势力量。

诗人为什么说目光不能再去遥望的远方？一是因为远方的世界比起当下的"老屋"遗失了更多的精神力量，更大程度地受到现代文明的侵染；二是因为诗人不忍离开支离破碎的家园，试图通过停下出走的脚步来找寻或者重构正在流逝的家园。尼玛松保的《这地方》写道：

> 这地方
> 没人秤出诗的重量
> 只是诗的重量远在其他之下
>
> 若干年后
> 诗人死了
> 死在他的意境里

---

① 列美平措. 列美平措诗歌选 [M]. 成都：四川民族出版社，2004：250.

死在他钟爱的诗页里①

瓦尔特·本雅明在"震惊"美学里谈到，随着科技文明的进步，机械复制时代随之到来，但复制品的大量产生让艺术品和思想都失去了本真性与"光晕"感。人被"官僚机器"推着向前，被摆布，从而渐渐失去经验智慧，变得思想贫乏，狂躁不安。尼玛松保笔下的诗人之死正如本雅明所言，诗人的死并非生命的终极。在这里，诗人象征了一种思想，一种智慧，一种古老的经验。诗人的死去便是人类精神文明的死去。作者以诗人之死哀悼逐渐远去的人类精神内核，呼唤智慧家园的重建。那萨的《莫名失忆》也写道：

> 有时候用一段旧时光
>
> 抓起滚进土层里的色调
>
> 锈迹的、光亮的、无色的
>
> 如毒药
>
> 从侵蚀到腐朽
>
> 哪一场不是骨裂的呻吟
>
> 从指间脱落的音符
>
> 把一些暗角敲碎
>
> 语言变轻了
>
> 一些事从金属缝隙里归于初衷②

失忆意味着忘记过往，链接经验与现时的纽带发生了断裂。诗人用"旧时光""滚进土层里的色调"是对某种被遗忘的传统的重新发现与重拾。另外，洛迦·白玛、梅萨等人也用诗歌流露家园真情，呼唤人们归于精神文明的初衷。

康巴诗人群对诗意家园有着强烈的皈依情感和诗意想象。他们重构家园的探索不只单纯指向回归乡土和传统家园，而是一种重建人类精神世界和心灵生态的努力。

---

① 尼玛松保．这地方 [J]．诗选刊，2013（5）：57．
② 那萨．一株草的加持 [M]．西宁：青海人民出版社，2016：75．

第二节　康巴诗人群的诗艺建构与审美追求

一、陌生化与日常感并存的语言

最能彰显诗歌艺术的是语言，语言是诗歌的殿堂。从文艺学视野出发，陌生化的语言是凸显诗歌艺术的一种手段，而从语言学视角来看，它是延长诗歌审美长度和吸引读者阅读兴趣的一种修辞方式。日常语言则是朴实无华、浅显明了、通俗易懂的。日常生活是诗歌语言诞生的摇篮，诗歌语言来自生活而又高于生活，它是在日常语言的基础上发生的一种变异语言。康巴诗人群的语言陌生化与日常感并存，它们既有日常语言的亲切朴素，又有陌生化的疏离感。诗人们在两种不同的语言状态间穿梭自如，构建了朴素而又不乏华丽的审美世界。

（一）陌生化的诗意表达

"陌生化"思想理论集大成者维·什克洛夫斯基指出："艺术的技巧就是使对象陌生，使形式变得困难，增加感觉的难度和时间的长度，因为感觉过程本身就是审美目的，必须设法延长。"[①] 陌生化打破了人们"自动化"的语言接受方式，让语言变得极具新鲜感和生动感。康巴诗人群用语义颠倒、夸张修辞和反讽等手法实现了诗歌语言的陌生化。

语义的转义是康巴诗人群诗歌语言陌生化的方式之一，即能指与所指之间的转换颠倒。索绪尔说只有将能指和所指相结合才可以构成语言实体的存在，所指指向事物本身的内容。所指是指经过大脑思考后，某种符号在使用者心里形成的形象。在科学语言领域，人们的惯性思维专注于所指，而将能指的功能缩小。而在康巴诗人群的语言艺术里，能指的可能性从固定的所指中得到了释放。例如，桑丹的《卓玛》一诗就是这样：

> 请让怒放的格桑一次次召唤沉睡的灵魂
> 短暂的花期就要一闪而过

---

① 维·什克洛夫斯基. 作为手法的艺术 // 散文理论 [M]. 南昌：百花洲文艺出版社，1994：4.

远山尽头，流浪的人正朝你走来

你回眸的芳香

是他不变的牵引，又是他一生的爱情①

　　"卓玛"意为美丽的女神。那么，"他"是谁？与卓玛是什么关系？诗人给读者留下了充分的想象空间。

　　从所指来看，这首诗叙述了关于卓玛姑娘与"他"之间的一场爱情。其实深入细读，作者所表达的意思具有多样性和不确定性。从"沉睡的灵魂""短暂的花期""回眸"等词组来看，对卓玛的呼唤可指向死去的灵魂，或者指向逝去的青春，也可指向离别的爱情。声音的发出者是谁？是招魂者还是卓玛的某个亲密者？语音的无限张力在这里得到凸显，短短几行诗句给人的想象和联想却是无穷无尽的。再如洛迦·白玛的《今夜，没有月光》所写：

细雨拨乱记忆的花瓣

酿不出光阴的酒

杯底

一个情节

空了千年

依然

空着②

　　杯子的所指是本身的、单一的，但当它与"情节"相联系时，能指意义就得到了无限的张扬。这是一首思维跳跃性很强的诗作，诗中没有一条有序的逻辑脉络，给读者以离间感和阻拒感。"杯底"的情节是什么？为什么千年来一直空着？我们无法知道杯底的故事，但字里行间表达的沧桑感和悠远感正是诗人将能指与所指颠倒所带来的艺术效果。又如夏加的《囚徒》所写：

---

① 桑丹.边缘积雪 [M].成都：四川文艺出版社,2012：59—60.
② 洛迦·白玛.雪覆盖的梦园 [M].成都：四川文艺出版社,2016：89.

我是一季豆芽，剩余的时间不多

刨土，施肥，等待开春的雨水

花去了我大部分寿数

阳光是我抬头见到的第一个情人

它端着瓷盘，瓷盘里露出饥饿的牙齿

我低下头，惨白的身体一低再低

我在大部分时间不为人知

短暂的一生，我到死也不明白——

为什么，我——没有抬头挺胸的勇气①

"囚徒"本指受到禁闭与关押的人或物，但很显然，这里的"我"并非指因外界力量所迫而被束缚了肉体的自由。"我"成为囚徒是因为"低头"，因而失去了灵魂的自由。"我"开始进入了自我封闭的狭隘世界，成为自己的囚徒。"阳光"和"牙齿"的出现直接造成了"我"的低头，当把这三者联系在一起时所象征的意义便具有多义性与模糊性，增强了诗歌语言的生动性和意蕴的弹性。

夸张修辞是康巴诗人群诗歌艺术实现陌生效果常用的艺术手段。夸张是创作主体充分发挥想象，对事物的真实面貌进行变形处理，运用缩小或者夸大事物特征的方式，以达到增强文章艺术感的修辞手段。更求金巴的《遗忘》很好地展现了夸张手段带来的审美效果：

我跳动的脉搏

隆起了整个雪域

我燃烧的血液

蓬勃了土地的力量②

诗人的眼里，脉搏可以隆起整个雪域，血液能够蓬勃土地的力量。脉搏与血液的力量显然被夸大，但很好地修饰了内容复杂的题旨和复杂的情境。既在思想

---

① 夏加 . 囚徒 [J]. 中国诗歌 , 2017（6）: 95.
② 更求金巴 . 遗忘 [J]. 诗江南 , 2017（3）: 48.

上表征了诗人对古老血脉的自信与认同的强烈情感，又在艺术上给人以震撼。那萨的《梦》也写道：

> 梦很长，直到流干每一滴血
> 梦很重，仿佛压碎了一生
> 我在雪地里追赶没了心的影子
> 每一步都在流血
>
> 捡到一面镜子
> 里面有座白塔
> 转圈的人都在跳神①

在夸张的修辞下，梦能够长到血流干，也可以重到压碎一生，镜子则可以大到容下一座白塔。《梦》这首诗本身就带有抽象特征，读者可以放开想象做无数种阐释，而夸张手法的运用则增强了诗歌的阐释空间。"夸张给读者带来的感受如同魔术给观众带来的感受：明知是不真实的，但却不由自主、心甘情愿地'上当受骗'。"②人对事物的感知和感受为此变得立体，同时事物的本来面目在夸张作用下被隐藏起来，使得它在读者感受的张力运动中达到一种生动效果。耶杰·次仁措姆的诗中则出现夸张性的数量词，如《我们出发，归来的路在靠近》中的"亿万亩沙地，千万条血脉"，《月下的布达拉宫》中的"千年的时光"、翻阅"千山万水"的灵魂、"几世轮回"和"洗尽岁月"的"我"。在《看见海子山石头》中，诗人用"千年万年"修饰等待，说高地"接近了天空"。耶杰·次仁措姆的诗歌语言艺术从夸张修辞再向夸张否定靠近，即用一个被夸大或者缩小到现实不可能出现的符号来修饰和衬托眼前的事实，达到被陈述的事实的真实性被否定的目的，但创作者的情歌和读者的阅读效果却得到了极大的强化。耶杰·次仁措姆常用极度夸张的数词修饰时间、生命的长度和人所经历的沧桑世事，使得诗歌的审美实现了奇特的艺术效果。夏加的《地域·救妻》里用"十八

---

① 那萨．一株草的加持 [M]．西宁：青海人民出版社，2016：78.
② 邵春，胡志强．夸张与意识双重结构 [J]．西安外国语大学学报，2017（3）：36.

重"修饰地狱，还有"十八亿生灵"和"大般若经十万颂千部"等，而在《胜殊·归天》里用"八十一载"连续修饰了霹雳之声、戎马冰刀、喜怒哀乐和厚谊深情。夏加的诗歌本就气势恢宏，情感饱满有力，加上夸张修辞更是极具感染力，不仅丰富了读者的想象，诗人所表之意也变得强烈有力。

移就修辞是康巴诗人群实现诗歌语言陌生化常用的策略。移就指把用来描述此事物性状的词移用来修饰彼事物，对定语和中心语进行超常搭配。从而使日常用语发生变形和扭曲，进而产生异乎寻常的陌生化感受。阿布司南的《静夜》这样写道：

> 星星眨着疲倦的眼睛
> 月牙儿枕着云朵打盹
> 多么宁静，多么安详
> 只有她窗前的灯啊还闪着亮[1]

这里，诗人见景生情、情随物移，将对"她"的情感移步于星星和月牙儿之间。诗人带着主观情感去看物，因而物便染上了诗人此刻的情感色彩。诗人猜测此刻的"她"在屋里眨着眼睛打着盹。但诗人没有把这样的情感直接表达出来，而是将其移就至他物身上，从而使诗歌变得不同寻常，增加了读者理解的难度，进而产生陌生化的审美效果。阿布司南的另一首《太阳·月亮·生命》移人于物：

> 它死了
> 我哭了
> 为失去玫瑰色的天空
> 我坐在窗台前
> 看到了变幻莫测的月亮
> 阴镰、弯弓、玉轮
> 突然有种感觉在升起

---

① 阿布司南. 我的骨骼在远方 [M]. 北京：作家出版社，2015：3.

太阳没有死

他

正延续着太阳的生命

于是

我安然了

枕着一个银色的童话睡去①

诗人将只有在生物身上才会出现的诞生与死亡移至太阳身上，让太阳变成一个充满生命力的存在。

俄国著名画家列宾说："色彩即思想。"色彩可以代表人在不同情境下的不同情感，天空本是蓝色的，诗人却用"玫瑰色"来描述天空，可见逝去的生命让诗人所产生的痛苦如同此时所用的颜色一样显著而剧烈。而当得知生命在延续时，无色的童话渲染了色彩，"银色的童话"就诞生了。"银色"是柔和的、温暖的。"色彩词的巧移使得说写者的感情和色彩交融在一起，融情入色、借色生情或刻画、描写人的心情或呈现某种状态、气氛。"② 列美平措的《书架上的书》移情于书：

在我的身后慢慢扩张

我目不忍睹它发黄的面孔

怕想起许多死去人的模样③

诗人把自身无形的知觉和情感投射到有形的书上去，书便染上了死亡的恐惧色彩。梅萨在《与你》中写道："这个日子暗藏敏感与期待/相见与一株植物有关/木兰——/或花或草。"④ 没有意志与生命的日子隐藏着期待或敏感的情意，而相见则与花草或木兰有关。人的精神状况被移就于具象事物，静态的情感动态化，无情感属性的事物情感化，抽象实现具象化，使得诗歌具备了鲜活生动的神

---

① 阿布司南.我的骨骼在远方 [M].北京：作家出版社,2015：8.
② 罗赛群.移就的修辞心理分析 [J].广州大学学报：社会科学版,2003（3）：95.
③ 列美平措.列美平措诗选 [M].成都：四川民族出版社,2004：50.
④ 梅萨.半枝莲 [M].北京：作家出版社,2016：68.

韵。再如，拉卡·索南伊巴的《遇见缘》、琼卡尔·扎西邓珠的《弦子琴》等也用了移就修辞的审美手段。

维·什克洛夫斯基说："艺术是为了把事物提供为一种可观可见之物，而不是可认可知之物。艺术的手法是将事物'奇异化'的手法，是把形式艰深化，从而增加感受的难度和时间的手法，因为在艺术中感受过程本身就是目的，应该使之延长。"[①] 神奇的雪域康巴孕育了康巴诗人群活跃、灵动，富有思辨色彩的诗学思维，他们用语义转义、夸张修辞和移就修辞的审美方式将诗歌形式艰深化，增加了读者阅读的感受时长。诗人们赋予了日常事物生动新鲜的魅力，通过打破人们的惯性思维、枯燥的感知与纯粹的认识来达到诗歌艺术的生动性与丰富感。

（二）日常语言的亲切感与张力感并存

我们说过，康巴诗人群的诗歌语言是充满新鲜感和陌生化色调的。而日常语言则是生活化、平民化，充满亲切感与熟悉感的语言。这看似相互矛盾的一组关系，但康巴诗人们却巧妙地将二者融合，他们的诗歌在给人距离感的同时，也给人带来阅读上的亲近感和审美上的生活化气息。

在日常语言基础上树立情感的表意机制是康巴诗人群诗歌艺术的显著特色。梅萨的《静夜，在月光下祈祷》第一节写道："月如云 云似雪 雪如发 千丝百辫垂青如瀑/夜色 牛毛帐篷 游戏 制造 生命……"[②] 月、云、雪、帐篷、夜色、大象、孔雀、乌鸦等都是常见的事物，极具生活气息，但作者将它们作为新奇喻体与其他事物联系起来，将两种完全不同的意象放在同一诗行里进行组合，如"牛毛帐篷"与"游戏"。在真挚情感的推动下，这首诗便富有了诗情画意、跃然纸上的形象美和动态感。而如此意境之美感之所以诞生是因为注入了创作主体的主观情绪。

木维尼斯特说："诗歌话语是一种情感的话语，它源于情感，并倾向于激发情感。"[③] 日常语言旨在传递某个信息、陈述某个思想，而诗歌语言则在情感基础上进行情感的传递。桑丹在《秋天的颂歌》第一节中写道：

---

① 赵丹，刘洋．论"陌生化诗学"的审美意义与理论缺陷 [J]．中国科技财富，2018（12）：138.
② 梅萨．半枝莲 [M]．北京：作家出版社，2016：35.
③ 龚兆华．本维尼斯特论诗歌语言与日常语言之别 [J]．当代修辞学，2016（6）：52.

> 耳朵里长成的树
>
> 流出涓涓的水声
>
> 秋天是一盏流浪的灯
>
> 灯光打湿了我居住很久的地方①

　　诗人运用了功能异化的艺术手段，即赋予事物原本没有的功能。如，耳朵里长树，流出水声，灯光打湿居住地等。诗人传递了回忆只剩下片段的信息，但诗人所要表达的不是耳朵与树、河流与落叶之间的关系，而是由这一系列景物所引发的浓烈的乡愁。创作主体赋予日常生活景物以体验，那么，日常语言的符号指涉物便成了诗歌语言的情感指涉物。又如，洛迦·白玛在《距离》中写道：

> 是梦里开出的昙花
>
> 闻到前世熟悉的幽香
>
> 却听不见眼底深藏的叹息
>
> 是眼底隐秘的溪流
>
> 听见轮回里飘落的语言
>
> 却看不见心上奔流的柔情②

　　这诗里有许多常见的日常语言，如"开出的昙花""深藏的叹息""隐秘的溪流"，这样的语言读来朗朗上口，充满亲切感，但当这样富有生活画面的语言与"飘落的语言""奔流的柔情"同时出现时，原有的通俗感开始变得深沉。前世的幽香可以被闻到吗？柔情又如何奔流？诗人通过将两种不同机制的语言进行排列组合，形成了一幅诗意流动的画面。

　　康巴诗人群日常语言的亲切感与张力感共存的艺术审美还表现在会话节奏的运用。会话就是指诗中出现两个人及以上的对话，康巴诗人群的诗歌常以对话的形式表达情感。江洋才仁的《朗读者的春天》就用了对话的形式：

---

① 桑丹. 边缘积雪 [M]. 成都：四川文艺出版社，2012：70.
② 洛迦·白玛. 雪覆盖的梦园 [M]. 成都：四川文艺出版社，2016：54.

朗读者，请记住一个春天

在你的身后停留，像个老人一样看着你

这多么熟悉的事物啊

熟悉到像是喷向石头的一泡尿流！灼热，焦黄，隐隐的局促从头顶

降到了脚跟朗读者，听听一部展开在眼前的无形之书①

江洋才仁巧妙地刻画了春天和影子分别同朗读者对话的生活场景，让原本平面化的表达方式变得立体生动，形成众声喧哗的艺术效果。桑丹的《扎西旺姆——怀念和追忆我的外婆》里，则是诗人与外婆的歌声直接对话：

扎西旺姆，你的歌声久久回荡

我的家乡，是堆满金子的地方

我的家乡，是堆满银子的地方

…………

远离家乡的姑娘

请你不要忧伤

总有幸福的地方

我们同心奔走②

又如，列美平措的《寻找仓央嘉措》用旁白的方式与仓央嘉措进行对话：

或许因为你诞生在这座高原

这座高原才有了你优美的诗篇

才使我们步人后尘　异想天开

做起诗人的梦来

可我们却没有你的潇洒

一格格艰难爬着格子

---

① 江洋才仁. 朗读者的春天 [J]. 时代文学, 2013（23）：189.
② 桑丹. 边缘积雪 [M]. 成都：四川文艺出版社, 2012：132—134.

一沓沓顽强投寄稿子①

列美平措以诚恳的语调诉说着写诗和投稿的艰辛。诗人们在诗中或直接引用人物对话，或以内心独白的方式与叙述对象构成对话，让文本因为声音的存在而接近生活场面，读起来平易近人。同时，对话是与诗歌语言相互穿插进行的，因而使得诗歌整体呈现出距离感和戏剧色彩。

日常语言传达的信息和意指符号是相同的语言群体中的每个人所共享的，同一语境下所指涉的意义通常也相同。而诗歌则是个人化的，是一种个人属性的体验。因而诗人是群体中的一员，同时也有自身的独特个性。所以诗歌语言既来源于日常生活，又区别于日常生活。康巴诗人群正是如此，他们的诗歌常用熟悉的日常生活景物表达情感，将日常的信息表达转变成诗歌的情感抒发。他们也擅长使用对话和戏剧式的旁白，呈现出生活语言的亲切感和艺术语言的距离感并存的审美效果。

二、色彩纷繁的宗教意象世界

意象作为中国古代美学思想的重要组成部分，具有不可忽视的美学价值。

毫无疑问，意象由意与象组合而成，"意"即心，象即物。意象是心物统一，情景交融的心灵创造。"在意象中，不仅包含着客观的自然物态，而且包含着主观的人格和人文价值，它们在审美的思维方式中是相通的。"② 美是在主客体的交融中形成的，康巴诗人群的诗歌美学既有主观层面的"意"内核，又有客观层面的"象"之形态。在宗教意象领域，他们创造了生物自然意象、法物意象和非生物自然意象等丰富多彩的意象世界，用宗教符码构筑了他们独特、神秘的诗艺天堂。

（一）生物自然意象

藏传佛教是藏族的主体信仰，藏族有着虔诚的信仰与丰富多彩的宗教活动。浓厚的宗教氛围滋润着每一位藏族人。康巴诗人群的诗歌正是通过佛教意象彰显

---

① 列美平措.列美平措诗歌选[M].成都：四川民族出版社,2004：30.
② 朱志荣.论美与意象的关系[J].社会科学,2022（2）：187.

了康巴地区藏传佛教的圣洁光彩，佛教意象又反过来赋予其诗歌神奇魅力。

在佛教里，莲是圣花，佛教常借莲来比喻其佛性的灵异与神圣。康巴诗人群的诗歌常用莲花抒发空灵和洁净思想，如那萨的《酥油花开》写道：

> 花从母体里温润
> 到指尖上绽放
> 用了四个季节
>
> 万千诸佛
> 是一滴热血
> 在莲花上盘腿
> 观想一棵树的卵子
> 和一撮土①

古人常用莲花比喻出淤泥而不染的高洁品质，但此处的莲花却因与"诸佛"组合而达到了比高洁更深层次的神圣。佛的观想是"一棵树"与"一撮土"，而非红尘的名利。因而佛教本身希望自己不受尘世的污染的品质与意象"莲"相互融合，达到了"意"与"象"水乳交融的艺术境界。《格迦寺——随感》里也用莲花衬托了诗人心境的明朗清净：

> 一条彩虹出现
> 那一刻
> 我是沐浴的莲花
> 空了山谷
> 佛又在嬉笑
> 我忘了身后的天空
> 和天空下

---

① 那萨. 一株草的加持 [M]. 西宁：青海人民出版社，2016：8.

所有的暗礁①

洛迦·白玛的《你的城市》用莲花意象表征了佛性的清净：

> 这端是你的城市
> 那端是我的高原
> 眼睛里铺开的草地
> 笑容里绽放的花朵
> 胸膛里长出的天空与湖泊
> 当初我如此观想
> 天边有螺声悠长
> 八瓣莲花自心底开放
> 灵魂安坐莲心②

城市的喧嚣衬托了高原的宁静，当诗人念想着"草地""花朵""天空"与"湖泊"时，"八瓣莲花"便在心底绽放，"灵魂安坐莲心"。诗人用"草地"等众多意象是为了引出中心意象"莲花"。此处的"莲"象征了悟人生的洒脱与生命境界的升华，创造了一种豁达大气的意境美。桑丹在《扎西旺姆——怀念和追忆我的外婆》第二十七首中写道：

> 修持的人生
> 如同莲花盛开
> 扎西旺姆
> 慈悲喜舍从你内心的温柔中生起③

诗歌中的莲花意象不是定型化、程式化的，而是在不同的诗人那里呈现出不一样的个性化特征。在桑丹的诗歌中，它不仅是清洁高贵的象征，还是

---

① 那萨.一株草的加持 [M].西宁：青海人民出版社,2016：113.
② 洛迦·白玛.雪覆盖的梦园 [M].成都：四川文艺出版社,2016：18—19.
③ 桑丹.边缘积雪 [M].成都：四川文艺出版社,2012：152.

生命的慈悲与仁义的隐喻。梅萨则以"半支莲"命名诗集，将内容分为"莲蕊""莲支"和"莲叶"三辑。莲花的清新脱俗与灵性之光伴随诗人时而哀伤、时而慈悲、时而豁达的心境，整部诗集《半枝莲》因"莲"意象的深沉意蕴而绽放出迷人的光彩。

菩提树在佛教中被称为觉悟之树。"身是菩提树，心如明镜台。"菩提树为佛教信徒创造了避风躲雨的树荫，象征了他们庇护芸芸众生的智慧。那萨的《菩提叶》写道：

> 或许在某一次抬头的瞬间
> 它就会落到我的手心里，缓慢的大弧形
> 像是被苍穹抛出的翠珠，在太阳光下
> 闪出诱人的晶莹，隐约的狮子吼状
>
> 时常，它翠绿葱茏，密集地向天空生长
> 或露出枝干，在昼夜里显现生灭
> 风并没有掀动什么，空中的清脆
> 犹如瓷器从旧时光中醒来
> 它就在枝头[①]

"一切景语皆情语"，在那萨的笔下，每一片菩提叶都带着灵性之光，它是向阳而生，不为风所动的"明镜台"，象征了不因物喜也不因己悲的豁达之态。诗人用菩提叶造了一个脱俗、干净、明亮的意境空间。甲波布初在《一抹雪痕踩响的部落》中动情地歌颂道：

> 在这片蕴藉了万物的祥瑞宝地
> 我用日光丈量你灵性的禅音
> 你用菩提的善根

---

① 那萨.太阳回归线桑的一块暗影（组诗）.藏人文化网 [EB/OL]. https：//mp. weixin. qq. com/s/gxrMK_WiFLLcTXBr5aS-oA, 2021-11-11.

和一瓣清莲

焐热　万物孤冷的灵魂①

"菩提的善根"使得整首诗增添了佛性的光辉与灵性。阿布司南的《菩提树》则另辟蹊径，写出与众不同的韵味，说菩提树发出绿色的呢喃，假如他站在菩提树下：

会不会有个妩媚的仙女

在浓阴中把我召唤

拒绝诱惑是不可能的

因为我天生喜欢受骗

于是我踮脚向前走去

想从菩提树的叶子上

认出它迷人的脸

但是我只沾上一手绿痕

百灵鸟般的清脆笑声

在林中越来越远②

菩提树作为意象出现，象征成道或圣洁和吉祥。而诗人说的拒绝诱惑不可能则与意象所代表的蕴意形成对抗。接着诗人又说"我只沾上一手绿痕"，这与前文的"欲望"之间形成了否定之否定。诗人以"反道而行"的方式运用菩提意象，让诗歌充盈着独创性与个性化色彩。

（二）法物意象

除了植物意象以外，藏族佛教物象礼仪中还有许多丰富多彩的法物意象。藏传佛教僧侣和信众常用的法物就有念珠、佛塔、幡、华盖、璎珞等。康巴诗人群诗歌中宗教意象几乎是包罗万象的，佛教思想化为意象融于诗行，深入诗心。

---

① 甲波布初. 一抹雪痕踩响的部落 [J]. 贡嘎山，2020（5）：62.
② 阿布司南. 我的骨骼在远方 [M]. 北京：作家出版社，2015：74.

聂·塔尔青的《香巴拉佛塔》这样为佛塔歌唱：

多么想静静地仰望您的尊容

直到天荒地老，直到忘掉红尘与风雨

香巴拉佛塔，巴拉格宗雪山

你是香巴拉大地上最圣洁的一尊佛像

你是横断山脉深处最峥嵘的一座神山

一直以来，族人匍匐前来

叩拜了千年，叩拜了万年

香巴拉佛塔是天然化作的神塔

世间独一无二

族人是神的孩子

坚韧的毅力与卓绝的聪慧无与伦比[①]

圣洁的佛像与峥嵘的神山在意象构图与所象征的情感色调上都是一致的，诗人对宗教的热情溢于言表，赋予了佛塔与神山意象以悲悯众生凡人神性、毅力与聪慧的大智形象。列美平措在《圣地》里写道：

为缭绕的香烟所引诱

佛 本来就是我自己

仅仅因为一点新奇

我步入遍长经幡的密林

即使怎样的放纵

甚至满面戏谑的神情

凝神屏息的虔诚 很快

如一汪迅猛而无声的浪潮

亵渎和邪念和欲望被镇压[②]

---

① 聂·塔尔青. 香巴拉佛塔. 格桑花开 [EB/OL]. https：//mp. weixin. qq. com/s/9t4Onv1j3K8tPYgV9blXOw, 2019-09-03.
② 列美平措. 列美平措诗歌选 [M]. 成都：四川民族出版社, 2004：105.

"香烟"与"经幡"在诗行里构筑了一个充满神秘色彩的佛教世界，而它们所象征的清除邪念，镇压放纵与戏谑的神力则是诗人主观心像在外在符号上的不自觉流露，心物相融、浑然一体，达到了澄明、豁然贯通的艺术境地。洛迦·白玛的《双手合十》里写了众多的宗教符号：

> 千万张经幡在千万阵风中飘摇
>
> 千万个经纶在千万双手里转动
>
> 千万盏酥油灯在千万双眼中点亮
>
> 千万座玛尼堆在千万颗心里垒起①

这首诗仍旧传递出作者对宗教神圣性的理解，"经幡""经纶""酥油灯"与"玛尼堆"等意象构成了一个虔诚信徒的主观心象的心灵谷地，传达出一种坚韧、笃定的信仰姿态。实现了虚与实、显与隐的统一之美。桑丹的《寂静》以佛教意象表征内心的空灵洁净，她在寂静中默默祈祷：

> 不如在此生中被余香缭绕
>
> 被前定的念珠圆满
>
> 突然间寂静降临
>
> 这一刻是灵魂轻微的悸动
>
> 光明普照的大地
>
> 我将在何方伫立
>
> 又将在何方启程②

"余香"与"念珠"是作者用来表达复杂多样的情感经验的宗教符号，是诗人陷入"将在何方启程"的迷惘时的指路经。又如甲波布初的《转塔》：

从每一颗佛珠开始/捻过108珠，头就发白了

---

① 洛迦·白玛.雪覆盖的梦园 [M].成都：四川文艺出版社,2016：22.

② 桑丹.边缘积雪 [M].成都：四川文艺出版社,2012：97.

他们习惯让孩子/听很多佛塔里玄妙的故事

诸如菩萨如何幽居塔心和经书聊天

小石子堆积的功德

那些曾经不爱转绕顶礼的小孩

把石子垒成很多小山坡①

"佛珠""佛塔""菩萨""经书"等意象诗意地再现了藏民族的日常生活情景，佛教指引下的世界观是他们生存理念形成的源泉。诗人通过众多佛教意象的拼组把读者导向了一个具有无限想象空间的佛教圣地。再如梅萨的《仓央嘉措》：

线盒洁白的法螺

在你夏宫的金床边闪烁

漫卷的经书从手中滑落

太阳西下

走动着美妙的黄昏

天　灿若银河②

"经书"与"法螺"象征佛法无边的智慧，从而凸显了在宗教熏陶中满怀神性才华与无穷智慧的仓央嘉措形象，呈现了藏族圣洁虔敬的民族精神内核，营造了充满"异域"色彩的诗歌世界。

（三）非生物自然意象

自然意象分为生物自然意象和非生物自然意象。细读康巴诗人群的诗歌，可见他们诗歌中常出现众多与佛教相关的非生物自然意象，石头便是其中之一。

石头是我国各个民族文学中都很常见的符号，这与传承至今的石头崇拜母题有着不可分割的渊源。在泛灵论思想领域，石头隐喻和象征着浓厚的生命意识。

---

① 甲波布初．雪野，被雪尘隐藏的秘籍（组诗）[EB/OL]. https：//mp. weixin. qq. com/s/−_c1CUvd_BKN60sbVDhI6w, 2021−09−09.

② 梅萨．半支莲 [M]. 北京：作家出版社，2016：45.

中国古典小说史上两个著名人物孙悟空和贾宝玉皆为灵石所生，意味着生命的起源受天真地秀与日月精华影响。二者最终的命运亦是殊途同归，那就是他们都步入了石的归宿——佛教空门。由此看出，石头与佛教自古以来就有着不解之缘。

藏族有着丰富多彩的白石崇拜文化，白石崇拜把"藏族的祖先崇拜、灵物崇拜、本教教理、佛教经义融于白石文化之中，在藏族人的生活中起着巨大的精神支配作用，享有其他自然物所不可企及的地位"①。石头与藏传佛教之间紧密相连，其中"佛教经义融于白石文化"指的是，藏族人用大小不等、形态各异的石板镌刻藏文经，再将其按一定顺序垒成"石墙经"。康巴诗人群诗歌中的石头意象更多的是指向佛教经义中的大智大慧和大彻大悟。正如那萨在《嘉纳玛尼石经》中所说：

> 今夜我冥思在嘉纳玛尼石经旁
> 淌在石头里的声音
> 与咫尺头顶的光
> 整合初始的心灵
> 合着日月
> 我的脚步已静止
> 在石头垒砌的咒符里②

玛尼石是具有佛性光芒的，藏传佛教信众用它来祈福，且把六字真言刻在石头上，"玛尼石"的名字就来源于"唵嘛呢叭咪吽"的六字真言。在青海玉树有座叫嘉纳玛尼石经的城市，相传它由第一世嘉纳活佛于此地捡到的一块天然自显的玛尼石形成。那萨书写"嘉纳玛尼石经"，诗行间的意象短小精悍，却蕴含着丰富的传说蕴意与宗教哲理。阿布司南的《奶子河》同样描述了石头的智慧："一块块玛尼石是打开灵界的门/让我在玛尼石面前看破生死。"③聂·塔尔青的《我愿，是一块石头》：

---

① 林继富.藏族白石崇拜探微 [J].西藏研究，1990（1）：139.
② 那萨.一株草的加持 [M].西宁：青海人民出版社，2016：106.
③ 阿布司南.我的骨骼在远方 [M].北京：作家出版社，2015：98.

> 如山强悍的男儿
>
> 如花似锦的姑娘
>
> 那里是我的故乡
>
> 我不依恋繁华
>
> 只愿化成故乡的一块石头
>
> 在沉静中死去，也从寂寞中复活①

　　聂·塔尔青笔下的石头象征了宗教般的空心无欲，一种洞穿红尘俗世后的寂静。洛迦·白玛的《一块石头》抒写了石头的坚韧与存在的悠久：

> 一直藏在那里
>
> 传说或预言的深处
>
> 裹着命运赋予的冰粒
>
> 绿色的水草和褐色的淤泥
>
> 部分的棱角
>
> 已被时光的水流冲刷平整
>
> 依然残留的那么一两个　它们固执并继续锋利如刺②

　　布洛陀神话里，石头是强大生命力的象征。洛迦·白玛的"石头"既有佛教与石头关系的"传说或预言"，同时也隐喻了一种蓬勃强大的生命力量和慈悲怜悯之爱。石头意蕴丰富，诗人们选用石头作诗歌意象增强了诗歌弹性和阐释力度，同时实现了情景交融，在物我合一的意象世界里实现情感升华的美学效果。
　　康巴诗人群的诗歌意象写作中有明显的趋同现象，自然生物意象、法物意象和非生物自然意象是他们诗歌中常出现的宗教符号。这是因为他们在浓厚的宗教文化熏陶下成长，对宗教有着虔诚、坚定的皈依情感。"意象是一切艺术的根

---

①　聂·塔尔青. 草原，谁的归宿//潮头文学 [EB/OL]. https：//mp. weixin. qq. com/s/3bcyKg_iK9umhXN1hE9U8w, 2018-10-27.
②　洛迦·白玛. 雪覆盖的梦园 [M]. 成都：四川文艺出版社，2016：52.

源，没有意象就没有艺术。"①康巴诗人群诗歌中丰富多彩的意象运用丰富了诗歌的审美境界，创造出一个物象、事象和拟象融为一体的艺术空间，传达出藏族源远流长的宗教文化，传递了仁慈、空灵、豁达、静心的藏传佛教精神。

三、丰富多彩的艺术形象塑造

形象性是一切艺术作品都应具备的属性。可以说，因为形象的存在，人们才好辨别艺术作品与其他社会意识形态之间的区别。"艺术家通过塑造艺术形象达到并完成对世界的把握，人们通过感知艺术作品中的艺术形象，达到对世界的艺术把握，艺术形象是人们把握艺术乃至最终把握世界的载体。"②诗歌本身的跳跃性就注定了其形象的抽象性特征，但诗人在创作一首诗之前，头脑中必定先形成一个具象画面再将其经过想象的加工并传递给读者。另外，并非看得见摸得着的实在体才可称为形象。只要读者能够感受到，并表达了艺术家的情感，且富有美感色彩的艺术载体都可称为形象。康巴诗人群诗中呈现了许多可感的、有血有肉的艺术形象。如多情善良的藏族女郎形象、踏实肯干的驮脚汉形象和坚忍顽强的生命形象等。

（一）多情善良的藏族女性形象

《格萨尔王传》中格萨尔的妻子珠壮可以说是藏族理想女性的标准，珠壮是一位正义、智慧、大度、勇敢的藏族女性形象。珠壮的形象精神感染着藏族女性的自我审美，生长于雪域的藏族女性有着朴实、善良、宽宏大量的美好品质。同样生长于雪域世界的康巴诗人群对本民族女性的认识、了解和喜爱亦是其他人所不能比拟的，他们用诗歌呈现了藏族女性身上真、善、美的特征，极力为读者呈现了一个个形象各异、生动鲜明的藏族女郎形象。

阿布司南《山里的女人》描绘了藏族女性所经历的无数次妊娠与难产，她们于痛苦中孕育了无数强悍的康巴汉子："虽但她们柔弱的沙滩上/仍是让男人的野性挖出一个个痛苦的坑/她们恨过咒过反抗过/然而当男人们在某个早晨走向山外/她们又忍不住地哭了"，"她们挑起生活走向叠叠山脉/在山脊上叠起了自己

---

① 罗家伦，罗庸. 新人生观 鸭池十讲 [M]. 沈阳：辽宁教育出版社，1997：45.
② 段海龙，董云飞. 艺术形象：艺术地把握世界的载体 [J]. 齐齐哈尔大学学报：哲学社会科学版，1999（02）：47.

的形象/在山脉上创造属于自己的没有色彩的季节"，"她们自信/既能放出所有的早晨/就能收回所有的黄昏"。① 形象的塑造是创作者有意为之的行为结果。艺术家用形象表达情感与认知，"山里的女人"形象背后蕴含着生育的痛苦，被男性掌控的"失声"和大胆的反抗性格。任何一种形象只有具备思辨色彩才会充盈饱满，诗人不仅写到山里女人的刚毅，也刻画了她们在男人走出山外时哭泣的柔软、深情、善良、大度以及拿得起也放得下的自信。阿布司南注重人物描写的细节，通过描写人物动作和心理来体验人物情绪，寥寥几笔便刻画了一个个丰富且立体可感的藏族女性形象，让读者身临其境般地感受到藏族地区生活，不由自主地产生情感的波动，从而跟随诗中的女性进入一个美妙的艺术世界，痛山里女人之痛，喜山里女人之喜。

列美平措在《盼望　草地女人的名字》中写道：

> 你可不知什么叫无情
>
> 少女的心总是向着欢乐开放
>
> 你的欢乐是远方疾驰的啼声
>
> 马蹄牵动你心中隐秘的思念
>
> 红晕绽开满天的红霞
>
> 你喝住了狂吠的牧狗
>
> 凝视他跨进帐篷走入你的心灵
>
> 你的盼望孕育了痛苦与苦涩
>
> 你想起阿爸阿妈说过的名字
>
> 一个男人从你的心中死去
>
> 一个男人在你的腹中诞生②

阿布司南笔下的女性是坚韧丰盈的大女人形象，列美平措的草地女人则是纯真、单纯、直率的少女形象。诗人从多角度出发，巧妙设置故事画面，围绕跨进

---

① 阿布司南.我的骨骼在远方 [M].北京：作家出版社，2015：33—34.

② 列美平措.列美平措诗歌选 [M].成都：四川民族出版社，2003：151—152.

帐篷的他以及阿爸阿妈等人物的出场，让他们与"草地女人"产生联系，从而衬托出一个"呼之欲出"的可触可感的少女形象。通过文字我们可以感受到这是一个忠于内心、忠于爱情，不问世事的妙龄少女。

桑丹的《木雅女子》塑造了一个身穿曳地袍裙，已配备好松耳、玛瑙、黄金、白银等嫁妆，背着木桶舀动清泉的女子。作者以灵动的笔调道出了木雅女子优雅、高贵、勤劳、美丽的形象。形象有隐喻和象征的功能，在诗的末尾桑丹用木雅女子青春的凋零暗喻了部族血脉的渐行渐远，使得这一形象生动可感的同时具备了深刻意蕴。"作者对人物有深厚的感情，人物就会精神饱满、气象堂堂。"[1]当创作者与书写对象之间存在情感相应或者心灵共鸣时，创作出来的形象才具个性与生命力。与高原女性之间是惺惺相惜的，耶杰·茨仁措姆笔下的藏族女性似乎是诗人在物我两忘的境界中创造出来的形象，字里行间透露着创作者切肤的爱与痛，如《高原女人》写出了高原女人从生到死都在勤劳奉献的一生：

> 你来自遥远春天的浪漫
> 你慈母般仁慈的双目，看
> 透熟后的回落
> 土地听到了快乐的死亡
>
> 你用色彩
> 不断积蓄能量推动时间的磨盘
> 这世间所有向死而生的万物
> 谁不是立于土地之上
> 又将爱的方式，生的希望
> 交还大地
>
> 你来得那么干脆
> 大地无法沉默

---

① 徐岱．艺术的特性与特征：也谈艺术中情感与形象的关系 [J]．当代文坛，1984（10）：20．

于是，收下一片片落叶[①]

身为女性，耶杰·茨仁措姆能够深刻体察藏族女性终生劳作，忙于相夫教子，在琐碎生活中老去却来不及享受青春年华与美好生活，转眼间匆匆离世的悲苦命运。相比一些男性作家笔下不食人间烟火、充满理想色彩的女性形象，耶杰·茨仁措姆诗中的高原女人形象更具真实感，也更加生动立体，丰盈感人。藏族女性作为生活形象行走在日常生活中时，人们因习以为常而不会去欣赏、观照和审视她，唯有当她们出现在诗人笔下升华为艺术形象时，"就可以调动每一生命个体的形象记忆与形象体验，从而达成生命的共感与内心的和鸣"[②]。

康巴诗人群热衷于描写本民族女性，尽管不同诗人笔下的女性形象并不完全相同。但从整体上来看，这些女性都具有淳朴善良、豁达宽容、勤劳奉献、敢爱敢恨、真实勇敢的优秀品质。藏族自古以来就追求自性圆满的生活哲学，所以从世间万物中提炼而来的高原女性形象自然也就具备真、善、美的特征，她们象征了藏族心灵的真实和精神的纯粹。同时，诗人们正视现实，毫不避讳地反映了雪域女人艰苦劳累、任劳任怨的另一面。藏族女性形象的塑造不仅具有审美层面的艺术美感价值，同时也是康巴诗人群直面女性处境和生命存在本身，以及叩问生活真实面貌的具象媒介。

（二）驮脚汉形象

驮脚汉指赶着牲口从事驮运工作的人。他们常年走南闯北，见多识广，处世狡黠，因而民间有俗语："天上麻鹬子，地上马脚子……"形容驮脚汉圆滑练达，精通人情世故。不过，艺术形象不是对现实生活的模仿，而是经过创作者情感过滤和融入想象色彩的新生命。康巴诗人群笔下的驮脚汉是现实形象升华的结果，他们比现实更加理想、集中和典型。读者的注意力并不停留于自然物本身的审美属性上，因而我们在诗中所看到的是驮脚汉们热爱生活的模样，执着地追求甜蜜与幸福的日子，他们驮茶、驮盐、驮布匹，年年月月赶着牦牛走在草原上。

[①] 耶杰·茨仁措姆.耶杰·茨仁措姆 2021 年自选诗.藏人文化网 [EB/OL]. https://mp. weixin. qq. com/s/EmzAOkSVSX4CeG4yE_lF6A. 2022-01-20.
[②] 李咏吟.创作解释学 [M].广西：广西师范大学出版社,2004：107.

康巴诗人群的字里行间不自觉流露出对其脚踏实地，不畏艰辛的品质的赞美与喜爱，传递了一股朝气十足，充满希望的文学力量。如桑丹在《驮脚娃》里写道：

> 我遍尝人世间的痛苦与欢乐
> 即将怀着命运的秘密
> 我的月亮之马放牧在溜溜的山上
> 在一个叫康定或折多的地方
> 今夜
> 那些散发着汗味与青草马粪味的灵魂
> 又一次显现，又一次显现
> 我心牵的故人们
> 仍然在烈酒中为女人抽刀
> 为骏马欢喜的驮脚娃[①]

诗歌描写了乡民们为即将出行的驮脚娃送行的场景，桑丹看到了驮脚娃尝遍世事的沧桑，"抽刀"、喝"烈酒"等细节的描绘将不辞劳苦、豪放豁达，与高山草原融为一体的驮脚汉形象淋漓尽致地展示出来。又如，列美平措的《荒原·篝火·驮脚汉》描绘了驮脚汉、牦牛、黑夜与荒原相依为命，互为依靠的画面："寒风　扬冷酷的皮鞭驱赶/草滩　举枯萎的微笑相迎/把驮子连同疲劳一起卸下/再垒三块石头把暗夜点燃/如同许多相同的夜/今夜露宿在草滩//牛粪火上悬挂熏黑的茶锅/夜在驮脚汉的生活中沸腾……"高尔基把文学称作"人学"，道理就在于人完整地存在于整个社会生活中，因而人就应该反映和认识社会。列美平措把驮脚汉形象放置在一个大环境当中去塑造，通过驮脚汉的一举一动，我们可以看出人物所置身的环境交通尚未发达，生产生活方式还相对落后，但人与自然和谐共处的社会背景和人文环境。同时，也能够看到一个族群的男性以怎样的拼搏方式维持着这个族群的生存。可见，艺术形象是"多方面因素综合构成的有

---

① 桑丹.边缘积雪 [M].成都：四川文艺出版社，2012：24.

机统一体"①。那萨的《岁时的掠影》：

> 被阳光照旧的脸
> 拖着空旷的原野
> 数风声和细雨
> 一袋战栗的青稞
> 驮在走累的马背上
> 被牧人空响的"乌朵"——震碎
>
> 光的语余温里
> 目光，像虫一样飞起
> 飞到眉谷
> 把一堆掠影，剪下心形
> 数落背过身的日子
>
> 几朵散乱的云
> 被风拽着游行
> 忽略天空的人
> 忙于梳洗
> 一只鹰划伤了山谷
> 牧草在翘首里
> 打听马蹄的声音②

岁时，驮着青稞的马背、牧人鞭打的碎声、马蹄嘚嘚之声是那萨记忆中的生活经验与知识。艺术形象对现实生活有着高度的概括作用，诗人那萨凭着回忆呈现了藏族地区曾经的生活场景，鲜明、生动地展现了赶马驮运年代藏人的生存生产状态。

---

① 罗一民. 艺术形象性探源：从美学的窗口看艺术认识的特点 [J]. 南京大学学报：哲学人文社会科学，1996（2）：71.
② 那萨. 一株草的加持 [M]. 西宁：青海人民出版社，2016：59.

在过去，驮脚汉不仅担负着驮运粮食、解决族群生活温饱问题的责任，他们还是藏族人民与外界交换物品、与外地进行沟通的纽带。因此，驮脚汉在藏族人的生活中起着至关重要的作用。康巴诗人群以驮脚汉形象还原了藏族人的生活面貌，塑造了他们不畏艰难、乐观向上、热爱生活的品质。让读者在提升艺术形象鉴赏能力的同时，也近距离认识、把握和理解了富有地域色彩的藏地世界。

（三）生命形象

别林斯基说："诗的本质就在于给不具形的思想以生动的感性的美丽的形象。"[①] 创作者创造形象的目的不在于对某个现实事件或者人物进行模拟，而是旨在道出形象背后的复杂内蕴，让不具形的思想通过依附在形象上表达出来。生命形象并非指向简单的生和死，或是一种实体或具象，它更多指向藏族的生死伦理、价值观念和人生态度。诗人用形象道出其所显露出的"那一事物的荣光，它的神显（epiphany）"[②]。

在诗人阿布司南的眼里，忠于祖国大地，勇于牺牲自我与奉献生命的烈士形象可以成就一座座不朽的丰碑。他在《墓碑——写在中甸烈士陵园的墓碑之前（二）》里说道：

> 谁人都想永远年轻
> 谁人又能如愿以偿
> 谁人又能获得永生
>
> 这墓碑的主人就如愿以偿
> 这墓碑的主人就获得了永生
> 尽管，这年龄不能岁岁递增
> 却使他们永远年轻
> 却使他们生命永恒[③]

① 徐岱.艺术的特性与特征：也谈艺术中情感与形象的关系 [J].当代文坛，1984（10）：21.

② Jean-Luc Nancy, The Muses, trans. Peggy Kamuf, Stanford: Stanford University Press, 1996：73.

③ 阿布司南.我的骨骼在远方 [M].北京：作家出版社，2015：26.

阿布司南所记叙和表达的生命是完全精神性或者灵气性的，但又因诗人将"生命"定格在烈士之墓，营造了一种悲壮、哀伤的氛围，从而让生命变得可感可知，形象鲜活。

阿布司南笔下的生命形象象征着一种大爱意识和家国观念，传达出保家卫国、捍卫江山的生命价值。那萨诗歌中的生命形象则是一种包容万物，尊重一切生命的隐喻。如，《每一声死讯都是警钟》：

> 山风
>
> 带着生命的苍凉
>
> 经过墓碑的声音
>
> 像中枪的卫士
>
> 倒在时空的阴柔里
>
> 像投湖救鱼的少年
>
> 每一片鱼鳞，都是神的谕旨
>
> 一声声死讯里，山河
>
> 一毫一毫地受损
>
> 与草木枯荣的人啊
>
> 不是死神的爱民
>
> 是向我们敲击警钟的勇士①

在藏族文化里，鱼是有灵性的，陇南藏族支系白马人还有鱼图腾崇拜的习俗文化。那萨诗歌里的死讯来自鱼鳞片的受损与草木的枯荣，意味着人与自然万物共生共融、同荣同枯。破坏自然、亵渎生灵的众生则将受到神灵的惩罚与死亡的警告。因此，那萨在呼唤一个个敬畏自然、慈悲友爱的生命形象。洛迦·白玛的《这个春天，写给玉树》写出了生死的轮回观：

---

① 那萨．一株草的加持 [M]．西宁：青海人民出版社，2016：96.

　　　　在另一个世界里

　　　　你们放牧、耕种、修建佛塔和庙宇

　　　　平静地等待某一天亲人的相聚

　　　　我愿意相信

　　　　在那无法用想象触及的地方

　　　　你们将拥有一个新的家园①

　　这首诗写给玉树地震中不幸遇难的死者，道出了死亡的猝然降临与生命的脆弱不堪，但她始终相信来世的存在。

　　藏传佛教的"三世两重因果"观念认为，生命是由过去世、现在世和未来世三个轮回组成。因此，尽管洛迦·白玛对生命的逝世充满悲伤，但总的基调是乐观的，读者似乎可以从中感知到一个个灵魂过渡到另一个世界，看到他们在来世安居乐业的景象。列美平措的《蓝天·牧人·葬礼》《诞生》《最后的葬礼》《与死亡之神对话》等诗篇也写了生死的轮回交叉，表达出藏族人向死而生，渴望来世的生死观念。康巴诗人群艺术世界中的生命形象是丰富多彩的，他们传达了生命的大爱、慈悲，有所敬畏和相信生死轮回的豁达。

　　别林斯基说："哲学家用三段论说话，诗人则用形象和图画说话，然而他们所说的都是同一件事。"② 这段话是说艺术创造离不开形象塑造，形象因融入艺术而变得富有神韵。"艺术家感知的是生命物象，创造的是生命艺象，呈现的是独特的生命文化精神。"③ 这就是说，形象审美意蕴不仅仅在于其外在的形态，还包含了创作者的生命情感和生活经验，因而读者可以通过不同艺术家笔下的不同形象感受到丰富多彩的生命精神。康巴诗人群因其特殊的文化基因而有着独特丰饶的形象艺术体验，他们为读者呈现了善良、多情的藏族女性形象，踏实肯干的驮脚汉形象和大爱仁慈的生命形象。通过这些形象，我们看到了藏族深厚的社会历史文明和民族精神心理，从中获得了独特的生命启示。

---

① 洛迦·白玛. 雪覆盖的梦园 [M]. 成都：四川文艺出版社，2016：46.

② 徐岱. 艺术的特性与特征：也谈艺术中情感与形象的关系 [J]. 当代文坛，1984（10）：20.

③ 李咏吟. 艺术形象与形象学解释的理指向 [J]. 文艺评论，2011（07）：5.

第三节　康巴诗人群创作的价值与反思

一、康巴诗人群创作之光亮

少数民族文学是中国文学的重要组成部分，为中国文学画廊创造了别样的鉴赏视野与艺术空间。康巴诗人群与当代其他民族诗人同声唱和、吟咏时代、抒发民族情怀，是一支不可忽视的文学力量。本节将从康巴诗人群诗歌创作的光亮和瑕疵两个方面来辩证分析康巴诗人群创作在当代文坛的价值及不足，为读者和文学批评界客观看待康巴诗人群诗歌艺术提供一个思辨性视角。

（一）诠释民族精神

"对于民族精神世界的开掘是民族文学的核心价值所在。"[①] 少数民族文学充满着不同于主流文学的异质气息，它以独特的美学力量冲击人们定性的审美习惯和价值思维，进而带给人们奇异的艺术魅力与文化氛围。

康巴诗人群于此也有积极的实践与探索。藏族文化是一种复合型文化，其核心是藏传佛教。藏传佛教以中国佛教教义为基础，而中国佛教的形成与印度佛教有深厚的渊源关系。它在印度佛教的基础上逐渐发展演化并扎根中国本土，吸纳儒家文化和道家文化的精髓，慢慢形成具有本土色彩的宗教文化。因而，藏传佛教在汲取本教神祇及仪式的基础上容纳了儒家的仁义礼智观念和积极进取的入世思想，又接收了道家清静无为，看破世俗的出世价值观，从而形成了一套完整的宗教思想体系。

藏传佛教贯穿藏族人民生产生活的方方面面，从节日礼俗、生死仪式、日常生活、文化心理等各方面无不流露着宗教痕迹。每一位土生土长的藏族人几乎都在浓厚的宗教氛围中成长，藏传佛教以其不同于其他民族文化的特质培育了他们别样的精神涵养。在此，我们从康巴诗人群的诗作精神出发，择其三点加以阐释：

---

① 王继霞. 百年回族文学价值述略 [J]. 青海民族大学学报：社会科学版，2014（02）：127.

第一，康巴诗人群诗歌呈现具有魔幻色彩的文学审美价值。艺术具有审美功能，给人以直觉上的愉悦与享受。康巴诗人群以自身独特的方式展现着自身的创作能力和审美方式。藏传佛教的精神光辉赋予了康巴诗人群诗歌神秘的色彩，彰显出诗歌书写的地域性魔幻色彩。马尔克斯在谈到"魔幻现实主义"时曾说，那些光怪陆离的传说、奇闻逸事和牛鬼蛇神在拉丁美洲是日常的，而非想象和编造。同样，康巴诗人群诗里的泛灵论现象，生死轮回观念对他们而言亦是一种潜移默化、深入人心的"实在"。那萨在《大年三十，观想佛菩萨》，隔着山脉与河流等待或祈祷，认为望着山，佛就在眼前。桑丹的世界里有一条《天堂之河》，她说那是传说中的不死之河，看见闪光的鱼类在岸上行走，也可以看见预谋死亡的树木与营造邪恶的花朵。洛迦·白玛认为《一株蔷薇》可以长出悲喜，开出沉默。

可以看出，康巴诗人群的诗艺世界是一个人与神、精灵、植物、动物共融共生的世界，这样的世界没有严格的时空界限和人鬼观念。一切都有思想、都有生命，而人类则可以看见一切并热爱一切，他们怀着慈悲和善良与万事万物和谐相处。而诗歌中的这种超现实现象与富有魔幻色彩的意境正是受佛教思想的神性观念影响，人们对万物有灵观念的坚定信仰亦是对佛教的慈爱和包容思想的继承。因而，藏传佛教对康巴诗人群创作的影响是思想与艺术两重维度的，没有藏传佛教神圣光环照耀，也就没有康巴诗人群富有地域性虚幻、离奇色彩的诗作特质。

第二，康巴诗人群用诗歌诠释了藏族的宽厚包容、慈悲善良、关爱弱势群体的民族精神。藏传佛教孕育了藏族宽厚仁慈的民族性格。"民族性格是指民族的群体人格，即一个民族所共有的、区别于其他民族的、对现实的稳定态度和习惯化了的行为方式。一个民族的信仰与文化，对民族性格的形成起决定性作用。"① 藏传佛教的宽厚大度培育了康巴诗人群诗歌的豁达大气之境和慈悲柔软情怀。列美平措对天葬有独特的情感，他从别样的视角出发为天葬师写下了不少诗篇。如《站在天堂和地狱之间——给草地天葬师之一》《最后的葬礼——给草地天葬师之二》《与死亡之神对话——给草地天葬师之三》等，天葬师是一种

---

① 张俊明.论藏传佛教对藏族民族心理的影响 [J].兰州文理学院学报：社会科学版，2016（4）：43.

职业，专为死者举行葬礼仪式，被称为"贱民"，社会地位比较低下。天葬师死后灵魂是不能升天的，只能被大地包容。列美平措不仅揭示了本民族文化中存在的排斥性，还表达了对天葬师的无限同情，凸显了以天葬师为代表的弱势个体的价值。阿布司南为《雪地上最后一只鸟》的沉默而感动，梅萨从一根"羽毛"看到了前生今世和命运沧桑。总之，康巴诗人群关注与同情弱势群体，关爱一草一木，关心一花一石，他们的真诚与善良总为世界万物而起。藏传佛教提倡宽厚慈悲与非暴力，认为只有行善积德和扬善抑恶来世才可以升天。康巴诗人群将这种优秀的伦理道德精神载入诗册，让读者领略了藏族慈悲友爱，宽容善良的民族精神。

第三，康巴诗人群还诠释了彪悍豪放的民族性格。雪山、草原、高山与雪域养育了藏族人不拘一格、不计名利的豪放性格。如尼玛松保在《多年以后》中所表达的泰然达观的生命观：

> 活着的时候
> 没能省略爱情　粮食
> 还有挚爱的诗歌
> 离去的时候
> 我想嘱托雪山
> 别停下诗的澎湃
>
> 或许不会太久
> 我会闻着油墨味
> 找寻前世的记忆
> 那时我会继续去认
> 我的爱情
> 去领我的粮食①

对死亡的畏惧与担忧是人类共有的心理，但相信来世与轮回的藏族人面对死

---

① 尼玛松保. 多年以后 [J]. 诗江南，2013（3）：49.

亡时显得豁达豪放。他们以一种简单、宁静、质朴、纯净的心态代替了死亡的肃穆庄严，给人以舒适的美感冲击和心灵启迪。藏传佛教中乐观豁达、不计得失、不畏生死的观念不仅体现在生命轮回观上，在日常生活的方方面面也有所表露。列美平措的《草原组曲》便是藏族人日常生活的真实写照，清晨引着羊羔与牛马上山，傍晚"驮着花开的希望"与"秋天的欢笑"归来，傍晚坐在草滩上听风絮语。比起都市的喧闹与人们对物质利益的追逐，藏族人的生活是豪放豁达的，他们与山为友，与风交谈，在宁静宽阔的大地上寻找自我、实现自我。

（二）传承民族文化的现实意义

文化包含了一个民族生活的林林总总，包括精神世界、社会生活和物质生活。藏族之所以区别于其他民族，是因为它有着自己独特的民族文化。中国多民族的识别亦是一种文化的识别，因此，少数民族文化的传承对中国这样一个民族众多、文化多样的国家具有重要的意义。在当下的全球化背景下，少数民族文化也难免受到现代化浪潮的冲击，面临着被强势文化整合和同化的难题。文学是文化的一部分，文学创作是文化传承与传播的方式之一。康巴诗人群的诗歌创作涉及藏族歌舞、婚丧习俗、节日习俗、图腾符号、神话传说等方方面面，为藏族文化的传承与促进民族心理趋同的文化整合创造了重要价值。

康巴诗人的诗作为展现和传播藏族民俗文化风情做出了重要贡献。英雄史诗《格萨尔》是藏族文化的瑰宝，是全世界为数极少的"活形态"史诗之一。《格萨尔》结构宏伟，内容博大精深，包含了本土知识、民间智慧、宗教信仰等，它是世界上篇幅最长的史诗，因其结构的宏大与内容的丰富而被称为"东方的《荷马史诗》"。

青海、西藏、甘肃等地有专门的《格萨尔》文化传承保护机构，传承格萨尔文化是每一位藏族人义不容辞的责任。康巴诗人群中传承格萨尔文化的代表人物当属夏加，其诗集《天子·格萨尔》就是一部以诗歌形式铭记格萨尔文化的力作，在纷繁复杂的现代世界中，夏加的创作可以说是另辟蹊径，让人重新"审视我们人类创造的所谓的'优秀文明成果'这样的文明模式为我们带来了些什么？物质的极大丰富能够挽救人类精神的堕落吗？"[1]《天子·格萨尔》的问世给人

---

[1] 全国《格萨尔》工作领导小组办公室. 格萨尔·序 // 夏加. 格萨尔 [M]. 成都：四川民族出版社，2012：3.

们思考文化精神与物质关系提供了重要的启发，也为藏族古老文化的传承与保护起到了重要作用。

　　仓央嘉措富有才气与智慧的形象早已成为藏族文化的重要组成部分，仓央嘉措是第六世达赖喇嘛，一位人尽皆知的西藏宗教首领和奇才诗人，也是一位拥有特别人格魅力和传奇故事的人物。仓央嘉措一生追求至善至真至美，倡导人与人之间的和睦友爱，对不忠不义等恶劣品质深恶痛绝。仓央嘉措文化是一种大爱和博爱精神。此外，仓央嘉措还是一位有着家园主权意识的藏族人，为了西藏政教事业和百姓的福祉，他可以舍弃个人安危，为苍生百姓操劳奔波。康巴诗人群纷纷书写仓央嘉措，他们对仓央嘉措的追忆便是一个族群对诗性精神与大爱情怀的铭记与追忆。如，梅萨充满激情的文字找寻仓央嘉措精神：

佛法无边的智慧
佛性开悟的瞬间
你被困在世间最美的高原
是谁道出人间真情
在悲怆的岁月①

　　诗人写出了仓央嘉措政权被夺的无奈和悲伤，赞扬了其无边的智慧与开悟，对其挚爱真情的品质给予赞美。拉卡·索南伊巴的《忆仓央嘉措》写道：

又是一个寂静的夜晚
留不住的芳心
看不见的回眸一笑
痴迷的雪花依旧灌满思绪
抚恩我这颗纯洁的痴心

红尘中珍藏的爱与痛
已遗忘在牧场的边沿

---

① 梅萨.半支莲[M].北京：作家出版社，2016：46.

> 曾经心跳的声音
> 在朦胧中惆怅淡去
> 玛吉阿米的冰凉情思
> 在诗中无法找寻归宿①

另外，列美平措、那萨等诗人也有不少追忆仓央嘉措的诗篇。可见，康巴诗人群的创作对仓央嘉措精神的回溯和找寻有着重要的实践意义。一个民族的传奇人物必定对这个民族的精神信仰和心理归属起着重要影响，仓央嘉措精神文化是值得传播与铭记的，康巴诗人群对仓央嘉措文化的书写亦是对民族文化的传承、传播与保存。

除了对藏族文化瑰宝《格萨尔》史诗和民族传奇人物格萨尔文化进行传承以外，康巴诗人群诗中还有对风俗、习惯、礼仪和生产生活方式的表达。如列美平措笔下的藏族六弦琴《札聂》，洛迦·白玛笔下用以搭锅做饭、同时象征吉祥如意的《三锅庄》，聂·塔尔青笔下的月下昌都风情、高原风光，布钦·嘎玛文青笔下象征神性的"卡瓦格博"：《卡瓦格博的沉默》，桑丹写了待嫁姑娘所筹备的隆重嫁妆等。总之，康巴诗人群以诗歌的方式书写了藏族的历史文化、传奇人物、音乐绘画、生产生活、地域风景等方方面面，全方位展现了藏族独特的民族文化。

（三）追求超越之美

康巴诗人群的超越之美指在认同民族性的基础上又超越"民族性"的束缚。他们诠释民族精神，传承民族文化，描绘民族生活，但却不仅仅囿于狭隘的民族主义色彩，而是逐步构建出一个具有多重视野和多维审美向度的诗歌世界。我们可以从康巴诗人群的诗作中看出他们对各种文化资源的学习和吸纳。正因如此，他们的诗歌常传达出人类情感和精神的共通性，彰显出文学抚慰心灵，陶冶情操的价值。

康巴诗人群对民族色彩的超越首先表现在他们对爱情观念的书写上。佛教认为女性是不洁之物，在这种观念的长期影响下，藏族女性也逐渐失去了自信，认

---

① 拉卡·索南伊巴. 无言的默契（组诗）. 藏人文化网 [EB/OL]. https：//mp. weixin. qq. com/s/cnJccFQDXvwAT-9XrUbtNg, 2021-03-02.

为自己的家庭地位、社会地位应低于男性。庆幸的是，随着经济的发展和教育的普及，人们逐渐打破了这些陈规陋习，走向男女平等、婚恋自由的新时代道路。康巴诗人的诗歌创作为传播先进思想观念提供了很好的典范。如梅萨的《傍晚，爱过的人》中写道：

> 爱人
> 请别让我为你的漂泊过于心碎
> 你的目光引渡我已被点化的灵魂
> 在世俗的彼岸被生命撕裂
> 我不会忘记那一次次穿透时间的回眸
> 温润如玉的目光
> 在万点星辰的夜空消融银河
> ——那是我的眼泪
> 爱人　这样的夜晚
> 我深深爱着①

这首诗明显是一位拥有独立人格与思想的新时代女性在为一场撕心裂肺的爱情倾诉，诗人大胆表露其内心爱的深沉与刻骨铭心。另外，《有些爱情在七月阵亡》《牵手相依》等诗篇也写了诗人对爱情的铭记或向往。对于旧时代传统的藏族女性而言，她们更多的是卑微地顺从丈夫，关心生活的柴米油盐，为生活所累，精神世界被完全忽略。更不可能像诗人梅萨这样大胆表达自己内心的所爱所想。因而，以梅萨为代表的康巴诗人群对自由爱情的书写是一种与时俱进的思想观念的传达，也是对旧有制度的反驳与超越。

对自身身份的多重认同亦是康巴诗人群诗歌的一种超越之美。康巴诗人群所表达的个体认知并非单一的藏族身份认同，"相反获得了个休民族的'民族性'与国家民族意识的相融共生"②。费孝通在其多部论著里提出了中华民族的"多元一体"思想，而藏族自古以来就是中华民族必不可少的。中国封闭的地理环境

---

① 梅萨.半支莲 [M].北京：作家出版社,2016：90.
② 王继霞.百年回族文学价值述略 [J].青海民族大学学报：社会科学版,2014（02）：130.

为各民族交流交往提供了有利的环境，在长期的交往中，各民族不断深化了对彼此文明的认同。在康巴诗人群的诗歌中，我们可以看到藏族对"多元一体"思想的认同与践行。阿布司南的《商标背面的战地日记》就是一首践行"多元一体"格局的佳作，诗人写道：

> 在战斗打上逗号的那个被染得猩红燎得燥热的时辰
> 你艰难地咽下硝烟熏不透的却能延续生命的干粮
> 细细地撕下战火焦灼了一只角的食品商标慢慢地咀嚼……玫瑰色的
> 理想金黄色的收获都想在这里展开奋飞的羽翼
> 函授的文凭和中国军人的风采都在这滚烫的一隅曝光[①]

阿布司南曾当过兵，很长一段时间都过着保卫边疆、捍卫祖国领土的生活。他在诗歌中所表达的身份显然超越了藏族身份，达到了国家意识的高度，体现出对祖国领土的热爱与维护。列美平措的《远行》则代表了一种跨出本土，开阔视野，接纳"他者"的胸怀，诗人说：

> 越过冬季
> 越过耗尽情感的雪线
> 目标不再是终极
> 距离不会遥远[②]

远行意味着走出自我、走出原来的世界，去认识和吸收别的风景。

总之，康巴诗人群用诗歌传递了新的爱情观念，传达了家国意识，表征了放眼"远行"的行动和视野。这些思想情感展现出了康巴诗人群对固守民族观念意识的打破，形成了多维度的自我认知，颠覆和超越了某些陈旧的观念制度。

（四）广借各种传媒的时代意识

"民族文学的传播，是国家文化传承的一项重大工程，在日常的文化交流中

---

① 阿布司南.我的骨骼在远方[M].北京：作家出版社，2015：（14）.
② 列美平措.列美平措诗歌选[M].成都：四川民族出版社，2004：252.

有着不可忽视的重要意义。"① 少数民族相对边缘的居住环境决定了其文学传播
力度有待加强和提高，广借各种传媒进行文学传播是少数民族文学"走出去"的
必要手段之一。作为少数民族文学的重要组成部分，康巴诗人群诗歌的价值不仅
体现在其诗歌思想内涵与艺术审美方面，其在大众视野中的体验与传播也是一种
价值建构的动态过程。

康巴诗人群积极加强与各种媒介的联系，从以报刊、图书为代表的传统纸
媒到新兴媒体和文学网站，都有康巴诗人群诗歌的发表，他们甚至为本民族的
诗歌传播搭建了专门的平台。从纸媒发表情况来看，康巴诗人群的诗歌呈"群体
状"纷纷登上甘孜藏族自治州文联主办的《贡嘎山》杂志、阿坝藏族羌族自治州
文联主办的《草地》杂志、迪庆藏族自治州主办的《香格里拉》杂志和青海省文
联主办的《青海湖》等杂志上。当然，阿布司南、列美平措、夏加等诗人的作品
也登上了《诗刊》《星星》《诗林》《诗歌月刊》等全国著名诗歌刊物。不过，
纸媒宣传效果较小，出版周期较长，随着生活节奏的加快和新媒体的兴起，传统
的纸媒已无法满足康巴诗人群诗歌的传播愿望了。因而，他们紧跟新时代媒体，
在"藏人文化网"微信公众号平台推送藏族文学，康巴诗人群的诗歌都在上面传
播。另外，在中国诗歌网和中国作家网两大全国性官方文学网站上，部分康巴诗
人也在上面注册个人账号，推送自己的诗歌作品。总之，多种现代媒介和传播平
台齐头并进共同推动了康巴诗人群诗歌"发表"和拓展的广度和速度，多种媒体
力量并驾齐驱促进了康巴诗人群诗歌向时代与世界迈进的新征程。"其民族性审
美特质的建构、作家队伍的形成、作家民族身份的认同、阅读群体的培养等都有
赖于此。"② 此外，广泛的诗歌传播渠道也为当代少数民族文学研究提供了多样
化空间和便利之道。

当然，总体来说，康巴诗人群的诗歌传播渠道有待进一步拓展。比如，从出
版情况来看，像尼玛松保、江洋才仁等藏族优秀诗人，目前还没有出版过自己的
诗集。而像耶杰·茨仁措姆这样具有民族情怀的诗人，虽已出版个人诗集，但
该书已断销，无法再为研究者和读者提供系统性阅读之道。从新媒介传播角度

① 张瑞，艾美华. 新疆当代多民族文学传播方式 [J]. 视听. 2017（01）：144.
② 王继霞. 百年回族文学价值述略 [J]. 青海民族大学学报：社会科学版，2014
（02）：132.

来看，康巴诗人群的诗歌宣传渠道还可以拓展至广播、微电影、短视频平台等媒介。

二、瑕疵与期待

（一）情感意蕴的雷同

情感意蕴的雷同主要体现为康巴诗人群整体所用的意象大致相同，对同一意象反复抒写。这造成了他们所表达的情感思想和艺术审美都出现了重复的情况，使得康巴诗人群的创新性在一定程度上受到遏制。他们诗作中出现的雪域意象所占的比重很大，雪域意象的运用本来是凸显诗歌地域色彩的重要途径，但当它反复出现在一个群体的诗作中时，容易让读者产生审美疲劳，也不能够让诗人跳出自己固有的世界去创造更多新奇的意象世界。

从前面第一节和第二节的分析来看，由于相同的康巴地域环境，康巴诗人群的诗歌创作具备了明显的民族志色彩和地方性知识特色。也正是相同的成长环境造成了他们情感意蕴表达的雷同。梅萨和那萨的诗歌以佛教意象群为核心，诗中出现大量的佛教意象，如佛塔、念珠、菩萨、莲花、袈裟，石经等，并在佛教意象之余穿插了众多佛教用语，如加持、涅槃、缘起、超度、轮回、宿缘、红尘、开示、圣徒、顿悟等。佛教意境在诗歌中的穿插提升了诗歌的神秘感，但过多的佛教意象和用语，容易让诗歌沦为佛教教义理念的宣传机器，缺少诗歌本应有的美感。"比较理想的做法是化佛教思想为艺术的表达，转换为对某种哲理的感悟。"[1]如孟浩然的《夜归鹿门歌》："山寺钟鸣昼已昏，渔梁渡头争渡喧。人随沙道向江村，余亦乘舟归鹿门。"诗中没有太多引人注目的禅语，但表达了禅宗空寂清幽，描绘了充满神性的栖隐，塑造了脱俗干净的意境之美。这样含蓄内敛的表达也许更能表现诗歌美感。列美平措、阿布司南等诗人的诗歌常出现鹰鹫、牦牛、狼等相同的图腾意象，那就是以图腾之物回溯祖先时代，为祖先的荣光骄傲或者为祖先记忆的淡去而哀婉悲伤。以列美平措《圣地之旅》的第六首为例：

---

[1] 马迎超. 评梅萨诗歌兼论少数民族诗人写作的超越 [J]. 贡嘎山：汉文版，2018（02）：79.

> 我的目光与它们交流
>
> 一只狼潜伏在不远处
>
> 英雄的业绩　先辈的壮烈
>
> 如同至今在民间创造着
>
> 并将持续下去的格萨尔史诗
>
> 无穷无尽　永无止境
>
> 那不知从何而来的风
>
> 携带来远方神秘的沙石
>
> 在我这张少经磨难的脸上
>
> 刻下一首首苍迈艰辛的皱纹
>
> 我的欲望举步维艰
>
> 仿佛永远等待着这一场灾难①

　　铭记祖先的业绩，并意识到古老文明的流逝是值得肯定的。但如果反复赞美祖先的光辉与古老文明的遗失则可能会陷入民族主义的境地。另外，高原、雪山、草原、青稞和酥油等意象也是康巴诗人群诗歌中的雷同意象，如琼卡尔·扎西邓珠刊载在"藏人文化网"公众号上的"2020诗选"的五首诗歌里面，就有四首写到雪花、耶杰·茨仁措姆、聂·塔尔青等人的诗中反复出现高原和青稞意象，以此表达对故乡的眷恋及热爱。

　　康巴诗人诗中相同意象的出现使得他们的创作极具民族整体识别度和藏族生活、文化色彩。但与此同时，意象的雷同决定了视野和情感的雷同，这样的现象容易造成后劲不足、个体识别度不高的后果，不利于这一群体的长期发展。诗人们应走出雪域意象的小天地，加强创新力度，创造更多表现现代生活的广阔情感领域。

　　（二）智性思考的空间有待充盈

　　纵观当下诗坛，将口语化写作实验推到极端，将诗歌变成口语游戏的现象无处不在。另外，诗歌的日常化容易成为言语贫乏、不讲究辞藻的代名词。如何将日常化语言和口语转化为诗性语言，融入诗性哲思是一个诗学难题。康巴诗人

---

① 列美平措.列美平措诗歌选 [M].成都：四川民族出版社,2003：173—174.

群，尤其是其中的年轻人难免受到当下诗坛口语诗和日常化写作现象的影响。在康巴诗人群中，除列美平措、阿布司南等成熟、优秀的诗人对诗歌艺术与内涵有形而上的思考与追求外，部分诗人还停留在描述景物、描写家乡风俗和身边亲朋好友的感性层次上。诗歌不同于其他艺术形态的美就在于它能够通过简短精练的语言传递深刻的哲理，康巴诗人群的诗歌中有部分过于注重写实，有时候因过多描绘生活细节和直白表达情思而缺乏诗歌应有的跳跃性美感和韵律的活力感。

例如，梅萨的《阿戈的老屋》中所写的：

> 青瓦屋檐下的木雕窗户古朴精巧
> 阳光下
> 海棠花　格桑花　吊金钟
> 在窗户风口中肆意怒放
>
> 小院天井　两级木梯右旋回廊
> 三间小屋
> 客厅　卧室和书房
> 一套沙发　一张床　三面靠墙的书橱满实满载[①]

诗人感叹阿戈的老屋让人羡慕，但除了表达羡慕之情外，我们似乎很难再提炼出其他情思，也无法再对这首诗进行另外的解读。尽管诗中意象堆砌，但意象与意象、行与行和节与节之间是平行的，没有思维的跳跃，也缺乏哲理的思考。诗人只是将一座老屋的装置呈现出来，而在日常生活现象背后的她要反映什么呢？这一首过于写实的诗，将屋里屋外的景象——描绘，反而抑制了读者的想象空间。再如，更求金巴的《仓央嘉措》：

> 世界太大
> 我还是遇见了你

---

① 梅萨.半支莲[M].北京：作家出版社，2016：116.

世界太小

我还是失去了你①

越是简短的诗越是难写，这首诗简短但还算有力，但诗人将诗艺锁定在"我""你"和"世界"三者之间，使诗歌表达的情感空间深受限制，且诗歌整体缺乏跳跃美和韵律美，太过直白而失去了含蓄蕴藉可能带来的艺术感受和想象空间。又如，宗尕降初的《快乐》一首：

在然乌河谷的清晨

微风拂过稚嫩的脸庞

这是一群小学生

急匆匆赶去上学的情景

而我就在其中

手里拿着塑料袋

里面装有27颗鸡蛋

和一点碎干草

这是我一周的零花钱

3颗鸡蛋1元钱

卖给小卖部的汉族女老板②

宗尕降初的诗作跳出了惯常的少数民族诗人诗作带有明显民族色彩的传统，其因热衷口语诗创作而受到伊莎等著名口语诗人的认可。不过，有一个值得思考的问题是：大胆突破传统写法进行艺术革新是值得肯定的。然而，语言没有灵动性与灵魂深度的诗歌不算是真正意义上的诗歌，"口语诗歌的语言，如果失去了语感，那很可能是一堆废话，而毫无诗性可言"③。口语诗只有将思想、灵魂和

---

① 更求金巴. 仓央嘉措 [J]. 贡嘎山，2017（05）：66.

② 宗尕降初. 复仇之夜：宗尕降初近作 12 首 [EB/OL]. https：//mp. weixin. qq. com /s/HWUAkF_eMnqCRGU9W58pFg，2020−05−01.

③ 刘波. 口语诗如何成为可能：关于口语诗命题的一些思考 [J]. 诗探索，2012（03）：75.

情感上升到一定的层次才可以成为真正意义上的"诗"。

在康巴诗人群的诗歌谱系里，局限于日常写作而没有情感升华，表达直白，语言口水化的诗歌还存在不少。应当看到，经典的诗歌总包含着人类情怀与思辨色彩。康巴诗人群应立足多学科视野，打破原有的眼界，在诗歌中融入智性思考。在关注现实、用诗歌表达日常生活的基础上进行理性与哲理的升华，早日形成自己的诗化哲学思考。从而用诗歌反映人类终极生存、命运及情感等问题。

（三）提升世界性眼光的可能性

两个世纪前，歌德预言："世界文学的时代已快来临了。"[①] 在已经实现全球化的"地球村"，歌德的预言已经实现。那么，什么样的文学才能够称得上是"世界文学"？顾彬认为，世界文学是"一种超越时代和民族，所有人都能理解和对所有人都有效的文学"[②]。顾彬所说的"世界文学"在某种程度上是一种理想状态。为此，他还为我们提供了这样一个思路：那就是文学创作不应该局限于书写"自我"，文学可以超越国界和民族，从而表达一种价值观。那么，具体落实到少数民族文学，我们思考的就是民族性与世界性的问题，民族的是否都可以成为世界的？民族的要成为世界的，我们应该怎么做？

民族印记与印记符号是少数民族文学不同于其他文学的重要标志。康巴诗人群民族色彩的张扬为地域性和民族性写作提供了宝贵的经验与典范。"民族性不是天外来客，是一个民族在悠长历史岁月中积淀而来的。这种民族性扎根在民族文化中，包含了中华民族思维方法、生活习惯、行为模式、审美惯性等因素。"[③] 少数民族文学应保持自身的民族情怀与独特色彩，保留优秀古老的民族品质与优秀文化传统。但与此同时，也应该做到推陈出新，站在更高的高度与世界文学进行对话。在康巴诗人群里，阿布司南的创作在某些方面已经超越了单薄的族群意识而具备了人类生命普遍的情感观念与价值意识，列美平措等人的创作体现了人类生态整体主义观念。另外，难能可贵的是，康巴诗人群整体具备慈悲仁爱，拥抱万事万物的博爱情怀。但是，部分诗人的诗作内涵还仅仅局限于族群

---

① 爱克曼辑录.歌德谈话录[M].朱光潜，译.北京：人民文学出版社，1978：113.
② 顾彬.二十世纪中国文学史[M].上海：华东师范大学出版社，2008：7.
③ 罗丽.民族的，就是世界的？：对民族性问题的两点思考[J].南国红豆，2006（05）：46.

情感和族群文化内部，尚未看到一个更加广阔多样的文学天空。通常，他们的书写对象仅仅局限于民族内部，所表达的情感或是对家园的赞歌，或是对民族文化流逝的哀叹。另外，从目前的情况来看，已有康巴诗人在中国诗坛获得认可和褒奖，为中国诗歌做出了不可少的艺术贡献，但还没有一位康巴诗人在世界诗坛上崭露头角。对此，康巴诗人群应积极探索世界性的思想与艺术的多样化形式，在兼收并蓄多民族、多国别诗歌艺术中不断完善自身诗歌创作。如此才能真正诠释所谓"民族的，就是世界的"。

总之，在多元文化碰撞交融的今天，少数民族作家诗人的文化寻根意识与文化焦虑感日益增强，少数民族作家、诗人在面对主流文化以及西方文化的冲击时，应坚定民族文化立场，保持自觉的文化守护意识。同时，也应该积极吸收、容纳其他文化，为本民族文化融入新鲜的血液。基于此，康巴诗人群在守护藏族文化、追忆古老文明的同时，也要打开视野，树立世界性眼光，在诗歌形式和诗歌内容方面追求自我突破与更新，以高品质的诗歌与主流文学甚至国际文学对话，从而更好地发展和传播本民族文化。

第二章　凉山彝族诗人群研究

批评家徐其超指出："凉山彝族汉语诗歌创作群体，可界定为凉山彝族文化诗派。他们怀着深沉的忧患意识与责任感，从新时期到新世纪致力于民族文化精神的现代性重构和民族诗歌的审美重构，已经形成相当卓异的风格特征。"[①] 构成上述所谓"凉山文化诗派"的诗人包括吉狄马加、阿库乌雾、巴莫曲布嫫、吉木狼格、阿苏越尔、吉狄兆林、霁虹等众多1960年左右出生的诗人。但笔者认为，如果将藏羌彝走廊中的彝族诗人群研究作为研究对象，毫无疑问，符合上述的凉山彝族诗人群是其中最为显著的——凉山彝族诗人群不仅使用汉语进行诗歌创作，而且还使用彝语文进行创作和批评。具体分析，有以下原因：

第一，在"凉山文化诗派"当中也有阿库乌雾这样的诗人，不仅使用汉语写作，还用彝文写作和批评；第二，彝族文学发展史早已表明，彝族有历史久远的彝、汉双语文学传统，尤其是双语诗歌传统。

因此，笔者主张研究凉山彝族诗人群的时候，把当代凉山彝、汉双语诗人群都包括进来。关于这一点，美国学者马克·本德尔也有相同的观念，他在文章中也常常把凉山彝族诗人群中的汉语诗歌和彝文诗歌放在一起讨论，譬如他的代表作《垂死的猎手，有毒的植物，失声的奴隶：当代诺苏彝族诗歌中的自然与传统》[②]。

---

① 徐其超. 谈和谐文化建设与民族文学繁荣：以凉山彝族文化诗派为例 [J]. 西南民族大学学报：人文社科版, 2007（04）：64—6.
② 马克·本德尔, 王静, 李生柱. 垂死的猎手, 有毒的植物, 失声的奴隶：当代诺苏彝族诗歌中的自然与传统 [J]. 节日研究, 2018（01）：193—223.

还有一点需强调，笔者认为凉山彝族诗人群是一个历时性的概念。因此，还需要把后来一些凉山彝族诗人，包括80后、90后的写作者也包括进来，作一个历时性的梳理和考察，才能窥见一个历时性的、动态的凉山彝族诗人群的面貌，进而帮助我们更加清楚地研究藏羌彝走廊诗人群总体的面貌以及各自的特点。因此，笔者将分几个方面对凉山彝族诗人群的诗歌创作进行梳理：

第一，对凉山彝族诗人群的彝文写作部分进行梳理；第二，对凉山彝族诗人群的汉语写作部分进行梳理；第三，针对凉山彝族诗人群汉语写作中比较突出的他者书写等主题，进行个案研究，以期深入解析他们写作的意图。

第一节 凉山彝族诗人群的彝文新诗写作

一、彝文古代诗歌传统

按彝族文化史学者的观点，"彝族文学大体可以分为三类：第一类是用老彝文写成的；第二类是用汉文写成的；第三类是流传于口头的民间文学。其中最引人注目的是彝族的民间文学"①。由此，如果要讨论凉山彝族诗人群的彝文写作部分，笔者不得不面对他们背后的文学传统。如此才能梳理凉山彝族诗人群彝文新诗创作的起点以及他们的写作实践呈现出来的样态。

（一）彝语口头文学传统

按照左玉堂所编《彝族文学史》的观点，彝族文学按照流传方式"可分为民间流传的民间文学（口头文学）和文人创造的作家文学（书面文学两大类）"②。彝族民间文学大多属于口头文学，按题材大概可以分为："神话、传说、故事、童话、寓言、笑话、歌谣、创世史诗、英雄史诗、抒情长诗、叙事长诗、谚语、谜语、说唱、戏剧等。"③彝族民间神话丰富多彩，是从事现代彝族文学艺术取之不尽、用之不竭的艺术宝库，彝族口头文学中的民间神话资源尤其

---

① 白兴发. 彝族文化史 [M]. 昆明：云南民族出版社, 2002：233.
② 左玉堂. 彝族文学史：上 [M]. 昆明：云南民族出版社, 2006：13.
③ 左玉堂. 彝族文学史：上 [M]. 昆明：云南民族出版社, 2006：14.

对现代彝族汉语诗歌和彝文诗歌的发展有着不可替代的重要作用。这种古老的体裁对于重新激活彝汉双语诗歌内部的传统指涉性有着非凡的活力。这些彝族民间的口头神话按照其题材可以分为开天辟地神话、日月星辰神话、动植物神话、图腾、祖先神话、洪水神话、人类再繁衍神话、文化起源神话、神和神性英雄神话。《万物起源》《三女找太阳》《天神的哑水》《乌哲仁册理》《竹的儿子》《九隆神话》《洪水滔天》《三族起源》《彝族文字由来》《找药的故事》《英雄支格阿龙》等都是彝族民间口头神话优秀的代表。在这些神话作品中彝族人民在原始思维的引领下，把这个世界的一切事物都拟人化、形象化了，创造了一个充满神奇的神话世界。

彝族民间传说与彝族历史上的重要历史事件、重要历史人物和一些彝族地方的风物有关。这些传说体现了彝族人民的历史认知方式、对地方性文化传统的解释特征等。根据题材，彝族民间的口头传说大致可以分为人物传说、史诗传说、地方风物传说、动植物传说、风物传说、节日传说等。在众多彝族民间口头传说中，譬如《南诏始祖细奴逻》《奢香的传说》《阿依措批与阿斯木呷》《古侯曲捏迁徙的传说》《石林的传说》《金沙江的传说》《穿山甲、杜鹃、背背笼和铁翎甲》《打歌的传说》《摔跤的来历》《火把节传说》《插花节的传说》等都是彝族民间传说的优秀篇章。除去彝族神话和彝族传说之外，彝族民间流传的故事是彝族重要的叙事文学传统。有些故事没有确定的地点、时间、人物和故事情节，在这个意义上这些具有定型化的故事叙事传统为彝族现代叙事文体，包括对叙事诗也有许多益处。这些民间故事按照题材也可以分为传奇故事、灵怪故事、动物故事、爱情故事、生活故事、机智人物故事等，其中《贪心的皇帝与公主》《大雁姑娘》《会唱歌的狐狸》《斑鸠和布谷鸟》《仁依阿木》《勒格和他的羊》《查尔木呷》等是这些类别中重要的民间口头故事。彝族民间口头文学还有童话、寓言、笑话、民间歌谣等，其中民间歌谣对当代凉山彝族诗人群的彝汉双语写作也有诸多影响。彝族民间歌谣根据思想和内容可简要分为劳动歌、时政歌、仪式歌、情歌、生活歌、历史传说歌、儿歌、新民歌等。

彝族文化史学者指出，"彝族民间文学是彝族文学的主要组成部分，是彝族文学的主体，它包括神话、传说、故事、歌谣、史诗、叙事诗、谜语、谚语等。在各种文学形式中，民间长篇叙事诗和史诗（创世史诗和英雄史诗）占有重要地位。"^①事实上，民间长篇叙事诗和史诗，包括英雄史诗在内的彝族民间口头文学传统，对当代凉山彝族诗人群的彝汉双语创作实践影响最深刻。当代彝族作家无疑是幸运的，在彝族文学发展的过程中创造了气势磅礴的创世史诗和英雄史诗群，譬如《勒俄特依》《查姆》《梅葛》《天地祖先歌》《阿细的先基》《铜鼓王》《支嘎阿鲁王》《哈依迭古》《阿鲁举热》等。这些创世史诗和英雄史诗一方面记录了彝族先民在探索自然、了解自然、解释自然过程中的诗行创造和诗性智慧；另一方面以诗的形式记录了在彝族历史上那些决定民族历史和未来走向的伟大历史事件和历史人物，歌颂那些引领彝族先民战胜黑暗，走向光明的英雄人物的功绩。相比赞颂开天辟地的创世史诗和伟大英雄功绩的英雄史诗，彝族民间叙事长诗则是曲折动人、缠绵悱恻，具有很强的主题性。其中最著名当属《阿诗玛》《呷嫫阿妞》《赛波嫫》《妈妈的女儿》《阿依阿芝》《南诏的宫灯》等。这些叙事长诗或抒情长诗对当代凉山彝族汉语诗人群的彝汉双语诗歌写作也有广泛的影响。

（二）彝语书面文学传统

有学者指出，彝族民间文学"在口耳相传等同时，多数作品被辑录于文献典籍之中，形成彝族民间口头流传与书面传播并行的局面"^②。公元前5世纪，彝族作为中华民族共同体中的一个成员已形成。根据彝文典籍《西南彝志》和汉文文献的记载，两汉时期以来，彝族地区建立了大量的部落和部落联盟。直到东汉和魏晋时期彝族社会进一步分化成为大大小小的奴隶制王国，改变了原来居无定所和逐水草而居的生活方式，形成了兹、摩、毕、格、卓五种等级的社会结构。在这种情况下，彝族先民的经济生活变得前所未有的稳定，这也促进了文化迅速发展，譬如"滇王国创造了光辉灿烂的龙虎文化和青铜艺术，播勒部创造了雄伟宏奇的建筑艺术（九重宫殿），扯勒部则'兴家立国，设置了宗庙，超度祖先。征服'濮人'后，偃武修文，强盛一时'。各部都有自己的'君师'——毕摩专供经文著述，产生了一大批影响深远的彝文典籍，标志着彝族毕摩文化的崛起"^③。而毕摩文化的主要载体是彝文经籍。从魏晋南北朝到唐宋的数百年间，彝文书面文学传统得到了极大的发展。

---

① 白兴发.彝族文化史 [M].昆明：云南民族出版社，2002：233.
② 朱崇先.彝文古籍整理与研究 [M].北京：民族出版社，2008：9.
③ 巴莫曲布嫫.鹰灵与诗魂：彝族古代经籍诗学研究 [M].北京：社会科学文献出版社，2002：104—105.

　　公元333年成书的《华阳国志·南中志》中所写的"夷经"，就是彝文书面文学的汉语称谓。这说明了彝文书面文学在南人中的传播情况。这一时期彝文书面文学得到很大的发展，这一时期在夜郎、阿哲、芒布等彝族历史上大名鼎鼎的家族所居住的区域内，有许多绚烂多彩的彝文书面文学流传至今。譬如在阿哲部辖区流传的彝文巨著《西南彝志》（26卷）、《爨文丛刻》、《宇宙人文论》、《彝族源流》（16卷），在古代芒部、乌撒等部落所在地流传的《彝族创世志》（3卷）、《物始纪略》（7卷）等。唐宋时期，由于彝族原始宗教信仰的强化，推动了彝族文学领域的发展，"主要表现在述源诗的集成、'依依'雅诗的蔚成风气和三段诗的成熟"[①]。在元朝和明朝，由于中央王朝在彝族地区实施土司制度，加速了彝族社会内部的裂变。彝族社会不断从奴隶制向封建制度演变。明清两代，中央王朝在彝族地区逐渐实行"改土归流"制度，促进了彝汉文化的交流。这一时期也是古代彝族书面文学发展和繁荣的时代，有铭文和碑文《夷书九则》《水西大渡河建设石桥记》，有百科全书式的巨著《西南彝志》，有祭祀经文《作斋经》，有祭祖诗歌集《裴妥梅妮》《指路经》《喀吉思》等等卷帙浩繁的书面文学传世文献。有学者将彝文书面文学作品按照内容分成十大类别：祝咒诗、祀神诗、祭祖诗、送灵诗、招魂诗、哲理诗、训谕诗、咏史诗、述源诗、叙谱诗。这些诗大体上是用五言体诗歌写就，体现了彝族古代诗歌在内容、体式、载体上的丰富性、多元性和成熟性。这些古代彝文诗歌不仅为当代彝族诗人群彝汉双语诗歌创作提供了巨大的传统资源。正如学者白庚胜所言，"彝族文献长诗是彝族文学在新世纪继续繁荣发展的源头活水"[②]。另外，因为"彝族诗歌创作的兴盛，为彝族文学理论的创建奠定了坚实的基础。在彝族古代漫长的历史发展过程中，彝族人民创建了自己的较为完整的诗歌理论体系"[③]。在彝族古代文学作品中，有相当成熟的诗学论著，正如学者贾芝所论："彝族诗文论手抄本的发现，是继引人瞩目的祜巴勐《论傣族诗歌》之后的又一重大发现。这次闪烁文坛的不是一颗而是一串璀璨的明珠。这个发现是我国民间文学普查继续深入发展的

---

① 巴莫曲布嫫. 鹰灵与诗魂：彝族古代经籍诗学研究 [M]. 北京：社会科学文献出版社, 2002：104—128.
② 罗曲，等. 彝族文献长诗研究 [M]. 北京：中国社会科学出版社, 2009：4.
③ 何积全. 彝族古代文论研究 [M]. 北京：民族出版社, 2012：1.

一个标志，让人听了高兴。"① 这些诗论仍然是由诗体写就，"无论是文学作品还是文艺理论，主要采用诗体形式，而且以五言体为主"②。这些诗学著作中被翻译成中文的有举奢哲的《彝族诗文论》、阿买妮的《论彝诗体例》、布独布举的《纸笔与写作》、布塔厄筹的《论诗的写作》、举娄布佗的《诗歌写作谈》、布阿洪的《彝诗体例》、漏侯布哲的《谈诗说文》、实乍苦木的《彝诗九体论》，还有一些佚名的诗学著作如《论彝族诗歌》《彝诗史话》《诗音与诗魂》《谈诗说文》等十二部（篇）。这些诗学著作为我们提供了古代彝文诗歌发生、萌芽、发展、日趋成熟的历时性过程。古代彝族人民对彝文诗歌的创作的理论思考从未停止过，这些古代诗歌理论继续为当代彝文诗歌理论思考提供了某种动力和历史传统。

（三）凉山彝族书面文学传统

对凉山彝族古典文学的研究往往是跨学科的，譬如口头诗学、民间文学、古典文献学、民俗学等。譬如有学者从文献分类的角度，把彝文文献按照地区分类，分为滇南文献、滇中文献、滇东南文献、滇东北文献、滇东文献、水西文献、水东文献、乌撒文献、广西文献和凉山文献。其中凉山文献也被认为"是北部方言区的文献，主要流传于四川境内的大部分彝区和云南境内的中甸、宁蒗、华坪、永善、大关、彝良等地彝区。其文献特点……内容虽有'毕摩文献'与'民众文献'之分，但毕摩文献占绝大部分，受外来宗教文化的影响较小。该地区已编译的主要著作有《勒俄特依》《妈妈的女儿》《子孜宜乍》等"③。

也有学者从凉山本土文献或文学的角度进一步指出，凉山彝族地区的所谓的"民众文献"的范围很广，"如民间文学中的历史传说、神话史诗、英雄史诗等。诸如伦理道德教育、说文唱词等脱离宗教仪式场合而流行于民间的书籍都应包括于'民众文献'之中。该地区以父子连名形式记载的谱牒世系，不仅载入史籍，而且铭记心间，许多人可流畅地背诵本家支和其他许多家支的谱系，故连名世系也可归入'民众文献'之中"④。彝族本土学者罗曲则从文献学和文学交叉

① 康健，等.彝族古代文论 [M].贵阳：贵州人民出版社,1997：1.
② 罗曲，等.彝族文献长诗研究 [M].北京：中国社会科学出版社,2009：2.
③ 中央民族大学彝文文献编译室.彝文文献学概论[M].北京：中央民族大学出版社,1996：114.
④ 朱崇先.彝文古籍整理与研究 [M].北京：民族出版社,2008：94.

的视角来审视凉山彝族地区流传的书面文学文本，他认为四川凉山彝族彝文文献"以'毕摩特依'（宗教文献）为主，'卓卓特衣'（大众文献或世俗文献）次之。从目前对四川彝文文献释读翻译看，长诗文本不多，但有自己的特色。在目前发掘的四川彝文文献中，长诗作品《哈一迭古》《妈妈的女儿》《支格阿鲁》《甘嫫阿妞》《勒俄特依》《拉莫和阿钰》等。《妈妈的女儿》《甘嫫阿妞》在民间口头也流传广泛"①。无论是从文献学的角度还是从文学的角度，上述学者的研究都表明，凉山彝族古典文学和其他彝族地区一样，既有口头文学，也有书面文学。我们也可以把上述凉山彝族文学的本土分类"毕摩特衣"理解为宗教文学，把"卓卓特衣"理解为世俗文学。一般而言，在凉山彝族书面文学传统中，无论是宗教文学还是世俗文学，都以五言诗为主，兼七言、十一言、十三言等。

在众多凉山彝族世俗书面文学作品中，创世史诗《勒俄特依》和《玛牧特依》最为著名。可以说凉山彝族当代诗人群的作家和诗人们言必称这两部著作，其中对史诗《勒俄特依》的研究、翻译和再书写尤盛。凉山彝族诗人群中彝汉双语写作和批评的重要实践者阿库乌雾，就曾对此保持长期的文学实践和理论探讨。他的论文《口头传统与中国当代少数民族母语文学创作》一文，分别对"勒俄""博帕""玛牧""布德""克智""尔比""雅伙"这些彝族古典文学中的文体在形式、内容上对当代彝文诗歌创作的深刻影响做了讨论。他强调"勒俄"使得彝族人"获得了历史记忆、历史知识、历史意识……宇宙、世界、生命、信仰、禁忌、爱与恨、苦与乐、善与恶这一切都与人类语言有关，都是人类语言神殿里不可或缺的成员、部件和器物，犹如一个家庭里的家庭成员和各式各样的家具。总之，彝族人的文化与生命、族性与人性、责任与使命，以及自观和他观的能力是从悠久而生动的'勒俄'口头传统中觉悟和构型的"②。阿库乌雾认为"玛牧""贯穿始终的文学功能和意义就是建立一套文明话语机制和教化模式来塑造和树立彝族人所向往的人格理想，并逐步内化为伦理道德规约，让自己的人不断转化成社会的、文化的、民族的、性别的人，进而从人的社会性、性别

---

① 罗曲，等.彝族文献长诗研究 [M].北京：中国社会科学出版社，2009：35.
② 罗庆春.口头传统与中国当代少数民族母语文学创作：以彝族为例 [J].西南民族大学学报：人文社科版，2010，31（06）：160—165.

差异性和文化归属上实现对人的审美心理和文化精神的控制……'玛牧'质朴而深邃的教育智慧和人文精神一直对当代母语文学艺术有着深远的影响，成为后人对彝族进行教育人类学研究典型文本和人文文明类型。"① 凉山彝族诗人群中的著名诗人吉狄马加曾在不同场合宣称他受到彝族史诗和歌谣的影响，譬如他在清华大学演讲的时候说："我个人深受彝族原生文化的影响，特别是彝族创世的创世史诗和古老民歌。"② 在他更年轻的时候，他在关于文化对传统文化的继承的讨论中说道："横向借鉴与比较，特别是和具有心理同构（相对而言）的地域文化（文学）的比较，今天对于我们来说还是非常重要的。彝族人文化的本质在彝族人的史诗和许多民间抒情长诗中已经表现得很清楚，它的忧郁色彩是一个内向深沉民族的灵魂想象。"③

　　总而言之，凉山彝族书面文学传统和口头文学传统并行不悖，皆对当代彝族诗人群的彝汉双语实践构成了深远而不可替代的影响。

二、彝文新诗生成诸因素

　　在凉山彝族诗人群现代彝文诗歌的生成过程中，有几个因素不得不提及并加以梳理，譬如《彝文规范方案》的颁布、彝语文的学校教育历程以及大学校园中的文学社团和文学期刊、民族文字出版机构的成立等。对这些因素进行梳理和呈现，有助于我们更加充分地认识当代凉山彝族诗人群中彝文写作实践的过程。

（一）《彝文规范方案》的颁布实施

　　1949年中国人民政治协商会议第一届全体会议通过了《共同纲领》，该纲领规定"各民族具有发展其语言、文字，保持或改革其风俗习惯及宗教信仰的自由"④。1951年2月，中央人民政府政务院提出，"帮助尚无文字的民族创立文

---

① 罗庆春. 口头传统与中国当代少数民族母语文学创作：以彝族为例 [J]. 西南民族大学学报：人文社科版, 2010, 31（06）: 160—165.
② 吉狄马加. 为土地和生命而写作：吉狄马加演讲集 [M]. 北京：外语教学与研究出版社, 2013: 58.
③ 吉狄马加. 为土地和生命而写作：吉狄马加演讲集 [M]. 北京：外语教学与研究出版社, 2013: 58.
④ 伍精华. 我们是这样走过来的：凉山的变迁 [M]. 北京：民族出版社, 2002: 284.

字，帮助文字不完备的民族逐渐充实文字的决定"①。1956年，在《关于发展国民经济的第二个五年计划的建议》中，周恩来提出给没有文字或文字不完备的少数民族给予"帮助创造和改革"②他们的文字。在《中国共产党第八次全国代表大会关于政治报告的决议》中，刘少奇也提出："对于没有文字的少数民族，应当帮助他们创造文字。"③在新中国成立之初，虽然这些政策制定的初衷很好，但那是一个激情燃烧的岁月，人们对文字改革的热情过于高涨，而且由于对彝族地区彝语言文字具体使用的情况了解不深入，把彝文这样一种具有深厚的社会基础和悠久的历史，且具卷帙浩繁的彝文文献的文字只当作宗教文字，从而直接把彝族归类为需要被创造文字的民族之列。由于时代的局限，那时人们认为，一切文字的优劣的评价标准首先只看是不是拼音。人们甚至先入为主地认为，因为就是不完备，因此就应该创制新的文字。从1950年彝文工作组到西昌，直到1980年《彝文规范方案》颁布，历经了漫长的三十年。这三十年可以分为三个阶段：

第一个阶段为1950—1960年，新彝文创造与终结阶段。1950年9月，中央西南各民族访问团来到西昌，随团而来的还有专门来凉山调查研究彝族语言文字的陈士林先生。经彝族语文研究筹备座谈会讨论以及会后对西昌及其周边彝语言文字的调研，陈士林先生认为："彝族原有文字（制定新彝文方案后，常被称作'老彝文'）主要由奴隶主和毕摩掌握，是'奴隶主文字''毕摩文字'，不是劳动人民的文字，因此，否定了原有彝文，把彝族列为没有文字、需要帮助创制新文字的民族。"④因此，"1951年1月，陈士林先生用拉丁字母设计了《西康新彝文字试验方案》"⑤。1960年，该方案受到"大跃进"的影响被撤销，"我们决定将一九五八年十二月二十四日×××号《凉山彝族拼音文字方案（草案）》修订报告和有关附件一并撤销。请予备查"⑥。

第二阶段为1960—1974年，直接推行汉语文阶段。就现在看来，这一阶段针对彝语的举措，是不尊重语言互动规律的极端的失败的举措。伍精华曾指出：

---

① 伍精华．我们是这样走过来的：凉山的变迁 [M]．北京：民族出版社，2002：284.
② 伍精华．我们是这样走过来的：凉山的变迁 [M]．北京：民族出版社，2002：285.
③ 伍精华．我们是这样走过来的：凉山的变迁 [M]．北京：民族出版社，2002：285.
④ 伍精华．我们是这样走过来的：凉山的变迁 [M]．北京：民族出版社，2002：285—286.
⑤ 姚昌道．彝文改革述论 [M]．成都：四川民族出版社，2008：3.
⑥ 姚昌道．彝文改革述论 [M]．成都：四川民族出版社，2008：23.

"新老彝文的争论一直持续到'大跃进'前。'大跃进'开始以后，极左思想极度膨胀，认为中国将很快进入共产主义，民族将要融合，因此没有必要再发展民族语文了。1958年，中央民委等有关部门在北京召开全国民族语文科学讨论会。这次会议错误地估计了形势，提出了所谓的'直接过渡论'，即少数民族直接学习、使用汉语文。在这种思想影响下，有人提出彝族人民也可以直接学习、使用汉语言文字，不必学习什么老彝文或新彝文了。"①

第三阶段为1974—1980年老彝文确立的阶段。事实上，1958年以后，由于新彝文方案撤销，实验教学和现实应用都已停止，老彝文又不能正式推行。直接推行汉语又因为彝区的现实情况被迫停止。1974年9月5日，"省革委以×××号文件向凉山州和省内各彝族地区批转了省民委的报告，同意省民委提出的对彝区语言文字工作进行调整的建议，指出：'彝区继续推行汉语文，在对彝族原有文字进行必要的整理，规范并加以完善的基础上，采用彝族原有文字，汉文、彝文同时使用。'1980年8月，国务院正式发文批准了四川省人民政府转报的《凉山革命委员会关于〈彝文规范方案〉的报告》"②。至此，历经三十年的彝文规范和改革之路到此结束，开启了新的历史。

当代彝文文学史学者阿牛木支在《当代彝文文学史》的开篇就谈道："该方案对颁布和实施，全面推动了彝族地区各项事业的发展。"③姑且不论这一方案与其他事项之间的关系，单论《彝文规范方案》的颁布和实施对于讨论当代凉山彝族诗人群的彝文写作实践而言，几乎是先决条件。对于文学创作而言，已经耽搁了很长时间，但最后终究回到正轨上来了。

（二）学校彝文教育和彝文文学社团的推动

《彝文规范方案》试行和正式公布之后，有关学校的彝族语言文字教育情况。"为了确保《彝文规范方案》的顺利推行，四川省和凉山彝族自治州有关部门建立和恢复了彝语文教材编译组和编播室。在西南民族学院和凉山中等师范学校，专门开设了彝语文专业班，培养彝语文翻译和教学人才。省、州有关部门编印了彝文扫盲教材和辅助读物40多万册，供干部和群众学习。目前为止，全州已

---

① 伍精华.我们是这样走过来的：凉山的变迁[M].北京：民族出版社,2002：289—290.
② 伍精华.我们是这样走过来的：凉山的变迁[M].北京：民族出版社,2002：315—316.
③ 阿牛木支.当代彝文文学史[M].北京：民族出版社,2017：3.

培训了4万多名群众学习彝文的骨干，有10多万彝族干部和群众在夜校里学习。彝族聚居地的各小学都开设了彝语文课。"① 这是《彝文规范方案》实施时的社会动员和运动。经过规范后的彝语文被纳入国民教育体系，规范的彝文是现代彝文诗歌诞生的前提条件。"凉山州的彝汉双语教育二类模式自1978年开始实施，一类模式自1984年开始实施。全州现有542所中小学的94755名学生接受双语教学，分别占应开展双语教学的中小学总数1901所和在校生总数248209人的28.51%和38.18%。其中一类模式47所，学生4441人，分别占2.47%和1.19%；二类模式495所，学生90314人，分别占26%和36.39%。"② 凉山地区的中小学有了彝汉双语教育的制度保障，为高等院校输送了大量彝汉双语人才。这些高等院校彝文本科专业的招生也促进了多语人才的涌现，如"西南民族学院恢复了彝语文教研室（1977年开始招收彝语文学本科班）"③。阿牛木支指出："西南民族学院1977年开始招收彝语文专业本科生，这以后，中央民族学院、师专、彝文校、民师校等也开始办彝语文专业（班）。这些大中专院校培养出来的学院派作者与民间母语作者携手共进，将长期处于中断状态的彝族母语民间文学得以接续且逐步走向繁荣。"④ 另外，西南民族大学学生创办的文学社团《黑土地》和《山鹰魂》作为现代彝、汉文诗歌创作的重要一环，为现代彝语作为现代诗歌的媒介做出了一定贡献。

（三）彝文文学期刊与出版机构的推动

彝文文学类杂志、综合性杂志、日报、广播、电视以及电影译制中心等现代媒介客观上促进了现代彝文作为诗歌的媒介。阿牛木支指出，"自20世纪70年代末以来，随着《彝文规范方案》的颁布实施和彝语文教育普及发展，以及《凉山日报》（原《凉山报》）、《凉山文学》（原《凉山文艺》）、《民族》等彝文报刊相继创立，彝族母语文学作家如雨后春笋般成长起来，为读者日益增长的阅读需求提供了丰富的内容"⑤。《凉山文学》："《凉山文学》彝文版是我国

① 王振川. 国务院批准《彝文规范方案》在四川凉山彝族自治州推行 // 中国改革开放新时期年鉴 [M]. 北京：中国法制出版社，2015：30.
② 姚昌道. 彝文改革述论 [M]. 成都：四川民族出版社，2008：141.
③ 姚昌道. 彝文改革述论 [M]. 成都：四川民族出版社，2008：107.
④ 阿牛木支. 20世纪彝族文学创作概述 [J]. 民族文学，2004（1），88—93.
⑤ 阿牛木支. 当代彝文文学史 [M]. 北京：民族出版社，2017：3.

唯一公开发行的彝文文学刊物，它的地位举足轻重。自1980年创刊以来，成为广大彝文学爱好者的精神家园。它在繁荣彝族语言文学、挖掘整理介绍彝民族的民间文化遗产、培养彝语言文学新人等方面做出了卓越的成绩。《凉山文学》（彝文版）为季刊，每季末出刊，开设有诗歌、小说、散文、翻译、学生园地、民间文学、评论、艺术园地等栏目。"①阿牛木支在《20世纪彝族文学创作概述》中谈道："1980年《彝文规范方案》由国务院正式批准颁布，并在四川彝区立即实施。同年《凉山文学》（彝文版）创刊，此前《凉山日报》（彝文版）9月开始发表作品（1978年）；此后，《民族》（彝文版）（1989年）也开辟文学园地专栏。"②使用规范彝文写作的著名小说家时长日黑曾在《凉山文学》（彝文版）创刊30周年纪念会上讲道："1980年四川《彝文规范方案》的实施，凉山文学彝文版的创刊，彻底改变了彝族没有自己母语文学刊物的历史，掀开了彝族当代彝文作家文学的新纪元，谱写了彝族当代彝文文学的新篇章……《彝文规范方案》的推行使用，凉山文学彝文版的创刊，标志着四川彝族拥有真正意义上的本民族作家、诗人。这是彝民族文化觉醒和发展的标志，也是彝族作家文学及其文化兴起和繁荣的重要标志。"③

另外，参与彝语文改革工作的伍精华曾回忆道："凉山州于1976年2月初由州革委发文全面部署规范彝文的试行工作，这项工作最初由州语委部署规范彝文的试行工作，这项工作最初由州委宣传部进行统一管理。当时首先抓的主要工作，包括建立健全州、县两级彝语文工作机构，加强彝语言文编译工作，开展农村扫盲，创办《凉山报》彝文版等。"④参与彝文改革具体工作的学者姚昌道写道："《凉山报》彝文版于1977年4月开始试刊，1978年1月1日正式创刊，先是旬刊，后为周刊。这是有史以来第一张彝文报纸。"⑤《凉山日报》（彝文版）："《凉山日报》彝文版创刊于1978年1月1日，是我国唯一一张公开发行的彝文报纸，目前为对开彩色大报，期发量5500多份。《凉山日报》彝文版是彝族

---

① 彝族人网编辑部 [OL]. 彝族人网 [EB/OL]. http：//www. yizuren. com/book/qkbz/gkcb/ 606. html2020/2/8.
② 阿牛木支 . 20 世纪彝族文学创作概述 [J]. 民族文学 , 2004（1）：88—93.
③ 时长日黑 . 当代彝文文学发展的园地：在《凉山文学》彝文版创刊 30 周年庆祝会上的发言 [J]. 凉山文学 , 2011（4）：63—64.
④ 伍精华 . 我们是这样走过来的：凉山的变迁 [M]. 北京：民族出版社 , 2002：314.
⑤ 姚昌道 . 彝文改革述论 [M]. 成都：四川民族出版社 , 2008：108.

语言文字的重要载体，也是全州彝族人民重要的精神文化家园。"①1987年创刊的"《民族》杂志彝文版是全国唯一获得'中国最美期刊'的少数民族文字版综合性刊物，该刊物一直以服务彝族地区、宣传彝族地区为己任"②。彼时仅有这三份正式的现代彝文期刊，虽然它们的侧重点各不相同，但创刊至今，这三份期刊为现代彝文成为现代彝语诗歌媒介提供了重要的平台。当然，除了上述那些官方的彝文文学传播的载体之外，还有一些半官方或民间的彝文期刊存在。正如学者李晓峰在进行彝文文学的田野调查中遇到的情形："笔者在四川凉山田野调查时发现该地区流行一本由四川凉山州文化研究所编辑出版的《诺苏》和由该州委宣传部创办的彝文（现改为彝汉双语）期刊《喜德拉达》。另外，笔者还在喜德县街市买到一本喜德县职业民族中学师生文学作品集《彝寨索玛花》，里面有91篇该校师生用彝语创作的诗歌、散文、小说。"③他进一步指出："一个职业中学的文学书写与民间的传播方式，充分证明文学在其民族中的重要地位。同样，作为彝语语文书写的'痕迹'，确定无疑地展示了彝族母语文学的真实现场。"④随着网络和自媒体的出现，也出现一些集合网络和纸质媒介同时发表和传播彝文诗歌的新刊物，比起官方、半官方或民间的纸质刊物，这些新刊物更具前沿性和传播性，譬如《荷尔》⑤诗刊。上述彝文诗歌发表和批评的平台客观上促成了彝语作为现代诗歌的媒介这一事实。

四川民族出版社彝文出版中心，有关现代彝文诗歌作品以及彝文诗歌研究成果的出版，使得现代彝文作为现代彝文诗歌的媒介真正成为现实。该出版社"1957年9月，四川人民出版社内的四川民族出版社分出单独建制，划归省民委

① 凉山彝文报纸见闻：本报采访组走访《凉山日报》彝文版编辑部. 广西民族报网[EB/OL]. http：//www. gxmzb. net/content/2014—12/11/content_8515. htm, 2014-12-11/2020-2-8.
② 《民族》杂志社.《民族》杂志社彝文版：全国唯一获得"中国最美期刊"的少数民族文字版综合性刊物年度评审会在西昌举行. 彝族人网 [EB/OL]. http：//www. yizuren. com/social/yw/37169. html, 2018-7-25/2020-2-8.
③ 李晓峰. "不在场的在场"：中国少数民族母语文学的处境 //钟进文. 中国少数民族母语文学研究 [M]. 北京：民族出版社, 2014：20.
④ 李晓峰. "不在场的在场"：中国少数民族母语文学的处境 //钟进文. 中国少数民族母语文学研究 [M]. 北京：民族出版社, 2014：20.
⑤ 《荷尔》诗刊由彝汉双语诗人马海五达主编，聚集了一批有才华的年轻彝文或彝汉双语写作者.

领导，并新设彝文编译室。"① 四川民族出版社"于1978年开始出版规范彝文图书"②。该出版社出版了现代彝族文学史上第一部彝文诗歌《冬天的河流》，现代彝族文学史上第一部散文诗集《虎迹》等。近年来，该出版中心策划出版的《彝族传世经典》（总50部）、《彝文典籍集成》（总160辑）以及《当代彝族原创文艺作品集萃》（总50部）等书目，对彝语文的现代化产生了深刻的影响。

三、彝文新诗的生成与翻译

根据前人的一些研究，以及笔者关于当代彝文诗歌文本的田野调查总结，笔者将当代彝文诗歌的存在状况分为两类：第一类，以操持传统凉山彝文克智③ 和尔比④ 等旧体诗歌为主的创作队伍；第二类，开创和操持彝文自由体诗歌的创作队伍。笔者将从语言互动视角对这两类诗人进行考察、检视和分析。

"克智体"颂歌，操持彝文旧体诗歌即"克智"和"尔比"体的诗人们写的诗歌。"颂歌"在这里特指对"国家""党"以及"新生活"的歌唱。虽然这类诗歌仍然使用"克智"和"尔比"来抒情，但很多诗歌中关于政治的语汇是经汉语文翻译进诗歌的。彝文旧体诗歌对这些新词汇的使用，在一定程度上，自觉或不自觉地唤醒了现代彝语人在中国语境中的现代"民族""国家"意识。这是"克智体颂歌"最主要的现代性特征。创作这类"克智体颂歌"的诗人主要有阿鲁斯基、海来木呷、依伙阿呷、穆秀英、沙马吉哈、莫色伍惹、沙马且且、勒惹尔古、额尔阿萨、阿说伍萨、马海汉呷惹等。

他们的诗歌有大量关于新事物新制度的词汇，皆来自对汉语的翻译。在吉库乌涅的诗歌《拥革命之爱》、阿鲁斯基的诗歌《彝海》中出现了革命、红军，长征；阿鲁斯基的诗歌《歌颂中国共产党》《我们的力自党出》中出现了中国共产党、人民、民族，他的诗歌《中国共产党成立七十周年》中出现了马列主义、毛泽东思想，新中国、社会主义道路、和平演变、自由；俄木吉哈诗歌《时代》中

---

① 姚昌道.彝文改革述论 [M].成都：四川民族出版社,2008：18—19.
② 姚昌道.彝文改革述论 [M].成都：四川民族出版社,2008：107.
③ 沙马拉毅.论彝族"克智" [J].西南民族学院学报：哲学社会科学版,2003（01）：18—23.
④ 瓦西罗曲.凉山彝族"尔比"研究之一 [J].民族文学研究,1987（05）：87—89.

出现了解放军。穆勒的诗歌《幸福出自凉山》中出现了党的十二大胜利召开，国家成立三十三周年，凉山彝族自治州成立三十周年；阿育穆锑的诗歌《唤太阳》中出现了民族团结、建设社会主义；萨古热洛诗歌《手握自己的权利》中出现了解放后、自治州、民族政策；沙玛瓦哈的诗歌《爱乡》中出现了建设社会主义、建设四个现代化；奥尔拉铁诗歌《欲为》中出现了祖国；吉赫丁古诗歌《国旗》中出现了国旗。① 从革命、红军、长征、解放军、解放后、党、国家、国旗、祖国、人民、民族、民族政策、马列主义、毛泽东思想、民族自治、社会主义道路、从和平演变、自由、社会主义建设、四个现代化这些充满现代中国意识形态的词汇中，可以看出学者钱文亮所指出的"'新中国'作为现代'现代想象的共同体'的实现，对于同质性国民的追求成为它从组织上、制度上对包括知识分子在内的国民进行意识形态规训……当代文学的'一体化'由此而来。"② 使用规范彝文书写的"克智体"彝文诗歌，加上这些具有中国特色的政治意识形态词汇，不得不令人想起当代汉语文学中"古典诗歌"结合"民歌"的新诗的出路。这些词汇的大面积出现，一方面的原因可能是"现代民族国家"意识对于当代彝文诗歌的影响，同时也是现代中国建立其自身合法性的需要。

另外，这类"克智体"颂歌中也有一些表现现代生活中新鲜事物的词汇出现，比如阿鲁夫基的诗《你想过否》中出现的科学技术，沙玛铁哈的诗歌《触》中出现的汽车火车、电话、电报电影，人造卫星，吉赫丁古诗歌中的石桥/铁桥、正电/负电、飞机/飞碟，以诺的诗歌《她高兴得》中出现的公司、电视机等。③ 这些词汇的出现，可视为彝族社会对现代生活中出现的新鲜事物的拥抱和赞美。在"克智体"颂歌当中，这类词汇的出现，其背后仍然是党、国家、民族政策等现代民族国家追求合法性的逻辑。

推动上述这两类词汇在彝文诗"克智体"颂歌当中出现的逻辑本身是具有现代性意味的，但随着新中国的成立以及新政权在凉山彝族地区的一系列政治实践，这种思维和逻辑逐渐被带入规范彝文这种新的书写方式中。规范彝文这种书写方式的出现，以及大量出现在规范彝文书写的旧体诗歌中的反映上述这个过程

---

① ꀕꇬꀕ. ꑴꁨꀕꃅꅑꁱꄷ [M]. 成都：ꄉꒉꇬꀀ, 1992.
② 钱文亮. 当代文学的现代性问题 [J]. 南方文坛, 2020（01）.
③ ꀕꇬꀕ. ꑴꁨꀕꃅꅑꁱꄷ [M]. 成都：ꄉꒉꇬꀀ, 1992.

的词汇，则是经过与汉语的直接互动以及与拉丁语的间接互动构成的。对于以上关于规范彝文所写就的"克智体"的颂歌中的现代性生成的方式，恰恰是语言互动中最直接和最重要的一种互动方式，即通过对现代汉语中那些代表现代民族国家思维、逻辑和观念，通过翻译传达到规范彝文世界。这在某种程度也算是在汉彝翻译和书写中所生成的现代性了。"在翻译中生成的规范彝文的现代性"这种观念有助于人们理解，"克智体"和颂歌结合在一起的规范彝文诗歌类型。但不得不指出的是，这一类诗人"在很长一段时间里，由于诗歌创作被迫服从于宏大的国家叙事，诗人失去了独自审视事物和表达的权利，作品实际上成为事实、政策的传声筒，诗人变成了一个毫无主体性可言的时代精神的'代言人'。"①

下面笔者将讨论的视点转移到使用规范彝文创作彝文新诗的群体。操持规范彝文进行彝文自由体新诗写作的具有代表性的有吉赫丁古、阿库乌雾、吉勒尔臻、莫色日吉、洛边木果、孙特尔石、体依尔坡、吉拉伍萨、体古、依且、木帕古体、拉玛伊佐、马海五达等诗人。阿牛木支曾对当代重要的彝文新诗人在语言层面上的创新做过中肯而确切的评价，他指出：阿库乌雾"在母语诗歌，艺术的创新与变革的思路从不间断。首先，阿库乌雾、吉赫丁古有意识地对母语诗歌的语言风格、艺术形式和主体内容进行了革新，并开拓了母语现代诗的原型；其次，莫色日吉、吉勒尔者、木帕古体等也在继承'克智'诗注重比兴、夸张等创作手法的基础上，融进了现代诗歌的书写技巧和表达方式，使其作品的眼界更加开阔，形式更加自由，表意更加深刻"②。较早对彝文新诗写作队伍的归类、美学意义进行探讨的是《凉山文学》编辑部编辑的彝文新诗选集《沃土·花蕾》的序言。序言书写者之一的王传庭写道，"他们不仅具有深厚的民族文化基础，而且受到国内外各种文艺思潮的强烈影响，因而思想活跃，视野开阔，富有进取精神和探索热情。他们的作品无论创作技巧、表现手法、思想深度等都上了一层台阶。尤其可贵的是，这个层面的作者可以用彝汉两种文字进行创造"③。

笔者看重这两则批评文字，是因为他们把批评的落脚点都放在了彝文新诗

---

① 程光炜.中国当代诗歌史 [M].北京：中国人民大学出版社,2003：187.
② 阿牛木支.彝族母语文学的文化生态与现代书写 [J].民族文学研究,2008（04）：99—103.
③ ꀕꊈꈬꀿ꒰ꃅꄷꌅꌦ [M].ꀾꐰ：ꁍꊂꈬꈜꌦꃅꇬ,1992：5.

写作者最基本的语言问题上。因为对于当代彝文新诗写作者而言，彝文新诗之"新"最本质的一点，就是"语言之新"。当代彝族汉语诗歌写作者或者当代彝文新诗写作者所面临的语言变革的问题是，诗人们需要获得彝汉双语的阅读和书写能力，这对于不断探索和解决彝语诗歌如何创新是至关重要的。关于这一点，阿牛木支一针见血地指出："随着彝汉双语教学的普及和发展，兼通彝汉双语的彝族青年诗人相继出现。他们在接受系统高等教育过程中拓宽了文学专业知识结构，同时又通过摸索借鉴他族诗歌艺术，尝试性创作彝文，为彝文新诗注入活力和养分，推动了彝文诗歌的创作。"①

兼通汉语的彝文新诗写作者之所以能够促进彝文新诗的发展，有两方面原因：其一，对多数当代彝文新诗写作者而言，借助现代汉语，可以对国外各国各民族诗歌理论和优秀诗歌文本进行阅读和理解；其二，借助现代汉语，通过对国内各民族诗歌遗产的学习，了解当代诗歌的创作情况。彝文新诗的批评者不约而同地关注语言问题，也是有其原因的。因为彝文新诗写作者所提供的诗歌文本相较彝文旧体诗和"克智体"颂歌的政治抒情诗而言，在语言上都是有巨大差异的。这种差异来自现代彝文诗歌开始对"语言之新"的本质要求。

阿库乌雾对于这一点有着自觉而清醒的认识。他认为"少数民族母语文学创作背景发生了深刻的变迁，过去那种单一的自然背景和人文背景已不复存在。……少数民族母语作家要反映当代复杂的生活内容和多元的精神世界，如果不大胆地学习、借鉴当代汉语文学或西方文学的思想方法和艺术手段，单凭原有的母语叙述传统是不够的，也是不可能的"②。基于诗人阿库乌雾对彝文新诗语言的革新，彝文新诗诗人兼批评家莫色日吉（李正文）充满希望地说："可喜的是在这方面我们已经看到了一束耀眼的曙光，看到了希望。当代彝族母语诗人阿库乌雾就是一个例证。他是一位有发展潜力的当代彝族青年诗人，也是当代彝族母语新诗创作队伍中有成就、有影响的代表诗人。"③ 关于掌握双语及多语能力对于母语写作的益处，阿库乌雾有着深刻的理论自觉，他说"充分发挥双语优

---

① 阿牛木支.当代彝文文学史[M].北京：民族出版社，2017：93.
② 罗庆春，北海.母语的光辉：新时期四川少数民族母语文学创作概论[J].西南民族学院学报：哲学社会科学版，2001（06）：115—119.
③ 李正文.当代彝族母语新诗创作述评[J].西南民族大学学报：人文社科版，2009，30（05）：37—42.

势，努力完成本民族当代母语文学对当代母语文化的创造性实践。世界文学史上，有无数大师级的作家，如泰戈尔、艾特玛托夫等曾充分发挥自身具备的双语能力、双语思维、双语智慧的优势，留下了大量的传世名著。中国少数民族母语作家也有自己的双语优势，在进行母语文学创作时，应自觉发挥这一优势，创造出优秀的母语作品"①。另外，他也指出，"双语作家与单语作家相比，在思维方法、认知方式、艺术视角、思想意识、文化智慧上确有不可替代的'天赋'。优秀的少数民族母语作家，完全可以凭借这一'天赋'，在双语文化，甚至多语文化的参照、互渗、互补、互动中来完成成功的母语创作实践"②。这是阿库乌雾关于掌握有双语或多语能力的少数民族作家母语写作整体的理论思考。

　　具体到自己的母语写作实践，他自述道："阿库乌雾于1994年7月由四川民族出版社出版了彝族当代文学史上第一部母语诗集《冬天的河流》，该诗集收入其代表性诗歌《黄昏，我思念母亲》《招魂》两首。该诗集中部分作品被选入大中专文选材料，或中小学教材。全集既富浓厚馥郁的彝民族诗歌艺术特色，又不失坚毅、强烈的创新精神。为彝文文学创作跨入新的历史时期开了先河。"③ 他在《冬天的河流》的前言中，列举了几组诗歌语言，然后写道："很明显，通过上述诗歌语言可以看出，这本诗集不是'克智'也不是'尔比'，更不是'勒俄''玛牧'。"④ 他的理论直觉告诉他，这本彝文新诗诗集之新，首先在语言新。他解释道，"需要对这部诗集有所交代的是，不管是诗歌语言构造，还是诗歌意蕴与诗意生成方式，这部诗集都尽可能使用新的不一样的艺术方式。"⑤ 他在写这篇序言时的落款时间和地点分别是1994年和北京大学。这部诗集大多诗歌都写于20世纪80年代中期，最早的写于1984年，最晚的写于1990年。这一点意味着，在语言互动的层面上看，当时汉语诗歌写作中关于汉语诗歌语言的创造实践和理论思考，可能与彝语现代诗歌语言艺术探索存在某种隐秘的关联。

① 罗庆春，北海. 母语的光辉：新时期四川少数民族母语文学创作概论 [J]. 西南民族学院学报：哲学社会科学版，2001（06）：115—119.

② 罗庆春，北海. 母语的光辉：新时期四川少数民族母语文学创作概论 [J]. 西南民族学院学报：哲学社会科学版，2001（06）：115—119.

③ 罗庆春. 北海. 母语的光辉：新时期四川少数民族母语文学创作概论 [J]. 西南民族学院学报：哲学社会科学版，2001（06）：115—119.

④ ꀑꁨꃀꑿ. ꊋꌠꇐꌋ [M]. ꀊꃀ：ꃅꈌꀀꄿꁨꉢ，2014：3.

⑤ ꀑꁨꃀꑿ. ꊋꌠꇐꌋ [M]. ꀊꃀ：ꃅꈌꀀꄿꁨꉢ，2014：2.

李正文认为，"当代彝族母语文学创作，特别是母语新诗创作，始于20世纪80年代初"①。这一时期，中国当代汉语"诗人诗歌创作的'语言意识'普遍得到增强，它既是对当代新诗语言'公众化'状况的反叛，也预示着诗开始走向一种艺术的自觉"②。尤其是对当时的朦胧诗人们来说，"由语言焦虑引发的诗歌语言创新，则是他们的基本艺术目标之一。它们主要集中在对诗歌意象的重新命名和设定上"③。当代彝语诗人阿库乌雾的诗集《冬天的河流》，就是对之前"克智体"颂歌这类公众化状况的反叛，而走向一种语言意识自觉探索的道路。这除了是当代彝文新诗发展的内在要求之外，恐怕也是与当时汉语诗歌对语言创新的探索深度互动的结果。

在1998年阿库乌雾又给当代彝文诗坛贡献了彝文新诗史上第一部散文诗集《虎迹》。阿库乌雾在《虎迹》中延续了第一部诗集《冬天的河流》的语言探索精神。他在一篇学术文章中谈到《虎迹》的语言问题，"《虎迹》语言意识新，将语言视作文学创作中艺术与艺术精神、文学作品的灵魂相平等的同构物。在具体的艺术实践中，《虎迹》对传统的彝语叙事模式和表意体系做质疑、反诘直到颠覆、变形使用。在多元的时代文化语境下，挖掘彝语语言的艺术原创力，将西方文学、汉语文学的艺术思维方法、艺术创造智慧，诗化地带进彝语的具体艺术表述和艺术描写过程中，从而完成了多元思维、文化智慧在彝语文学创作实践中诗意凝合的语言创造"④。从这段话可以看出，阿库乌雾始终没有放弃对彝语新诗语言的探索。这种探索也始终根植于彝汉语言的互动。

20世纪80年代以来的汉语诗人们"一方面，诗歌的语言从意识形态的桎梏下解放出来，诗人在创作活动中开始赢得较多思想和艺术的自由；另一方面，随着诗人语言意识的觉醒，新诗已从对一般生活表象的描摹开始进入到语言表象的阶段。"⑤从阿库乌雾所提供的彝文新诗文本来看，诗人的语言意识已进入了一种新的探索，这种探索与彝汉两种语言的思维方式有关。阿牛木支指出，"这部

---

① 李正文. 当代彝族母语新诗创作述评 [J]. 西南民族大学学报：人文社科版，2009，30（05）：37—42.

② 程光炜. 中国当代诗歌史 [M]. 北京：中国人民大学出版社，2003：187.

③ 程光炜. 中国当代诗歌史 [M]. 北京：中国人民大学出版社，2003：188.

④ 罗庆春，北海. 母语的光辉：新时期四川少数民族母语文学创作概论 [J]. 西南民族学院学报：哲学社会科学版，2001（06）：115—119.

⑤ 程光炜. 中国当代诗歌史 [M]. 北京：中国人民大学出版社，2003：188.

散文诗集中似乎把彝语表述方式和汉语表述方式杂糅在一起，成为各式各样的新的彝语，通过言说和思想，赞美与批评语境的差异来尽可能地创造与之相适应的语言"①。阿库乌雾在《虎迹》的前言中，讲述了他基于彝族汉语言和思维互动的彝语新诗语言探索，"书写《虎迹》时，我努力把20世纪国内外有关语言艺术的美学和彝语日渐衰微的境况结合起来书写，把彝语、汉语思维和言说方式混在一起书写，把山中寨子里击鼓的声音与城市中时代的脚步声杂糅在一起歌唱。因此，可能有言语时不像言语，可能歌唱时有刺耳的歌声，可能行为也比较刺眼"②。可以从这段表述中看出，阿库乌雾对这种探索充满着矛盾的情绪。彝文新诗的语言变革要求，也来自20世纪80年代以来彝族社会文化所发生的深刻变化。阿库乌雾在书写《冬天的河流》时，对社会历史的变迁敏感，并且有深刻的理解。

阿库乌雾所提供的彝语言语艺术形式的变迁是"因为这个民族历史样态和状貌在不经意间改变的时候，言说方式也随着时代而变迁"③，正因为阿库乌雾在《虎迹》中卓越的语言变革与创造力，才给当代彝文新诗开辟了一条独一无二的探索之路。有批评家指出，《虎迹》"在诗艺技巧上，将彝族传统诗学同西方象征主义、拉美魔幻现实主义和后现代主义的艺术手法集合起来，创造性地构筑、提升彝族母语诗歌的表现形式和意象体系。他的诗歌是传统与现代、民族与时代的统一，也是多维的艺术超越和重构。他通达透彻的诗性感悟，具有颠覆性的诗歌语言，独特的异质文化、深邃的思想内涵，能够深入人的心理，触动人的灵魂。他的诗歌是典型的继承中的创新的示范，这不仅为彝族母语文学，尤其是彝族文化诗歌的发展指明了现代书写的可能性和标志性，也开创了彝族母语诗歌艺术表现形式的先河，树起了彝族母语现代诗学的一座里程碑"④。

诚然，诗人阿库乌雾的"彝文诗集《冬天的河流》和散文诗集《虎迹》中大量运用西方文学中象征主义、意象派，现代主义和后现代主义等创作手法和表现技巧。通过这些艺术手段的借鉴并灵活运用，在语义的深掘、语言的创造性使用、艺术意境的全新营造、审美旨趣的变革与拓新，形态美感的训练等方面为彝

---

① ꆏꅉ ꇖ ꉾ ꉬ ꑳ ꀕ ꀉ ꒰ ꀕ ꀉ ꒰ [M]. ꃚꎭ：ꏦ ꎭ ꆠ ꆀ ꃬ ꇬ ꉙ ꉢ，2001：129.
② ꀉ ꎫ ꎭ ꐕ ．ꇖ ꀕ ꊈ [M]. ꃚꎭ：ꏦ ꎭ ꆠ ꆀ ꃬ ꇬ ꉙ ，2015：2.
③ ꀉ ꎫ ꎭ ꐕ ．ꇇ ꄻ ꇉ ꅉ [M]. ꃚꎭ：ꏦ ꎭ ꆠ ꆀ ꃬ ꇬ ꉙ ，2014：3—4.
④ 阿牛木支.彝族母语文学的文化生态与现代书写 [J].民族文学研究，2008（04）：99—103.

族母语文学注入了崭新的'激素',从而自觉担负起文学必须对自身所使用的语言具有创造性贡献的使命,为彝语文本身的现代化建设做出了可贵的贡献"①。这种贡献就如程光炜所言,"当代诗歌语言意识的觉醒成为一种新的现实,诗的语言意识的复苏正是诗从单纯的社会功能中走向主角的审美意识的标志"②。对于阿库乌雾等人在彝文现代诗歌语言上追求的开创和发展,如程光炜指出的是"诗人个性意识和语言意识的觉醒,使诗歌意象的生产过程、价值取向和审美追求有了完全不同的内涵,它表示着当代新诗巨大的历史进步"③。彝族当代诗人们所取得的文学语言的进步在社会层面是一种启蒙现代性,在文化层面上则是审美现代性,这种文学现象是中国现当代文学在一种进步的意识形态下追求现代性的结果。但无论如何,在语言互动的层面上,通过对彝文如何作为现代诗歌媒介的过程的陈述和分析可以看出,"当代少数民族文学对于母语的守望形成了一种虽然微弱,却不失为启示性的事件。它引导我们对于双语/杂语创作、边界写作、文化混血等问题的关注,从而在文化翻译中的政治与语言的暧昧中,明晰地清理出一条中国文学大传统中文学多样性的思路"④。

第二节　凉山彝族诗人群的汉语诗歌写作

一、彝族汉语文学传统

在历史悠久的彝族文学史中,彝族人民使用本民族的语言文字(即彝语和彝文)创造了丰富多彩的彝语口头和书面文学传统(作品和理论)。除此之外,彝族人民也在较早的时候接触汉语,并通过坚持不懈的努力和创造力,构筑了自己丰富多彩的汉语文学传统。这源远流长的彝族汉语文学传统已经构成了彝族文学

---

① 罗庆春,北海.母语的光辉:新时期四川少数民族母语文学创作概论 [J].西南民族学院学报:哲学社会科学版,2001(06):115—119.

② 程光炜.中国当代诗歌史 [M].北京:中国人民大学出版社,2003:187.

③ 程光炜.中国当代诗歌史 [M].北京:中国人民大学出版社,2003:188.

④ 刘大先.现代中国与少数民族文学 [M].北京:中国社会科学出版社,2013:150.

史不可分割的重要部分，滋养鼓励后继从事彝族文学创作和研究的作家、诗人和批评者。当然，在彝族历史的各个时期，因为社会发展和历史进程本身的差异，各个地区的汉语文学发展历程存在不同的差异，当代凉山诗人群正是彝族各个地区历史发展差异性的一种呈现。在我们讨论当代凉山彝族诗人群的写作之前，我们有必要追溯彝族汉语文学传统的历程，这样才可以发现凉山彝族诗人群汉语诗歌写作，在彝族汉语文学传统发展史上属于现象级文学事件。对彝族文学史中汉语文学传统的梳理，对于理解中国作为统一的多民族国家内部，某一民族作家对汉语的文学实践有着重要的意义。

（一）早期彝族汉语文学

星回节

骠　信①

避风善阐台，极目见藤越。

悲哉古与今，依然烟与月。

自我居震旦，翊卫类夔契。

伊昔经皇运，艰难仰忠烈。

不觉岁云暮，感极星回节。

元昶同一心，子孙堪贻厥。

白兴发编《彝族文化史》时指出，"彝族作家用汉语文创作起步也较早，始于唐代南诏时期"②。这个说法在左玉堂编《彝族文学史》中也有提及和讨论。原因是南诏王骠信曾使用汉语写过一首五言诗，即《星回节》。这首诗最早被收录在一本佚名的类书《玉谿编事》之中，但记录信息不是很详细，在另一本书《太平广记》③中稍微详细一些。这首诗因为其独特的价值也曾被收入《全唐诗》中。如果将这首诗作为彝族汉语文学历史上最早的汉语诗人的诗作，那它的意义是不言而喻的。

---

① 左玉堂.彝族文学史：上 [M].昆明：云南民族出版社,2006：391.

② 白兴发.彝族文化史 [M].昆明：云南民族出版社,2002：257.

③ 李昉,等.太平广记：卷四百八十三 [M].北京：中华书局,1961：3981.

首先，《星回节》的第一重要性，它是第一首彝族文人用汉语创作的诗，也是第一首有典可查的彝族诗章。这一点为彝族汉语文学传统的合法性，开了先河。其次，这首诗歌是一首有关彝族民俗"星回节"（火把节）的诗歌，使用汉语向他者书写本民族的风土，也是这首诗歌的首创。事实上，这种传统延续到了当代彝族汉语诗歌和其他的文学创作实践当中。诗歌描述了彝族传统火把节，作为政治人物的诗人在避风台上登高望远，在节日氛围中怀古，期盼江山能绵延至子孙后代的美好期望。再次，这首诗歌把本民族的语言带入汉语诗歌当中，这一点十分重要。这个传统也延续到了彝族当代诗歌创作实践当中，在某种意义上，这类实践一方面丰富了汉语，使得汉语获得了更多的可能性，另一方面也使得本民族的语言能经过汉语保存和延续下去。最后，骠信作为南诏王，"在自己的民族节日里，抒发了自己的抱负、理想，也是值得肯定的。他称赞自己的大臣、清平官很像远古的夔、契贤相，辅佐国王渡过难关，走向强盛，他盼望这一批忠烈为国的大臣与自己同心协力共同建设南诏国，永葆社稷，国泰民安，为子孙后代建树一个有法典、繁荣昌盛之邦。所以，《星回节》也是一首政治抒情诗"[1]。

另外，散文《遗韦皋书》《誓文》《南诏德化碑》也是早期彝族汉语传统的重要组成部分。这些散文属于政论散文体，文字流畅、语言典雅、辞藻华丽，是彝族早期汉语传统中的精华。另外，这些散文表现了彝族先民"维护祖国统一，以国家、地方和民族的利益为重，安定、团结为重，维护唐王朝"[2]。

总之，无论是诗歌还是散文，彝族汉语文学在一开始就与书写本民族文化传统、抒发自己的政治处境、维护祖国统一等主题相关，这为之后的彝族汉语文学发展做了一个良好的开头。

（二）中古彝族汉语文学

中古时期的彝族汉语文学得到很大发展。首先，是因为大明王朝的开国皇帝朱元璋主张以"武功"来平定天下，使用"文化"来教育那些离文明很远的人。这是中古时期彝族汉语文学发展的外部环境。其次，在彝族地区主政的土官也非常注重子女的教育，在蒙化时期就建立过明志、文华、毓琇、文明、瓜江等书

---

① 左玉堂.彝族文学史：上 [M].昆明：云南民族出版社,2006：392.
② 左玉堂.彝族文学史：上 [M].昆明：云南民族出版社,2006：397.

院，对当地的教育起到重要的推动作用。因此，这一时期彝族汉语文学创造和理论人才辈出，文学发展迅速。彝族汉语文学传统发展过程中，明清之际是非常重要的时期。第一，这一时期操持汉语来写作的彝族文人明显比之前增多。第二，这一时期彝族汉语文人的作品，在总体质量上得到很大的提高。第三，这一时期，彝族汉语文人不仅在文学创作上有建树，在文学理论思考上也有一定提高；第四，这一时期的彝族汉语文学发展还有一个显著的特点，出现了以家族闻名于世的文学集团。

左玉堂所编的《彝族文学史》认为，"远在祖国边陲的云南，其西南部是边塞的重镇巍山，是当时云南的偏僻地带，当地人民彝族占大多数，他们操彝语，说汉语的寥若晨星。有趣的是，在这样一个彝族文化氛围极为浓厚的环境里，却产生了左氏父子，左氏家族重文化、重教育的政治局面。而左氏家族、父子酷爱文学，耐人寻味"①。的确，左氏家族从左正开始确实实践了父子传承、绵延不断的左氏文学家族历史。这不仅与左氏家族自身有关，也与外部环境息息相关。左氏家族的先祖左禾，可以说是明王朝的雇佣兵，助力明王战胜缅甸军队的进攻，立下战功。左禾因为战争功勋被授蒙化知州，其子孙也因此获得世袭。左正未满十五周岁时，其父左铭病死，1503年获得世袭土知府的职位。左正执政三十多年后，于1537年把世袭的位置让给其长子左文成。左正居家中，直到1546年才病逝。由于左正任职期间出征次数多，被奖为云南"三司"，并且他在任期间，爱国爱民之情浓烈，因而被历代文人好评。康熙《蒙化府志·艺文志》中记载了他的四首诗歌，分别是《对雨书怀》《送李别驾归蜀》《题法云庵》《春日》。《滇南诗略》（卷二）也选了他的《题法云庵》和《春日》两首诗歌。

左正是左氏家族从武起家后以文闻名于世的转折性人物。其子左文臣，承袭土知府后在征战途中病亡。《滇南诗略》（卷五）中载其三首诗歌，《山居》《怀羽客》《元珠观即事》。左文臣的诗歌表现了诗人追求自然、向往佛境、返璞归真的自然主义和宗教精神。左文臣的儿子左文豢也是诗人，其诗清晰明朗、自然有味，现留存下来有《忆云林别墅》《过盘江》《九日儿孙供菊酒缘疾不饮》《送学李博文台还平黉》。

左氏的文人还不止这些，譬如左正的十一世孙左明理有《呈杨太史升庵》

① 左玉堂.彝族文学史：下 [M].昆明：云南民族出版社，2006：633.

《对雨抒怀》《送李别架归蜀》诗歌留世，十二世孙左嘉谟都有《次鹤洞壁韵》《浴温泉》《憩云壑寺》等诗歌留世。还有左章照著有《玉溪诗集》，左熙俊著有《醒身集》《晓堂集》《蒙化左氏家谱》等。

近代彝族文学当中有名的文学家族还有高氏、那氏。比如高氏文人有高乃裕、高守潘、高崎映、高厚德。在《云南通志》和《续云南通志》中记载诗人高乃裕博学工诗，文才卓著，著有《焚余集》四卷，但最后没有流传下来。民国时期的《姚安县志》收有他的诗歌《姚阳怀古》《哀牛行》《烟萝山有雨》。高乃裕的诗歌，一方面关注民生疾苦，另一方面怀古，也有赞美家乡自然山水的一面。高乃裕之子高守潘，著有《龙溪小窗集》《姚安府志》，但都没有传世。高崎映是彝族汉语文学发展史上的重要人物，其重要性主要有三个方面：首先，他是重要的学者、诗人，创作有《妙香国草》《结磷山草》《太极明辨》《金刚解》《滇鉴》《鸡足山志》等诗歌，虽然这些作品已经遗失，但《妙香国草》当中50多首诗歌都留下来了。其次，他是教育家，他在结磷山开设了学馆，著有《高氏家范》《训子语》《迪孙》《春秋时艺》等著作。最后，他是一位文学理论家。高崎映"是一位学者式的诗人，他对文学创作的认识，是他进行文学创作的前提，也是他文学理论和文学批评方面的一种建树。他的文学理论由于贯穿了历史和哲学的要素，故而十分深刻和丰富，并且形成了一定的理论体系。我们把它归纳为'气、格、真'"①。高氏家族到了高崎映那里，便给彝族汉语诗歌传统提供了难得的多种文体写作实践。高崎映是有文学理论思考，并在教育上有所实践的文学家和思想家。在高崎映的后人中，其长孙高厚德著有《忘云集》（六卷），但仅留下《遥峰雪灿》《塔凝空月》《玉龙飞霰》《绿天四翳》《岩石流丹》《云海晴光》《地隐晴雷》等风景诗。

另外，禄洪也是中古彝族汉语文学传统的重要一员。他率领数千名云南子弟，自带干粮，行军数月，抵京护国。历经艰辛和磨难，他在此行中写成了《北征集》，这部集收录了"诗、赋、文五十八首，集中反映出了禄洪的忧患意识，以及强烈爱国思想"②。《北征集》被编入《云南丛书》等书，被认为是彝汉文化交融的光辉典范。

---

① 左玉堂.彝族文学史：上 [M].昆明：云南民族出版社,2006：654.
② 左玉堂.彝族文学史：上 [M].昆明：云南民族出版社,2006：671.

如果上述许多诗人都是土官出生，那么那文凤是一个例外。1771年，那文凤出生于昆明一个清贫的家庭。他也是操持彝族汉语写作诗歌和散文，写有《雁字诗》一卷，有《赠吴道》《白米村龙王庙碑序》留世。那文凤的诗歌对于后世彝族诗歌、彝族民俗的书写有借鉴意义。

中古时期的彝族汉语诗歌传统当中，出现了重要的文艺理论家李云程。李云程是云南石屏县人，出身农家但致力于研学经史，其《古文笔法》深入广大学子，广为流传。这部著作既是一部系统的写作理论，也是一部鉴赏理论。在这部著作中，李云程在文学创作的方法论意义上提出了写作风格、写作方法和写作主张等。

总而言之，中古彝族汉语文学传统中，无论是出身上层的彝族汉语家族文学集团，还是出身普通家庭的彝族汉语文学写作实践者，都在彝族汉语文学史上提供了灿烂的诗篇和深沉的理论思考。这是彝族汉语文学传统发展过程中第一次高潮。

（三）近代彝族汉语文学

在彝族汉语文学发展史上，近代作家和诗人们大多分布在云南和贵州彝族地区。尤其是"改土归流"之后，彝族地区读书人比之前更多，人们也更重视汉语和汉文化教育。近代彝族著名诗人和诗歌作品有黄思勇（《慎轩诗文集》）、余家驹（《时园诗草》）、余珍（《四余诗草》）、余昭（《大山诗草》）、鲁大宗（《听涛轩诗钞》）、安履贞和安履泰《园灵阁遗草》、余达父（《憬雅堂诗集》）等。

黄思永，贵州大方县人，播勒军长的后裔，中举人，后回家乡教书，培养人才。六十岁后开始为官，许多诗作是在其为官七载中写就。黄思永被选入《大定县志·乡贤》，他的作品在彝族汉语文学中因感事抒怀的品质而独具特色，有《在思源乡见火耕题》《题上水船缆子》《由贵溪至安仁马祖岩》等诗脍炙人口。

余家驹被认为是清代彝族首屈一指的诗人。他的《苗人》《小河口》《硝匠》《渔者》《耕》《樵》《箐口》《题许鹤沙滇纪游程》《暴雨》《读宋史》等诗作关注自己所生活的地方风土、人事、生活与山水。余家驹的诗歌不仅表达了对家乡的一切热情，还表达了对民族文化的反思、对国家的热爱。因此，有学者认为"余家驹是彝族借汉文创作古体诗最杰出的诗人，也是首屈一指的布衣诗人"①。余珍，余家驹之子，从小受其父影响，不幸早逝，故仅有《四余诗草》（一卷）木刻版，在1881年行世。余珍的《水西道中》《宿三官寨》《大方城怀古》等诗篇都抒发了贵州彝族地区的民俗风情和山水，他也写作了纵情山水之间、模仿鸟语之音的哲理诗歌。余昭，诗人余家驹的侄子，彝族六祖之恒部后裔，著有《叙永厅志稿》、《土司源流考》、《有我轩赋稿》（二卷）、《德斋杂著》（一卷）、《大山诗草》（三卷）。余昭生活的年代兵荒马乱，因此余昭从军几十年。他反对因袭，主张创新，其诗风雄浑豪迈。另须提及清末一位彝族女性汉语诗人，安履贞，威宁岩仓土府之后裔，诗人余昭之妻。不幸的是，诗人英年早逝，其诗稿被丈夫余昭编为《园灵阁遗草》出版。安履贞的兄长，安履泰也是一位有才华的诗人，有《因感题此》《虞姬》《绿珠》《烈女行》等诗篇流世。他的诗歌重情、重义，常常借古抒情。余达父是贵州余氏文学家族中经历丰富的一位诗人。他精通彝文、汉文、日文，留学日本五年，在京城做过律师，一生坎坷。著有《㤥雅堂诗集》（十四卷）、《罂石文集》（四卷）、《通雍余氏宗谱》（一卷）、《且兰野史》等作品。余达父的诗歌，充满了真挚的爱国热情和强烈的忧患意识。他的诗歌也表达着余达父对本民族和家乡由衷的爱。这一时期也有来自云南彝族地区的诗人，鲁大宗就是其中的一位。鲁大宗的一生，充满奋斗，又充满坎坷。他一生读书考学，追求功名，但苦等16年后，最终选择当老师，当一个诗人。似乎唯有诗歌可以慰藉他不甘的一生。鲁大宗有木刻本诗集《听涛轩诗钞》流行于世。

总而言之，中国近代彝族汉语文学长足的发展为当代彝族汉语文学的新发展奠定了基础。纵观彝族汉语文学史，在数百年的历史进程中，彝族汉语形成了一种文学传统，有丰富的文学创作，也有深入的理论思考。不过，此阶段的彝族汉语文学传统格局还是以诗为主，散文和杂文次之，文论最末。小说这类文体还没有什么彝族汉语文学创作者尝试过。下面我们继续追溯，彝族汉语文学传统在当代的情况，从而引出对凉山彝族诗歌群的讨论。

---

① 左玉堂.彝族文学史：下 [M].昆明：云南民族出版社，2006：852.

二、凉山彝族诗人群汉语诗歌的发展

（一）彝族现当代汉语文学

批评家认为："彝族有着历史久远的文学遗产，但作家文学起步却比较晚。封建王朝时代，曾经有过少数上层人物接受汉文熏陶，用汉文、汉诗的形式创作了一些文学作品，但范围窄，作品不多，属于汉语古诗形式，与彝族传统诗歌不完全相同。近代彝族作家的出现，是20世纪五四新文化运动以后的事。"[①]追溯现当代彝族汉语文学传统可以发现，现当代彝族汉语文学写作者所操持的文体和以往具有差异。譬如，彝族现当代汉语文学的奠基人李乔先生最大的成就是创作了现当代彝族汉语长篇小说。李乔的文学写作既属于现代又属于当代。李乔先生的小说写作起步于新中国尚未成立的时期，在20世纪30年代李乔就以《未完成的斗争》荣获创造社无名处女作征稿时的处女作奖。之后，李乔继续写了一些反映有关云南个旧矿山工人的通讯文章，发表在《申报》等报纸、杂志上。在抗日战争期间，李乔随滇军第六十军，写了一些通讯、报告文学。抗战结束后，李乔回到云南，参与了民族工作队，这使得他有机会到凉山。20世纪50年代中期，李乔写出当代彝族汉语文学的重要作品《欢笑的金沙江》三部曲第一部《醒了的土地》，后又出版《早来的春天》《呼啸的山风》。李乔的这些作品为当代彝族汉语文学传统奠定了非常坚实的基础。普梅夫也是现当代彝族汉语文学的前辈作家，他在20世纪30年代和友人创办了朝曦社，并出版了《朝曦》。另外，他也参与了《诗歌与散文》的编辑，有诗集《磨剑集》留世。对当代彝族文学史而言，普梅夫具有特殊的重要性，"被认为是云南最早写新诗最早编新诗刊物的一位彝族诗人"[②]。李纳在新中国成立前开始发表作品，著有长篇小说《刺绣者的花》，中短篇小说集《明净的水》，电影文学剧本《江南一叶》等作品。她是彝族现当代汉语文学中老一辈女性写作者，早年奔赴过延安，后来从事过编辑工作，是人民文学出版社、作家出版社的编审。在老一辈彝族汉语文学实践者中，小说文体的写作者占大部分，相比以往彝族汉语文学史上的写作者，他们主要以

---

① 左玉堂.彝族文学史：下 [M].昆明：云南民族出版社,2006：907.
② 左玉堂.彝族文学史：下 [M].昆明：云南民族出版社,2006：1016.

写汉语旧体诗为主。

当代彝族文学汉语实践者中，有龙志毅、苏晓星、张昆华、普飞、吴琪拉达、阿鲁思基、熊正国、杨永涛、韦革新、戈隆阿弘等作家和诗人后继者。这些后继者，有许多汉语文学写作者都会讲彝语，但他们中的大多数人都使用汉语写作。他们中大多数写小说，譬如龙志毅、苏小星、张昆华、普飞、熊正国等人有长篇小说《政界》《省城轶事》《末代土司》《金银山》《奴隶主的女儿》，中篇小说《一夜》《小镇风情》《不愿文面的女人》，短篇小说《门板》《又是一年腌菜年》等。在这一批写作者中，有阿鲁斯基、吴其拉达、韦革新、涅努巴西、普阳等人是诗人。虽然阿鲁斯基和吴琪拉达都不是凉山人，但他们在凉山工作、生活和写作。他们的工作对后来凉山彝族诗人群的崛起起着关键作用。阿鲁斯基"长期在四川凉山彝族自治州从事彝文翻译和推广普及新彝文工作"①。他既是一位诗人，又是一位月琴弹唱歌手。他搜集、整理、编辑、翻译过许多凉山彝族民间文学作品，为后来的彝、汉双语诗人们吸收民间文学知识和技法奠定了很好的基础。他整理和发表过《布谷鸟之歌》《哭嫁歌》《我愿变成一把口弦》《彝族谚语》《彝文文选》《彝族克智》《沃土·花蕾》《彝族民歌选集》等作品。事实上他也是一位双语诗人，他曾采用彝族传统诗歌的形式创作和发表过彝文诗，其中具有代表性的作品是一些彝文短诗和彝文叙事诗《阿萨》。吴琪拉达，来自贵州彝寨，在西南民族大学毕业后分配到凉山工作，出版过诗集《奴隶解放之歌》，他的诗歌"讲究意境，重视在语言风格上的追求，富于彝族传统文学的美，善用生动形象的比喻，能用典型的形象，准确强烈地把要抒发的情感很好地表达出来，给读者留下极为深刻的印象"②。阿鲁斯基和吴琪拉达这两位非凉山的彝族诗人到凉山后，为凉山彝汉双语诗歌的发生和发展开启了文脉，这也是凉山彝族诗人群彝汉双语诗歌实践得以发生和发展的重要一环。彝族汉语文学传统追溯到此，终于和凉山彝族人有了关联。这一环是促成凉山彝族诗人群得以出现和发展因素之一，但如果缺乏其他因素，那么这件事也不可能发生和发展。因此，以下内容我们将继续探讨，除了漫长的彝族汉语文学传统之外，还有什么因素促成了凉山彝族诗人群的出现。

---

① 左玉堂.彝族文学史：下 [M].昆明：云南民族出版社,2006：1073.
② 左玉堂.彝族文学史：下 [M].昆明：云南民族出版社,2006：1070.

（二）凉山彝族诗人群汉语诗歌的推力

1. 本土文学期刊的推动

有学者指出，"《民族区域自治法》得到认真贯彻。在文化上，四川凉山彝族自治州规范和推行了新彝文，凉山州、楚雄州、红河州创办了《凉山文学》《金沙江文艺》和《彝族文学报》，这些刊物都以培养彝族创作人才为己任。广大彝族作者有了自己的园地，得到有效培养和扶植，一大批彝族青年文学作者的成长，为彝族作家队伍注入了新的血液"[①]。这说明，刊物对彝族作家培养是很重要的，尤其对于凉山彝族作家群而言，其中一些诗人的工作就是编辑刊物，譬如诗人吉狄马加就在《凉山文学》《民族文学》做过编辑，诗人巴莫曲布嫫也在《凉山文学》做过编辑。诗人阿苏越尔则在大学时期就创办过诗歌刊物《山鹰魂》。《凉山文学》分彝汉文版，是凉山彝族汉语诗人群诗歌发展的重要平台。《凉山文学》创刊于1980年，是凉山彝族自治州文学艺术界联合会公开向社会发行的文学期刊。许多凉山本土的诗人都在《凉山文学》上首次发表他们的作品。另外，在凉山彝族自治州的某些县城，也有自己的刊物，譬如会理县有《会理文艺》，宁南县有《鹤舞金沙》，喜德县有《喜德拉达》。另外，凉山民间诗歌写作者周发星一个人就编有刊物《独立》《彝风》，在一定程度上推动了彝族青年诗人们的成长。另外，《凉山日报》副刊也开辟了专栏"中国彝族诗歌展示"，对当代彝族诗人进行了宣传和介绍。本土文学刊物的创办、本土民间刊物的流行，给予了许多年轻诗人以最初的鼓励，对凉山彝族诗人群的培育起到积极推动作用。

2. 民间诗歌选本选编者的推动

诗人周发星是最初注意到并且选编当代凉山彝族诗人群诗歌选本的诗选编者。由发星工作室选编的《当代大凉山现代诗选（1980—2020）》的出版，使得外界学者首次能够窥探到凉山彝族诗人群汉语诗歌创作的总体性面貌。虽然有些重要诗人没有被选入，但这个选本依然对研究当代凉山彝族汉语诗人群有着参考意义。正如有学者所指出的，"读者第一次能全方位地领略到彝族诗歌的精妙之处，这不仅仅是某个诗人的才思，更是一个族群（大凉山的彝族同胞）创作的全景式展示。当然，在后来的诗歌编选者那里，似乎能看到这本书在某种意义上具

---

① 左玉堂.彝族文学史：下 [M].昆明：云南民族出版社，2006：910.

有的地域性局限，但是这样一本先驱之作在当代少数民族文学领域的地位和意义依然值得肯定"①。诗人周发星，除了将凉山彝族诗人群诗歌编选出版，还深入阐释和解读凉山诗人群的诗歌，试图厘清凉山彝族诗人群的诗歌创作与当代诗歌思潮和民间诗歌运动之间的关系。因此，他也写有《彝族现代诗学论纲》《四川民间诗歌运动简史》等作品以民刊的形式在网络上传播。另外，受到民间诗歌思潮的影响，在小凉山的诗人阿索拉毅大量搜集有关彝族诗歌的材料。他搜集、选编了包括凉山彝族诗人群在内的各地彝族诗人诗歌，并出版了《中国彝族当代诗歌大系（1980—2012）》。阿索拉毅的选本包容各地彝族诗人，容纳不同写作风格和向度的诗人，也把发星选本中没有入选的一些凉山彝族诗人群的诗歌选进。与此同时，阿索拉毅还选了一些正在写作和成长中的年轻诗人的诗歌。阿索拉毅还搜集了大量有关彝族诗歌的资料，落成了彝诗馆，供研究当代彝族诗歌的学者参观和研究。

彝族民间关于当代凉山彝族诗人群的诗歌选本不断增多，诗歌选编标准的多元化，都为当代凉山彝族诗人群多元化的诗歌写作倾向提供了某种包容性和动力，同时也为凉山彝族诗人群被系统地关注和研究提供了一手的参考资料。

3. 高校文学教育的推动

有批评家指出"新时期彝族当代作家队伍的壮大有一个十分显著的特点，即这一批彝族青年作家、诗人、剧作家、文学研究者工作者，几乎都是新中国培养的大学生。新中国成立后，国家十分重视民族人才的培养，创办了中央民族大学和各省市自治区的民族院校，实行了各种特殊的措施，使彝族青少年得到培养，经过半个世纪的努力，彝族有了一大批自己的大学生"②。的确，在当代彝族诗歌史上，那些重要的诗人都与民族高校的文学教育和文学传统有很强的关联，譬如被认为是当代彝族诗歌第一人的吴琪拉达，就毕业于西南民族大学。凉山彝族诗人群的许多重要诗人都曾经在西南民族学院（今西南民族大学）就读。譬如当代凉山彝族诗人群中的吉狄马加，就毕业于西南民族学院。女诗人巴莫曲布嫫，也曾经求学中央民族学院（今中央民族大学）。当代彝族诗人群中如阿库乌雾、李正文、依乌等人毕业后就在西南民族大学从事文学教育和文学研究工作。譬如

---

① 邱婧.凉山内外：转型期彝族汉语诗歌论 [M]. 广州：暨南大学出版社,2017：77.
② 左玉堂.彝族文学史：下 [M]. 昆明：云南民族出版社,2006：910.

阿库乌雾就编过彝族校友诗集《第二母语的诗性创作》，而诗人阿苏越尔，则在西南民族大学创办大学生刊物《山鹰魂》，刊物延续至今。凉山彝族诗人群中的后来者，80后、90后的年轻诗人也曾经在或正在西南民族大学等高校学习。

高校的文学教育使得许多人在大学开始时便走上了一条写作道路。有些人在这个过程不但从事诗歌写作，还对诗歌创作和诗歌文本进行了深入研究和理性讨论。这使得凉山彝族诗人群当中形成了既有诗歌创作者，又有专业的诗歌批评家的局面。而这一局面的形成，有助于凉山彝族诗人群的诗歌写作的持久性和深刻性。

（三）凉山彝族诗人群汉语诗歌的开端与发展

诗歌作为一种文学传统，在凉山彝族文化当中具有重要意义。无论是对于彝文写作者还是汉语写作者，彝族诗歌传统对他们都有影响。"诗歌是彝族文学成绩最为显著的一种体裁，诗歌创作在新时期有很大发展。因为彝族诗歌有着深厚的传统，有难以数计的民间歌谣提供丰富的营养。新中国成立后成长起来的彝族作家，几乎都与诗歌有不解之缘，吴其拉达、阿鲁斯基、替仆支不、杨森……几乎是学习彝族传统诗歌的手法开始写诗并取得成就的。"[①] 相比较其他彝族地区，凉山彝族诗人群中的汉语写作实践是相当晚的。作为当代凉山彝族诗人群的汉语诗歌写作，主要是指20世纪80年代至今的文学实践。当然，1949年到1980年间的文学成果也为当代凉山彝族诗人群的出现奠定了基础。因此，我们可以把凉山彝族诗人群的汉语写作梳理为以下两个阶段：

1. 真正的开端

将20世纪80年代作为真正的开端，是因为1949年之后，虽然有不少非彝族人或非凉山彝族人，到凉山进行了有关凉山彝族的书写，但都没有凉山本土的彝族诗人用汉文来书写和表达自己。除了前文所述的吴琪拉达和阿鲁斯基之外，还有高缨、梁上泉、雷显豪等人，他们编写并出版了的《大凉山之歌》《歌飞大凉山》《万颗珍珠撒凉山》《凉山山上映红光——少数民族跃进歌谣》等有关特殊时期的诗与歌谣。有学者把这一时期称为"代言者"时期，但"进入新时期以后，呼吸着改革开放的新鲜空气成长起来的一代作家，在诗歌创作上又有新突破。他们在继承彝族优秀诗歌传统的同时，还吸取中外文学的营养，他们的诗

---

① 左玉堂.彝族文学史：下 [M].昆明：云南民族出版社，2006：911.

歌逐渐摆脱民间文学的创作定势。那丰厚的民间文学土壤，转而成为彝族作家所独占一方的优渥的滋养，涌现出一批才华横溢的优秀作家，吉狄马加就是他们的代表"①。吉狄马加诗集《初恋的歌》中的《自画像》常常被认为是这一"真正开端"的象征。事实上，是一群诗人集体的努力，开辟了这一开端。这些诗人当中大部分是20世纪60年代出生，他们是吉狄马加、阿库乌雾、吉木狼格、阿苏越尔、巴莫曲布嫫、吉狄兆林、倮伍拉且、霁虹、玛查德清、克惹晓夫等人。从1985年吉狄马加《初恋的歌》出版，到20世纪90年代中期，这些诗人出版了《一个彝人的梦想》《罗马的太阳》《走出巫界》《图案的原始》《我已不再是雨季》《梦中的女儿》等作品。这是凉山彝族历史上，第一次出现如此规模的彝族汉语诗人群。

2. 蓬勃的发展

经过近十年的发展，到20世纪90年代中期之后，凉山彝族诗人群的汉语诗歌创作逐渐走向成熟。在这一阶段，20世纪60年代出生的诗人们在各自的创造道路上持续探索。吉狄马加又陆续出版了《我，雪豹》《致马雅可夫斯基》《献给妈妈的十四行诗》《父亲的挽歌》等作品。阿库乌雾则出版了《阿库乌雾诗歌选》，人类学散文诗集《神巫的祝咒》，散文诗集《混血时代》，旅美诗集《密西西比河的倾诉》《凯欧蒂的神迹》等作品，阿库乌雾还有《灵与灵的对话——中国少数民族汉语诗论》。倮伍拉且也陆续出版《绕山的游云》《诗歌图腾》《大自然与我们》等作品。阿苏越尔也出版了他的长诗《阳光山脉》《阿苏越尔诗选》，他的创作热情在近年来还转向小说这一文体。吉狄兆林出版诗集《我背着我的死》，吉木狼格出版诗集《立场》《天知道》等作品，依乌出版诗集《一个土著等下午》《我的》等作品，霁虹出版诗集《大地的影子》《波罗的海的太阳》《尼迪尔库：会理》等作品。另外有70后、80后的诗人们也备受鼓舞，崭露头角。譬如小凉山地区的诗人阿卓务林、阿索拉毅等人，也汇入了凉山彝族汉语写作潮流当中。阿卓务林出版《耳朵里的天堂》，阿索拉毅出版《星图》《诡异的虎词》。另外一些大凉山年轻诗人也加入其中，俄狄小丰出版诗集《城市布谷鸟》《我的指路经》，马布杰伊出版诗集《阿拉所什的歌》，的惹木呷出版诗集《的惹木呷诗选》，马海子秋出版诗集《环山的星》《潮音寺的遐想》，80后女

---

① 左玉堂.彝族文学史：下 [M].昆明：云南民族出版社，2006：911.

性诗人阿都阿喜出版诗集《五月的蓝》《好时光》等作品，80后诗人拉玛伊佐出版诗集《复活一个太阳》《拉玛伊佐诗选》，90后诗人阿加伍呷出版诗集《贡尔巴干与月光》，加主哈布出版诗集《借宿》。上述这些个人诗集的出版，体现了20世纪90年代中期之后，凉山彝族诗人群的创作成就和诗歌写作发展的趋势。另外，除了上述这些个人出版的诗集之外，还有一些重要的选本也开始出现，譬如由发星工作室编辑的《当代大凉山彝族现代诗选（1980—2000）》，《第三座穆俄格——21世纪彝人诗选》，还有由阿索拉毅编选的《中国彝族当代诗歌大系》。这些诗歌选本的出现，在一定程度上也体现了当代凉山彝族诗人群诗歌创作的蓬勃发展。

三、凉山彝族诗人群汉语诗歌的文化地理特征

当代凉山彝族诗人群的汉语诗歌写作风格有其强烈的特征，这种特征一方面源于凉山彝族本身所具有的文化地理特征。世界文化潮流发展到今天，对多元文化的尊重和包容使得凉山彝族汉语诗人群能够在20世纪80年代以来借助鲜明的文化地理特征而备受关注。事实上，在凉山诗人群诞生之前，到凉山工作的前辈诗人们，已因为对凉山风物、江河和社会变迁的书写而备受关注。批评家张叹凤指出，那一代诗人的诗歌写作的"精彩之处在于，直到现在我们一提起凉山二字，似乎就首先想到了诗歌、音乐、舞蹈，以及火把节等，原型与象征意义纷至沓来，这和多年来文学艺术家的诗化努力成就显然密切相关。他们成功地建构了凉山的符号学标本意义，使标题呈现和隐喻了书写的内容意义"[①]。彝族诗人群的汉语诗歌写作实践也受到全球化浪潮影响。首先是全球化浪潮助力中国经济迅速发展，尤其是中国加入世界贸易组织之后，"西部大开发"和中国加速城镇化建设的不断推进，导致许多凉山彝族离开原来的居住地，到外地求学。这些人开始接触外面的世界和文学思潮，便开始意识到本民族的文化和处境，于是诗意在这种充满张力的大背景下悄然诞生。这种诗意诞生的背后是凉山彝族传统和现代经济文化发展大潮的强烈碰撞。20世纪90年代以来，许多凉山彝族人也成为游走在

---

① 张叹凤.早期凉山彝族题材诗歌地标与风物特色书写[J].阿来研究,2016（02）:194—202.

全国各地的农民工，在这些人当中有人通过自学和自我教育开始写作，于是就出现了彝族打工诗歌现象等。结合凉山彝族诗人汉语诗歌实践总体情况之下的文化地理特征，可以分如下方面进行讨论。

（一）凉山彝族诗人群汉语诗歌中对"大山"和"土地"的书写

有批评家指出，"毫无疑问，川西南、滇东北的凉山高山河谷生活区域是我国大西南人文凸显地标（landmark）之一，是诗歌作品中的原型书写代表物，进入诗中甚至以此命名标题即引为象征之物，有许多的寓意和联想群（associative clusters）"①。凉山地处青藏高原东南和四川盆地之间的横断山区，其间群山并峙，江河纵横交错。无论是早期有关凉山彝族的汉语诗歌，还是后来凉山彝族诗人群的汉语诗歌，都无法绕过他们所生活的山水和土地。在早期非凉山彝族诗人的有关凉山的汉语表述中就已有许多诗歌书写过大山，有的甚至具体书写到"凉山"。当代彝族著名诗人吴琪拉达就有直接以凉山命名的诗歌《歌飘大凉山》《大小凉山上》等作品，他也写过散文《大凉山速写六篇》等作品。同一时期汉族诗人高缨也发表了《大凉山之歌》，梁上泉也有《凉山新曲》等作品问世。

这些诗歌多与当时特殊的政治环境和社会活动氛围有关。凉山彝族诗人群的汉语诗歌写作秉承了书写凉山山川和土地的诗歌传统，譬如吉狄马加在第一部诗集《初恋的歌》中，以一个孩子的口吻唱道：

> 我是山里的孩子
> 在山里长大
> 我的梦是属于山的
> 属于那黄褐色的土地
> ⋯⋯⋯⋯⋯
> 我是一个山里的孩子
> 这是我梦里残缺的
> 难忘的歌②

---

① 张叹凤.早期凉山彝族题材诗歌地标与风物特色书写[J].阿来研究，2016（02）：194—202.

② 吉狄马加.初恋的歌[M].成都：四川民族出版社，1985：60.

在诗中，诗人吉狄马加处理了他和山的关系，这是一种亲密的关系，这是一种具有依靠和保护性质的存在，因为诗人是以一个孩子的口吻在诉说。在另一首诗歌中，"山"这个意象仍然和梦联系在一起，仍然也是一个孩子的语气。

> 他的梦
> 是一颗遥远的星
> 它永远升起在
> 故乡群山的上空①

但在这首诗歌中，"山"是一个基点，是梦能够升起的基地。在吉狄马加的第二部诗集《一个彝人梦想》中，有两首诗歌的标题直接以"大凉山"命名。在《告别大凉山》中，诗歌分几个层次表述诗人和大凉山之间的关系：第一层关系是"母子关系"，诗人说"这时候我才感到大凉山/你的爱是那么内在/就像我沉默寡言的母亲"②。第二层关系是漂泊的港口，但这个港口仍然具有某种"母性"，诗人写道"这时候我才知道大凉山/你这母性的土地/永远是我爱之船停泊的港口"③。第三层关系，一种缥缈的思念的对象，"这时我才发现大凉山/我那梦中的相思鸟/已永远迷失在你的树上"④。在后来的一些文集和作品当中，吉狄马加仍然使用了"山"这一意象作为诗歌题目，譬如《敬畏群山：吉狄马加文学文化演讲》《与群山一起聆听：吉狄马加对话集》等。

在同一时期的女性诗人诗歌中的"山"是什么样的呢？在巴莫曲布嫫的诗歌《大小凉山》中，巴莫曲布嫫以一个牧童的视角对"山"进行描述。第一节诗歌，描绘了牧童把视角投向远山的过程，完成了牧童对山的基本形象的素描。第二节诗歌，诗人从山的素描形象中跳出，把"山"的形象抽象化。这种抽象化的过程，完成了他对山的认知。第三节诗歌，处理了她与山之间的关系，"这是生长自己的山/是压抑自己的山"⑤。在巴嫫曲布嫫的另一首诗歌《螺髻山的遥恋》

---

① 吉狄马加.初恋的歌[M].成都：四川民族出版社,1985：2—3.
② 吉狄马加.一个彝人的梦想[M].北京：民族出版社,1989：27.
③ 吉狄马加.一个彝人的梦想[M].北京：民族出版社,1989：28.
④ 吉狄马加.一个彝人的梦想[M].北京：民族出版社,1989：28.
⑤ 巴莫曲布嫫.图案的原始[M].成都：四川民族出版社,1992：42.

中，诗人以回忆的方式，对螺髻山样子、螺髻山上景观以及在螺髻山游玩的过程进行了细致的描述，继而推导出："螺髻山啊，我只是/你摇篮里一个梦喃着的孩子。"①

如果说吉狄马加和巴莫曲布嫫的"山"是母亲般的依靠和温暖的角色，那么"山"在阿库乌雾那里则不是具体的，是具有神圣性的。因此，诗人的书写致力于通过重新书写"山"而发掘"山"。因为诗人认为神山"图尔博里"是一座被埋没的山。因此诗人说，"离日月最近的山峦/怎能悄然掩灭于岁月无情的沟壑"②。诗人决心为图尔博里在彝族人自我精神品格的塑造过程中起到的伟大功绩辩护，他写道，"彝族人从此/获得了自己驱赶的象征/探幽乾坤/彝族人因而找到了自己灵魂的符号/图尔博里/你就这样走出狭窄的刚毅/逃离世人低吟浅唱的褒贬"③。而在俣伍拉且那里，"山"是和万物关联的一个媒介，他在《大凉山的十二座山》中书写了"山"这一意象的多种可能性。这十二座山分别是《安放灵魂的山》《居住日月的山》《怀想祖先的山》《遥望家园的山》《吟唱史诗的山》《驱鬼辟邪的山》《神灵裁判的山》《云雾生根的山》《冰雪沉睡的山》《传播火种的山》《歌唱爱情的山》《生长神话的山》。在俣伍拉且那里，"山"和一切彝族重要的文化意象有关，无所不包。譬如他在《主题：大山大水》中写道：

> 高高的山
>
> 我们攀不上的高高的山
>
> 手挽着手
>
> 肩并着肩
>
> 绵延千里
>
> 比我们的想象
>
> 更加辽阔的群山
>
> 更应该叫山④

---

① 巴莫曲布嫫.图案的原始 [M].成都：四川民族出版社，1992：34.
② 阿库乌雾.走出巫界 [M].成都：成都出版社，1995：10.
③ 阿库乌雾.走出巫界 [M].成都：成都出版社，1995：10.
④ 俣伍拉且.大山大水及其变奏 [M].成都：四川民族出版社，2014：15.

如果说凉山彝族诗人群对"山"的书写，呈现了不同的样态，那么凉山彝族诗人群对"土地"的书写，也呈现了不同的样态。吉狄马加对"土地"的书写，更加能体现出他对"原型"意义上的诗学旨趣的追求。譬如批评家张清华在评论吉狄马加诗歌时认为，从原型的意义上说吉狄马加是一位不可忽视的诗人。"因为他从20世纪80年代初期开始，就将写作锁定在其故乡的土地上，锁定在祖国和世界辽阔这块更广大的土地上，他把对于生活、生命、生存的歌唱，建立在了深厚的土地之上，并且由此获得了自己广阔的抒情对象和意义空间。"① 这种广阔的抒情对象的获得和不断扩展，在吉狄马加早期诗歌《古老的土地》中就已初见端倪。在第一节诗歌中，他写道：

> 我站在凉山群峰护卫的山野上
> 脚下是一片神奇的土地
> 这是一片埋下了祖先头颅的土地②

如果这节诗歌还在书写诗人自己的故乡的土地的话，那么在第二节诗歌中，诗人把"土地"这一意象上升到了一个原型意义上的地位，"古老的土地，比历史更悠久的土地/世上不知有多少这样古老的土地"③。诗歌第三节和第四节则把第三节有关"土地"这一原型具体还原为了非洲大陆和北美大陆这些古老的大陆，并与那里的黑人种群和印第安人种群联系在一起。诗歌最后通过对土地原型的重复，回到诗人所生活的土地上。这首诗歌的架构，构成了诗人后来具有国际主义诗歌写作实践道路的要素。譬如诗人写的《山羊》《吉卜赛人》《回望二十世纪——献给纳尔逊·曼德拉》《裂开的星球》等重要诗歌，都可以放入诗人写作《古老的土地》这一大的结构中考虑。

如果吉狄马加的诗歌中关于"土地"这一意象具有原型特征或还原特征，并与吉狄马加的国际主义有关联的话，那么依乌最近出版的《我的》则更具有一种真正的本土性特征。另一位诗人吉木狼格说，由于依乌对"这些在城市积累起

---

① 　张清华．像一场最好虚构的雪　关于当代诗歌的细读笔记 [M]．北京：北京大学出版社，2017：158．

② 　吉狄马加．初恋的歌 [M]．成都：四川民族出版社，1985：89．

③ 　吉狄马加．初恋的歌 [M]．成都：四川民族出版社，1985：89．

来的诗句不满足。作为一名大学老师，工作之余，他抓紧一切时间外出，像一只贪婪的蜜蜂朝彝族地区飞去，在他看见的诗歌的花朵上采蜜"①。依乌在书的腰封上印了他去彝族地区走访时的那些地名，西昌、昭觉、布托、金阳、美姑、雷波、马边、俄边、甘洛、石棉……不一而足。因此，依乌所书写"土地"和吉狄马加书写的原型意义上的"土地"是有差异的。这也许与他们的写作实践的差异有关。

总而言之，关于大山、大水的书写是许多凉山彝族诗人群汉语诗歌不可避免的主题，下面我们将继续梳理和考察他们关于江河水系风貌的书写。

（二）凉山彝族诗人群汉语诗歌对江河水系的风貌书写

江河水系，对于凉山彝族文学创作者而言，对地域标记有着重要意义。不管是彝族当代文学的奠基者李乔写作的《欢笑的金沙江》三部曲，还是吴琪拉达写作的《金沙江畔发生了什么》，还是诗人阿库乌雾主持的"金沙江"彝族文学笔会定在攀枝花、盐边、金阳等地举行，都证明彝族当代作家充分意识到了江河水系对彝族文学的重要意义。凉山彝族自治州属于高原地区，地形地貌被大山大水切割成复杂的地理单元，全州西北和西南的海拔落差极大，水能资源丰富。"长江上游主流金沙江（古书《禹贡》称黑水，《山海经》称绳水，《三国志》称泸水）自青藏高原、云南流经凉山，汇集最大支流雅砻江以及周内黑水河、西溪河、美姑河、昭觉河若干支流，浩浩荡荡，滔滔不绝，最终奔至川南宜宾'三江口'与另一上游主流岷江汇成长江（又称川江）。"② 可以说，金沙江就是凉山彝族人的母亲河。凉山还有螺髻山五彩湖、西昌邛海、雷波马湖等高山湖泊和海子。在早期有关彝族的诗歌中，如梁上泉和吴琪拉达的诗作，都将江河水系结合当时社会政治风气进行书写。

吴琪拉达在他的文集中写过《我与金沙江》《沿着金沙江》《枕着金沙江》，分别在《凉山日报》1998年底到1999年初刊出。他在《我与金沙江》中详细描述了1959年3月他从州府昭觉到布拖县交际河区，被护送观看金沙江的过程，以及他最后写就有关金沙江组诗的过程。他写道："而现在民主改革已有两

① 吉木狼格.他更像一只蜂蜜·序//依乌.我的[M].南京：江苏凤凰文艺出版社，2019.
② 张叹凤.早期凉山彝族题材诗歌地标与风物特色书写[J].阿来研究，2016（02）：194—202.

年了，昔日的奴隶们成了大小凉山的主人，再也不受奴隶主欺压了。可要发展经济，要在奴隶社会的废墟上重建家园，这流经大小凉山的约千里长的江面上，需要架上一座又一座彩虹似的桥梁，需要将她引上山头，灌溉江畔上的土地，任群山更绿，任青草更青，任梯田梯地五谷丰登，任电灯照亮千万山寨，任那凄凉的过去在彝族人民心上变成历史，我多么希望我们各族人民携起手，在这一社会主义大道上阔步前行啊！激动之余，我掏出日记本，一口气地写成了组诗《金沙江畔发生了什么事情》。"① 这段散文对这首诗诞生的背景做了很好的说明，这是在凉山民主改革后的特殊时期。吴琪拉达还在《枕着金沙江》中写道："1979年金秋十月，我又去了雷波县金沙江边。算起来，在这之前，我已多次去过，写作并发表了《金沙江》《马湖秀色》等诗文，说起来，也算收获不小。"② 这说明吴琪拉达去过布拖、金阳和雷波等金沙江流经的部分地区。文中也有交代，1979年这次是在粉碎"四人帮"后不久，为了解金沙江畔包产到户落实情况。因此，早期在凉山的彝族诗歌对江河的描写都与重大的政治历史背景有关联。又如梁上泉的诗歌《月亮里声音》等作品对凉山金沙江风貌进行了和当时的社会境况相宜的书写。

在后来的凉山彝族诗人群的汉语诗歌中，继承了书写大江大河的遗产，并且根据不同诗人的审美追求和诗歌写作探索，呈现出了不同的写作样态。譬如吉狄马加《河流》就是在赞美和书写金沙江。这首诗歌的第一行，诗人就使用彝语"阿合诺依"标记了彝族人对金沙江的命名，"阿合诺依——你这深沉而黑色的河流/我们民族古老的语言/曾这样为你命名！"③ 在第二节诗歌中诗人认为，因为阿合诺依穿上故乡永恒土地的颜色而把它和这个世界上的其他河流区分开来。第三节，诗人追溯了金沙江古老的历史。第四节，诗人书写金沙江与祖先之间的关系，尤其是这条母亲河对祖先的馈赠和养育。第五节，诗歌继续以赞美诗口吻对这条河流进行歌颂和赞美。诗歌最后一节，作者写道：

① 吴琪拉达 . 吴琪拉达文集 [M]. 西昌：凉山日报印刷厂印制 , 2005：135—136.
② 吴琪拉达 . 吴琪拉达文集 [M]. 西昌：凉山日报印刷厂印制 , 2005：135—136
③ 吉狄马加 . 火焰上的辩词：吉狄马加诗文集 [M]. 桂林：广西师范大学出版社，2021：207.

> 阿合诺依——我还知道
>
> 只要有彝族人生活的地方
>
> 就不会有人，不知晓
>
> 你父亲般的名字
>
> 我们的诗歌，赞颂过
>
> 无数的河流
>
> 然而，对你的赞颂
>
> 却比他们更多[①]

　　诗人用的是复数的"我们"，表明这种赞颂不是个人，而是诗人代言这个族群，对它进行赞美。诗人最后宣称阿合诺依是彝族人赞美过最多的河流，没有哪一条河流可比。这标识金沙江是彝族人的母亲河。当然，吉狄马加在建立超区域的主体性的时候，也写了长诗《大河——献给黄河》来赞颂黄河。

　　另外，诗人霁虹从小就生活在金沙江边，可以说他对河流的感受和书写在凉山彝族诗人群的汉语诗歌实践中也是比较多的一位。譬如在诗集《大地的影子》中就有《金沙江》《我们的河流》。霁虹在《我们的河流》中也是寓言式的写作，河流和诗人以及与诗人的族群紧密相连，和那些快乐的时刻和悲伤的时刻都连接在一起。我们的河流"就是我们高兴时的长呼/就是我们在悲哀时的眼泪"[②]。俾伍拉且的《金沙江日夜不停地歌唱》继承了如梁上泉、吴琪拉达等书写金沙江的传统。譬如借金沙江来抒发"彝海结盟"的事件、在金沙江上建立水电站等"西部大开发"等大事件的政治抒情。但这首诗还有历史纵深度，诗人还借由金沙江对历史进行抒情，譬如"诸葛孔明饮马金沙江南征大凉山""石达开兵败大渡河"等。另外，这首诗还借由金沙江对大凉山进行深情祝福："大凉山的茂密的森林更加茂密/茂盛的牧草更加茂盛/庄稼丰收/牛羊肥壮。"[③]在这首诗歌开始时，诗人也毫无保留地赞美了金沙江水的豪迈和永恒。

---

① 吉狄马加. 火焰上的辩词：吉狄马加诗文集 [M]. 桂林：广西师范大学出版社，2021：209.

② 霁虹. 大地的影子 [M]. 北京：中国戏剧出版社，2002：27.

③ 俾伍拉且. 大山大水及其变奏 [M]. 成都：四川民族出版社，2014：56.

总之，当代凉山彝族诗人群对江河水系的风貌书写，代代相传，但在每个诗人那里又有所不同。

（三）凉山彝族诗人群汉语诗歌对风物特色的描绘

批评家李骞认为："民俗是对一个族群真实生活的概观，其最基本的元素则是这一群体在衣食上的形式和特色。这些日常生活的基本形态，不仅构成了一个群体最真实的记忆，也最终决定了它整体性的精神气质。在大凉山彝族诗歌中，充满了太多对日常生活细节的诗意化描写。从这些文字之中，我们不仅看到了凉山彝族人最真实的生活场景，甚至看到了一个极为清晰的彝族人形象。"[①] 凉山彝族诗人群，在诗坛受到关注非常重要的一个因素是他们的诗歌不仅仅呈现他们自己的喜怒哀乐。他们试图通过对那些在生活中对他们有特殊意义的风物的书写来表达人的某种整体性和归属，他们的诗歌也因此充满某种感伤和温暖的氛围。对凉山彝族风物的书写也体现在早期有关凉山彝族题材的汉语诗歌当中。批评家指出："大凡凉山的地理风貌，包括物种（生物与植物）科目、稼穑耕种、衣食住行、风俗习惯、婚丧嫁娶、传统文化方方面面，都有掇拾与提及。这也构成彝族题材诗歌的醒目特色。这在后期包括当代的彝族诗人的书写中反映似更加充分，而当年的诗歌则与政治文化生活（翻身解放）结合更紧密。"[②] 吴琪拉达、梁上泉、高缨等都写了荞麦、索玛、查尔瓦、披毡、头帕、百褶裙、鹞鹰、布谷鸟、月琴、锅庄舞、火把、毕摩等物与人。吴琪拉达还在他的散文中写火把节，写出了《斗牛》《彝族火葬的来历》《火把节到来的时候》《青蛙娶媳妇》《在中国彝族十月太阳历文化园》《浅论凉山彝族家支的走向问题》等具有民俗价值的散文。

当代凉山彝族诗人群中的汉语写作者，也继承了这种传统，甚至这种对彝族民俗的汉语诗歌书写，可以追溯到南诏时期彝族第一位汉语诗人写的《星回节》那里。在吉狄马加的诗歌中我们可以发现，既有骠信写过的"星回节"主题，又有吴琪拉达写过的火把节"斗牛"主题，还有其他的彝族民俗与文化主题。虽说意象和主题一样，但是文学风气个人借由这些主题和意象抒发的感觉却有差异。

---

① 李骞.论当代大凉山彝族诗人群的民俗记忆 [J].文艺争鸣,2016（12）：164—169.
② 张叹凤.早期凉山彝族题材诗歌地标与风物特色书写 [J].阿来研究,2016（02）：194—202.

在《老去的斗牛——大凉山斗牛的故事之一》《死去的斗牛——大凉山斗牛故事之二》，通过对昔日火把节上一头衰老的斗牛和死去的斗牛的抒写，表达了诗人从斗牛身上抽绎出的不屈的民族之精神，"在高高的上岗上/它的锐角挑着一轮太阳/红得就像献血一样"①。他在诗歌中这样描绘死去的斗牛：

当太阳升起的时候

在多雾的早晨

人们发现那条斗牛死了

在昔日的斗牛场

它的角深深地扎进泥土

全身就像被刀砍过的一样

只是它的那双还睁着的眼睛

流露出一种高傲而满足的微笑②

这是对斗牛精神的赞颂，是对民族精神的高扬。吉狄马加也在诗集《初恋的歌》中刻画过许多猎人生活的场景，有《森林，猎人的蜜蜡珠》《英雄结和猎人》《獐哨》等作品。美国汉学家马克·本德尔认为吉狄马加的诗歌"作为诗人的自我反观超越了民族形象的反观，这是一种通过使用传统和自然的意象而实现的反观行为"③。这种反观也体现在吉狄马加《失落的火镰》等诗篇中，诗人这样写道："我的火镰失落了/疏忽在/一个秋日里的黄昏后。"④只是，这里吉狄马加借由"火镰"这个意象来反观民族文化在现代化冲击下消逝的焦虑。但更多时候，吉狄马加使用传统来对这个世界的万物进行赞颂，譬如在《星回节的祝愿》中写道：

我祝愿蜜蜂

我祝愿金竹

---

① 吉狄马加. 初恋的歌 [M]. 成都：四川民族出版社，1985：121.
② 吉狄马加. 初恋的歌 [M]. 成都：四川民族出版社，1985：123.
③ 马克·本德尔，王静，李生柱. 垂死的猎手，有毒的植物，失声的奴隶：当代诺苏彝族诗歌中的自然与传统 [J]. 节日研究，2018（01）：193—223.
④ 吉狄马加. 初恋的歌 [M]. 成都：四川民族出版社，1985：82.

我祝愿活着的人们

…………

我祝愿太阳永远不灭

火塘更加温暖

我祝愿森林中的獐子

我祝愿江河里的游鱼

神灵啊，我祝愿

因为你不会不知道

你是彝族人最真实的情感①

在这里吉狄马加是一个祈祷者，一个大地上的祭司。吉狄马加在第一部诗集中写出了有关彝族葬礼的著名诗篇《黑色的河流》，写过史诗传统《史诗和人》，写过彝族乐器和舞蹈《做口弦的老人》《朵洛荷舞》。这些作品涉及彝族民俗和文化传统的方方面面。阿库乌雾《首饰》《虎子》《岩羊》《乌鸦》《换童裙》等诗篇则在20世纪90年代中期，更深刻地回应了迅速变化下的彝族社会中凉山彝族诗人群中代表性诗人的反应，正如马克·本德尔论凉山诗派的诗人们通过使用"包括口头文学、仪式、民族服饰，以及关于社会等级和性别关系的传统观念。许多自然意象与当地关于动植物的民间知识紧密相连，回应中国急速增长给当地彝族传统与环境带来的深刻变迁"②，从而舒缓他们内心的担忧和焦虑。

第三节　凉山彝族诗人群对他者的书写

当代凉山彝族诗人群对他者的关注和书写现象，如果以诗集的出版作为标志的话，那么吉狄马加在1991年出版的《罗马的太阳》③就是一个标志。他在之后

---

① 吉狄马加.一个彝人的梦想 [M].北京：民族出版社，1989：4—5.
② 马克·本德尔，王静，李生柱.垂死的猎手，有毒的植物，失声的奴隶：当代诺苏彝族诗歌中的自然与传统 [J].节日研究，2018（01）：193—223.
③ 吉狄马加.罗马的太阳 [M].成都：四川民族出版社，1991.

的诗歌写作中，尤其是在与世界各国的诗人交往和交流的过程当中，不断将他自己的目光移到世界其他地方。说它构成一个现象，是因为在其后，凉山彝族诗人群中的另外一个重要诗人阿库乌雾2008年出版了他的第一部旅美诗集，《密西西比河的倾诉》①。此后，他不断受邀在美国高校讲学，并在此期间对北美原住民社区进行了考察，和印第安作家进行了对话。此行中他写就了另一部旅美诗集，《凯欧蒂神迹：阿库乌雾旅美诗选》②。这部诗集以中美翻译家联合翻译、中美出版社联合出版的形式出版。凉山诗人群的重要一员，霁虹也在一次出访东欧波罗的海三国的过程中，写就了他的东欧行旅诗集。他在2012年出版了他的诗集《波罗的海的太阳》③。还有其他一些凉山诗人群诗人虽然没有出版，但他们关于海外的诗歌写作也值得重视，譬如非非派诗人吉木狼格也在2016年发表了他旅美期间的诗歌《在美国》④《希拉里和川普，不管谁获胜美国还是美国》⑤ 等。相较当代凉山诗人群对异域关注的诗歌写作成果而言，纵使如姚新勇这样的批评家已关注到这个问题，并做了写作思想来源意义上的追溯性阐释，但至今尚未对这种写作现象做更深入和细致的阐释，也没有更多的关注和研究。因此，本节分别通过以下几位诗人对异域他者的书写实践作为对象，试图揭示他们具体的诗歌写作特征。

一、吉狄马加的诗歌与国际主义

在许多批评家看来，与中国各民族的其他诗人们相比，吉狄马加的诗歌写作中独特的一面，是面向世界。著名诗人西川在《作为"少数"的少数民族诗歌写作——以吉狄马加为例》一文中讨论吉狄马加献给曼德拉的诗《回望二十

---

① 阿库乌雾. 密西西比河的倾诉 [M]. 北京：作家出版社, 2008.
② 阿库乌雾. 凯欧蒂神迹：阿库乌雾旅美诗歌选 [M]. 文培红，马克·本德尔译. 北京：民族出版社: 2015.
③ 霁虹. 波罗的海的太阳 [M]. 南京：凤凰出版社, 2012.
④ 吉木狼格. 在美国 [EB/OL]. https：//mp. weixin. qq. com/s/Odw4qzx61iTXoKIKcSS9Lw, 2022-05-16.
⑤ 吉木狼格. 希拉里和川普：不管谁获胜美国还是美国 [EB/OL]. https：//mp. weixin. qq. com/s/KSpuykOJ55FVaeBkk——9BIg, 2022-05-16.

世纪——献给纳尔逊·曼德拉》，①认为这首诗"集中展现了他的世界政治、文化、历史视野，这在整个中国当代诗歌界都是罕见的。由于拥有这样的视野，他在处理'中国'（《记住这个时刻》）和'昆仑山'（一首诗的两种方式）这样的主题时，自然而然地将他们放置在了世界背景之中。相较于其他中国诗人——无论他们来自哪个民族——这是吉狄马加诗歌极为独特之处。关于这个问题我们可以作一篇大文章"②。可以说，诗人西川，对这首诗的分析中道出了吉狄马加诗歌的国际性。吉狄马加诗歌面向世界的一面，早在他出版第一部诗集《初恋的歌》时，就已经显示出其端倪。并且，他在诗歌中表现出的这种人类情怀和世界主题，在他不断出访和对写作持续的探索中延伸和发展。

在《初恋的歌》中，诗歌《古老的土地》书写到世界别的种族和族群处境。吉狄马加在书写土地的时候，书写了除彝族之外，还写到印第安人、黑人和哥萨克人。他首先写到南美洲的印第安人，他说：

> 我仿佛看见成群的印第安人
> 在南美的草原上追逐鹿群
> 他们的孩子在土地上安然睡去
> 独有那些棕榈在和少女们私语③

在诗集《初恋的歌》中，吉狄马加还有一首诗《致印第安人》：

> 今夜，原野很静
> 风在山岗上睡去
> 只有人的血液里
> 哼着一支古老的歌曲
> 这时我想起印第安人
> 想起了我亲爱的兄弟

① 吉狄马加.吉狄马加的诗 [M]. 北京：人民文学出版社,2018：101—104.
② 西川.作为"少数"的少数民族诗歌写作：以吉狄马加为例 // 特·赛音巴雅尔编.吉狄马加研究专辑（中卷）[M]. 北京：作家出版社,2012:927.
③ 吉狄马加.初恋的歌 [M].成都：四川民族出版社,1985：89.

就在这寂静充满世界的时候

我听见自己的灵魂里

说出了缠绵的话语①

批评家杨远宏曾指出："《致印第安人》是浸透了人类之爱的深广的人类灵魂与人类精神的动人图景，它塑造、提升了人类以及人类文化，只有这一切才能在瞬息即逝的纸张符号与世俗生活的背后永存而坚不可摧的。我们的诗人与艺术家除了奉献创造的文本而外，也只可能因此而不朽。"②从吉狄马加开始出版第一部诗集时就可以看出，他对异域的他者的关注和书写，这种关注和书写除了因为少数者类似的生命处境之外，还保有对人类苦难的普遍关注，和对人类本身的爱。吉狄马加的这种诗歌写作态度以及对他者的同情和爱，因为充满人类性而被包括孙静轩、杨远宏等在内的批评家们的认可。

后来，吉狄马加真正见到印第安人，还和来自北美的印第安诗人西蒙·欧迪斯在青海湖国际诗歌节有过深入的对话。西蒙在对话中也和吉狄马加刚踏入诗坛的时候写的诗歌中观点相似。西蒙说："来到青海，意识到这次会议对藏族及其他土著民族的重要性。我觉得我们之间确实有许多共同点。"③吉狄马加在第一部诗集中关注到印第安人之后，也一直持续关注并且有书写印第安人的作品问世，譬如《玫瑰祖母》《印第安人的古柯》《羊驼》《印第安人——致西蒙·欧迪斯》等作品。吉狄马加在写给西蒙·欧迪斯的诗歌中劝欧迪斯不要再申明自己不是印第安人，诗人给出的理由是土地强大的记忆力足以恢复被强行篡改的历史，并且诗人进一步追问并给出善意的提醒："谁是这个世界的中心？/都不要相信他们给出的结论。"④难怪西蒙·欧迪斯诗歌的中文译者余石屹曾这样来描述吉狄马加和西蒙·欧迪斯的观察，他说："可能最能引起他共鸣的是在青海遇到一位有着同样背景、同样为土地倾情歌唱的中国少数民族诗人吉狄马加……他们好像一见如故，发现相互之间竟有那么多的相同之处……他们无限地赞美和眷

① 吉狄马加. 初恋的歌 [M]. 成都：四川民族出版社, 1985：157.

② 杨远宏. 吉狄马加诗歌创作论 [J]. 当代文坛, 1993（02）：44—46.

③ 西蒙·欧迪斯. 吉狄马加与西蒙·欧迪斯对话 // 吉狄马加. 与群山一起聆听吉狄马加诗歌对话集 [M]. 南京：江苏凤凰文艺出版社, 2018：96.

④ 吉狄马加. 火焰上的辩词：吉狄马加诗文集 [M]. 桂林：广西师范大学出版社, 2021：420.

恋自己的民族与文化，关怀少数民族在当代世界的命运，关心土地的命运。"[①]
在这首诗歌中吉狄马加正是通过赞颂土地伟大的修复力量来矫正殖民者对印第安
人实施暴行的历史。

在《羊驼》一诗中，吉狄马加写道，"羊驼自己倒地而死/常常是为了捍卫
生命的尊严"[②]。事实上，羊驼作为南美洲最重要的动物之一，它和美洲大陆的
命运息息相关，它也和美洲印第安人的命运联结在一起。因此，当诗人在书写羊
驼用生命的死亡来捍卫尊严的时候，就是在写印第安和整个美洲大陆用大量的羊
驼般的视死如归的精神来捍卫比他们的生命更高的尊严。诗人通过书写羊驼的生
命反抗，来书写南美印第安人充满抗争和决绝的历史。

在《玫瑰祖母》中吉狄马加写道：

> 从今以后我们再也找不到一位
> 名字叫卡尔斯卡尔的印第安人
> 再也找不到你的族群
> 通往生命之乡的那条小路[③]

这首诗歌写的是卡尔斯卡尔印第安族群中最后一位族群成员，她因为活到
九十八岁而获得"玫瑰祖母"称呼，她来自秘鲁巴塔哥尼亚地区。吉狄马加在
诗歌中痛心地写到"玫瑰祖母"之死，是全人类的灾难。《玫瑰祖母》表达着
诗人在面对一个族群在地球上的消逝而忧心忡忡。他在诗歌中提醒人们关注，
伴随着人类进程的那些令人悲伤的词语，诸如杀戮、迫害、流亡和苦难。在
《印第安人的古柯》中，吉狄马加写道：

> 虽然你已经一无所有
> 剩下的
> 就是口中的古柯

---

① 西蒙·欧迪斯. 为雨而行 [M]. 余石屹, 译. 北京：清华大学出版社, 2013：11—12.
② 吉狄马加. 火焰上的辩词：吉狄马加诗文集 [M]. 桂林：广西师范大学出版社，
2021：134.
③ 吉狄马加. 火焰上的辩词：吉狄马加诗文集 [M]. 桂林：广西师范大学出版社，
2021：126.

以及黑暗中的——希望①

到底是古柯这种安第斯山区神圣的植物选择了印第安人，还是印第安人因为被剥夺了一切，只能选择古柯？这始终是个谜，但可以肯定的是，印第安人已被剥夺了一切，他们只有仰赖这种天赐的神圣植物，短暂地忘却这个世界强加给他们的全部不公正。唯有如此，他们才有可能在黑暗中看到祖先的幻影。也只有如此，他们才有机会在黑暗中寻找到一丝存在下去的希望。

写作伊始，吉狄马加的目光也投向黑人和古老的非洲大陆。吉狄马加在《古老的土地》上第一次对非洲大陆、黑人、塞内加尔进行了书写。他写道：

> 我仿佛看见黑人
>
> 那些黑色的兄弟
>
> 正踩着非洲沉沉的身躯
>
> 他们的脚踏响了土地
>
> 那是和他们的皮肤一样黝黑的土地
>
> 眼里流出一个鲜红的黎明
>
> 我仿佛看见埃塞俄比亚
>
> 土地在闪着远古黄金的光
>
> 正有一千架巴拉丰琴
>
> 开始赞颂黑色的祭品②

吉狄马加在这首诗歌中，把非洲大陆的人们亲切地称为"黑色的兄弟"，对整个非洲大陆，进行了赞颂。2014年，吉狄马加在为"南非姆基瓦人道主义大奖"仪式上的书面致答词《一个中国诗人的非洲情结》③中，表达了他在文学创作开始之初就与黑人文学和非洲大陆的历史文化背景有着近乎宿命般的联系。他

---

① 吉狄马加.火焰上的辩词：吉狄马加诗文集[M].桂林：广西师范大学出版社，2021：136.
② 吉狄马加.初恋的歌[M].成都：四川民族出版社，1985：90.
③ 吉狄马加.一个中国诗人的非洲情节：在2014"南非姆基瓦人道主义大奖"颁奖仪式上的书面致答词//吉狄马加，黄少政译.敬畏群山 吉狄马加文学文化演讲[M].合肥：安徽文艺出版社，2018：76.

也在不同的场合和文章中表达过《黑人大学生》杂志的诞生以及在同一时间提出的"黑人性"，从总体性的角度对世界弱势族群在文化和精神维度的觉醒有着重要意义。诗人、批评家孙静轩在1985年评论《古老的土地》时，就充分肯定了这首诗歌的高度。他评论道："只有人类的儿子，只有眼睛望着世界的人，只有长着一双幻想的翅膀的现代诗人，才能写出这样的诗句。一个总是用古老的目光盯着自己民族的过去的歌手，是不可能具有这样开阔的视野，具有这样博大的胸怀的。"① 关于非洲大陆和黑人种群，吉狄马加曾这样概括他自己有关非洲主题的写作历程。"我想并非偶然，我还在二十多岁的时候，就在诗歌《古老的土地》里，深情地赞颂过非洲古老的文明和在这片广袤的土地上生活着的勤劳善良的人民。当20世纪就要结束的最后一个月，我写下了献给纳尔逊·曼德拉的长诗《回望二十世纪》。同样，当改变了20世纪历史进程的世界性伟人，纳尔逊·曼德拉离开我们的时候，我又写下了长诗《我们的父亲》来纪念这位人类的骄子，因为他是我们在精神上永远不会死去的父亲。"②

在《回望二十世纪——献给纳尔逊·曼德拉》中，吉狄马加以一种审视的口吻写道：

> 此时，我没有眼泪
> 欢乐和痛苦都变得陌生
> 我好像站在另一个空间
> 在审视人类一段奇特的历史③

托马斯·温茨洛瓦曾认为吉狄马加是一位具有综合性的诗人，在他的诗歌文本中凝聚了多种传统。这种综合的传统在《回望二十世界——献给纳尔逊·曼德拉》中也有所体现。温茨洛瓦指出："这是一位20世纪的诗人，他在那首献给纳

---

① 孙静轩. 从大凉山走向世界：同彝族青年诗人吉狄马加漫谈 [J]. 当代文坛，1985（12）：30—32.
② 吉狄马加. 一个中国诗人的非洲情节：在2014"南非姆基瓦人道主义大奖"颁奖仪式上的书面致答词//吉狄马加. 敬畏群山：吉狄马加文学文化演讲 [M]. 合肥：安徽文艺出版社，2018：78—80.
③ 吉狄马加. 火焰上的辩词：吉狄马加诗文集 [M]. 桂林：广西师范大学出版社，2021：104.

尔逊·曼德拉的诗中为20世纪做了总结，他也是一位新的21世纪的诗人。但在这一方面，他却似乎是超越时代或高于时代的。"① 温茨洛瓦所谓的综合性是指，吉狄马加在他的诗歌中复活了古老语言的原始比喻，对前辈诗人们的铭记，对大自然的热爱和对暴力的反抗。这种综合性中对前辈的铭记也体现在他的《我们的父亲——献给纳尔逊·曼德拉》和《那是我们的父辈——献给诗人艾梅·塞泽尔》等诗歌当中。他在献给曼德拉的诗歌中写道："我仰着头——想念他。" ② 美国当代杰出诗人，杰克·赫希曼也认为："他与非洲充满热情的联系是如此深厚，他甚至将献给纳尔逊·曼德拉的优秀赞美诗命名为《我们的父亲》。"③ 吉狄马加献给诗人艾梅·塞泽尔诗歌当中写道，"艾梅·塞泽尔，你没有死去，你的背影仍然在返乡的道路上前行/你不会孤独。与你同行的是这个世界上成千上万的返乡人和那些永远渴望故土的灵魂！"④

正如杰克·赫西曼所言，曼德拉等人不是吉狄马加唯一褒奖的人物，费德里科·加西亚·洛尔迦、马雅可夫斯基、尤若夫·阿蒂拉、安德烈·古斯基、但丁、翁贝尔托·萨巴、萨尔瓦多·夸西莫多等人都是吉狄马加褒奖的人物。吉狄马加还写到欧洲大陆上的哥萨克人，他说：

> 我仿佛看见顿河在静静流
>
> 流过那片不用耕耘的土地
>
> 哥萨克人在黄昏举行婚礼
>
> 到处是这样古老的土地
>
> 婴儿在这土地上降生
>
> 老人在这土地上死去⑤

---

① 托马斯·温茨洛瓦. 民族诗人和世界公民：在"全球视野下的诗人吉狄马加学术研讨会"上的发言//阿多尼斯，等. 吉狄马加的诗歌与世界 [M]. 成都：四川人民出版社，2017：34.

② 吉狄马加. 火焰上的辩词：吉狄马加诗文集 [M]. 桂林：广西师范大学出版社，2021：193.

③ 杰克·赫希曼. 吉狄马加本质上是一位国际主义者：序三//吉狄马加. 火焰上的辩词：吉狄马加诗文集 [M]. 桂林：广西师范大学出版社，2021：13.

④ 吉狄马加. 火焰上的辩词：吉狄马加诗文集 [M]. 桂林：广西师范大学出版社，2021：166.

⑤ 吉狄马加. 初恋的歌 [M]. 成都：四川民族出版社，1985：90.

20世纪90年代以来，吉狄马加由于工作的原因，有机会访问许多国家和地区，其视野比起上一部诗集出版时，更加开阔。吉狄马加在第一部诗集中刚刚酝酿出来的人类情怀和世界主题也不断得到加强。他把出访意大利罗马时写就的诗集直接命名为《罗马的太阳》①。在这部诗集中，更密集地对他者进行书写，譬如《山羊——献给翁贝尔托·萨巴》《陌生人》《致萨尔瓦多·夸西莫多的敌人》《乞丐》《吉卜赛人》《访但丁》《河流的儿子——献给朱泽培·翁加雷蒂》《头发——献给弗朗西斯科·林蒂尼》等作品。批评家张清华认为这些诗篇："超越了国家、种族、阶级等一切遮障和藩篱，热诚地歌颂着那些为人类的自由与文明献出了力量、生命和诗篇的人，同时也表达着人类共有的希望和理想、欢乐与哀伤。"②譬如在献给翁贝尔托·萨巴的诗当中，吉狄马加写道，"先生，我要寻找一只山羊/他曾在意大利的土地上流浪/它的灵魂里有看不见的创伤"③。有学者认为，这些诗句有着"神来之笔"的意味，他表达着吉狄马加对萨巴一生中所遭遇的苦难的同情。他也理解着萨巴的孤独、绝望、漂泊和灵魂深处那些看不见的创伤。这些诗句浸透了诗人对他者的爱和理解。关于萨巴，他"一生经历艰辛，其母是犹太人，出生前就与母亲一同被其父抛弃。一战时曾从军，二战时受法西斯迫害，辗转流徙，受到诗人翁加雷蒂和蒙塔莱的友谊的保护"④。在《致夸西莫多的敌人》，表达着诗人对暴力的批判态度，对诗人夸西莫多追求自由、反抗暴力的行为的歌颂。诗人的批判不仅仅是在政治意义上，也是对人类普遍意义的价值追求，但它同时也是具体的、质朴的，充满个性。他写道：

　　　　你们仇恨这个人

　　　　不用我猜想，你们也会说出

　　　　一长串的理由

　　　　然而在法西斯横行的岁月

---

① 吉狄马加.罗马的太阳[M].成都：四川民族出版社，1991.
② 张清华.黑火焰在土地上燃烧：关于吉狄马加的诗歌[A].//张清华.一场最高虚构的雪：关于当代诗歌的细读笔记[M].北京：北京大学出版社，2017：162.
③ 吉狄马加.罗马的太阳[M].成都：四川民族出版社，1991：6.
④ 翁贝尔托·萨巴.翁贝尔托·萨巴诗选（20首）[J].王东东，译.诗歌月刊，2015（5）：46—50.

你们却无动于衷①

《陌生人》这首诗，书写诗人在意大利纳沃纳广场上的一次遭遇。这次遭遇使得诗人追问并重申，一个人无论来自哪里，并不重要。重要的是，这个世界上的痛苦是一样的。诗人通过对痛苦的确认，张扬了这个世界普遍意义的善。他写道：

> 你是谁？要到哪里去
> 这对于我来说并不重要
> 我想到的只是
> 人在这个世界的痛苦
> 并没有什么两样②

吉狄马加在2018年"塔德乌什·米钦斯基表现主义凤凰奖"颁奖仪式的致答词中强调："不用怀疑，如果诗歌仅仅是一种对自我的发现，那诗歌就不可能真正承担起对'他人'和更广义对人类的关注。诚然，在这里我并没有否认诗歌发现自我的重要。"③

学者李怡等曾认为，吉狄马加整合各种文化信息，建构了一个超区域的主体性，李怡指出"区域文化的横向影响、传递和共同文化的感召力，使诗人吸纳了多种文化信息，其主体心理世界得到了丰富和充实，从受区域束囿，到无限洞开，建构起了一种超区域的主体性"④。

李怡等国内批评家提出所谓吉狄马加诗歌"超越区域的主体性建构"，在不同批评家那里，有细微的表述差异，譬如立陶宛著名学者、诗人托马斯·温茨洛瓦所说的"世界公民""世界多元文化的结晶"，或者俄国诗人叶夫图申科所谓

① 吉狄马加.罗马的太阳[M].成都：四川民族出版社,1991：12.
② 吉狄马加.罗马的太阳[M].成都：四川民族出版社,1991：7—8.
③ 吉狄马加.诗歌的责任并非仅仅是自我的发现//吉狄马加.敬畏群山 吉狄马加文学文化演讲[M].合肥：安徽文艺出版社,2018：10.
④ 李怡,段从学,肖伟胜.大西南文化与新时期诗歌[M].重庆：西南师范大学出版社,2002：237.

"拥抱一切的诗歌"。在叶夫图申科看来，吉狄马加的诗歌"是一幅由世界上许多优秀诗人的创作构成的镶嵌画……马加是由所有这些诗人构成的。他甚至是由那种注定能使人不朽的死亡构成。"①但笔者更倾向于美国诗人杰克·赫希曼的观点，他认为吉狄马加本质上是一个国际主义者，他认为吉狄马加"史诗般的风格将中国传统诗歌同西方诗歌相互衔接，激发了西方诗歌的国际主义维度"②。通过对吉狄马加上述诗歌的解读、分析，结合批评家们的看法，笔者始终认为吉狄马加是凉山诗人群中，一个具有国际主义精神的诗歌实践者。

二、阿库乌雾的旅美诗歌与文化反思

在凉山彝族诗人群当中，阿库乌雾是一位操持彝、汉双语写作的诗人，他也是一位彝汉双语文学批评家，一位跨文化写作实践者。阿库乌雾不止一次受邀访问美国。从2005第一次访美之后，阿库乌雾在2008年出版了他第一部个人旅美诗歌集《密西西比河的倾诉》③。在此之后的很长一段时间里，阿库乌雾每年都会到美国讲学、旅行、做巡回诗歌朗诵，同时举办和参与一些中美之间的文化交流活动。因此，阿库乌雾在《密西西比河的倾诉》基础上，以中美联合出版，中英文对照出版，中美翻译家合作翻译等方式出版了《凯欧蒂神迹：阿库乌雾旅美诗歌选》④。这两部诗集都受到批评家们的关注，已有不少研究成果发表。譬如谢君兰认为，阿库乌雾的思想踪迹"一直在由关注本民族文化精神到关注世界文化精神的不断攀升中发展，即将出版的旅美诗集《密西西比河的倾诉》，更是接续了这样的精神：诗人观察了古印第安人的生命史，并以图腾、神话等切入点，在一个少数民族对另一个少数民族的凝视中实现了跨文明的诗歌叙述，体现了对不

① 叶夫图申科．拥抱一切的诗歌：序一∥吉狄马加．火焰上的辩词：吉狄马加诗文集[M]．桂林：广西师范大学出版社，2021：4．
② 杰克·赫希曼．吉狄马加本质上是一位国际主义者：序三∥吉狄马加．火焰上的辩词：吉狄马加诗文集[M]．桂林：广西师范大学出版社，2021：14．
③ 阿库乌雾．密西西比河的倾诉[M]．北京：作家出版社，2008．
④ 阿库乌雾．凯欧蒂神迹：阿库乌雾旅美诗歌选[M]．文培红，马克·本德尔，译．北京：民族出版社，2015．

同民族共同的历史异化命运的关注以及贯注始终的文化忧患意识"①。陈晓军指出，"通过跨文明的对话，作者也魂兮归来，精神得以超越、上升。阿库乌雾倡导的这种'民族志诗歌'写作是一种人类写作实验，呈现了人类学家这一特殊群体在文化田野活动中身体与灵魂的纠葛与自省，推动着人类自我反思"②。接下来，笔者将用文本细读的方法来解读阿库乌雾的《密西西比河的倾诉》，打开阿库乌雾民族志诗歌的写作视野，深入探究阿库乌雾在他者和自我之间的互为镜像的观照过程中对自我和人类文明展开的反思。

根据阿库乌雾诗集《密西西比河的倾诉》后记所述，自2005年，他受邀第一次访问美国开始，他就踏上了跨文明写作的路途。事实上，阿库乌雾开始这次旅程不是因为别的，就是因为诗。而且还是因为他的彝文现代诗歌《虎迹》被美国学者、俄亥俄州立大学东亚系教授马克·本德尔先生翻译成英文，并在美国出版。马克·本德尔教授也因此申请到经费，邀请阿库乌雾于2005年4月至6月赴美访问讲学。在美访问讲学期间，阿库乌雾除了要完成基本的讲学任务和要求之外，在马克·本德尔先生的陪同下，先后在"五大湖"地区和密西西比河流域的几个州以及哥伦比亚河流域的一些印第安保留地进行了实地旅行和考察。他也在这次旅行的过程中被安排在当地大学讲演和朗诵他自己的诗歌。他还参观了当地重要的印第安人文化遗址，并与多位印第安诗人进行对话。因此，阿库乌雾有机会近距离接触、观察和思考印第安人的文明及其在当代文化中的处境。详细地介绍这些，是为了说明阿库乌雾第一部旅美诗集《密西西比河的倾诉》的写作背景。而这一背景又与阿库乌雾这部诗集的写作方法和写作策略有关。首先，当阿库乌雾面对异文化和异文明的时候，他始终保持一个文化人类学者的视野和眼光。其次由于旅行的紧凑和灵感的转瞬即逝，他以日记体的方式保持每日一记。作为批评家的阿库乌雾，对自己写作意图和写作目标非常清晰。他在后记中解释道："为了将这段毕生难得的经历中的所见所闻、所思所想记录下来，我以文学人类学的视角，以一日一记的方式写下了72篇（首）日记。"③

---

① 谢君兰. 精神的跨文明接续：初探阿库乌雾旅美诗集《密西西比河的倾诉》[J].科技信息：学术研究，2007（26）：132+134.

② 陈晓军. 魂兮归来：读《凯欧蒂神迹：阿库乌雾旅美诗歌选》[J]. 文化遗产研究，2015（02）：195—199.

③ 阿库乌雾. 密西西比河的倾诉 [M]. 北京：作家出版社，2008：132.

批评家徐其超也曾指出，"《密西西比河的倾诉》有两大看点：一是从文学人类学的角度来观察和记载古印第安人的生命文明史，视角有特色；二是写诗的方式采用'日记体'，风格有特色。"① 另外，在写作意图方面，诗人阿库乌雾申明说："通过对印第安古代文明的物质和非物质文化遗产及其历史性衰微现象的记录、体察、折光、拷问、反诘，进而再度返回自我，沉浸于本民族文化的古昔光芒，并自觉回应本民族文化正在面临的历史遭遇，严肃思考与之息息相关的我个人的精神生命和灵魂归宿。"② 从这段谈论创作意图的话语中可以看出，阿库乌雾其实是想通过观察、记录和思考印第安文明和当今社会文化处境，更深地返回到他所在的彝族文化当中，进行自我反思和自我超越的。因此，在这个过程中，在阿库乌雾那里，有一个写作的前提，远游和记录都是为了思考与解决自身的问题。正如马克·本德尔教授在题为《一位彝族诗人和两条河流》的序言中说："这些诗歌的大音伴随着力量和从他在俄亥俄、俄勒冈、明尼苏达的旅行中相逢的多样的人群内部溢出的。这些人包括非洲裔美国人、拉丁美洲裔、欧洲移民美国人、亚裔和美洲土著印第安人。所以他的诗歌的灵感来自他在俄亥俄借居的家门口的花朵，到太平洋上咆哮的海浪——在一些情形中，他的诗歌也注意到北美地区最古老的文化。"③ 接下来，我们具体来看阿库乌雾这部诗集中的诗歌。

首先是关于北美洲印第安人的一些诗歌。这些诗歌以文化人类学的视角，是某种民族志式的记录，但也有诗歌所具有的想象力。同时，这些诗歌也显示了阿库乌雾作为一个学者，对一些问题观察和思考的深度。这些思考是善意的，充满人类情怀和国际主义精神的。譬如在诗歌《印第安"四姐妹"》中，分别讲述了"玉米""南瓜""向日葵""烟叶"这四种作物被印第安人发现的漫长历史。他同时解释了这四种作物在印第安人生活中的作用，譬如"南瓜"和"玉米"作为充饥物和延续印第安人的历史有着重要的意义，而"向日葵"则是与他们表达爱情息息相关的。"烟叶"则在他们的信仰中扮演着重要的作用。在诗歌最后，诗人发出善意的提醒：

---

① 徐其超.《密西西比河的倾诉》：文学人类学的尝试集 [J]. 西南民族大学学报：人文社科版,2006（05）：54—59.
② 阿库乌雾. 密西西比河的倾诉 [M]. 北京：作家出版社,2008：133.
③ 马克·本德尔. 一位彝族诗人和两条河流//阿库乌雾. 密西西比河的倾诉 [M].北京：作家出版社,2008：1.

在北美大陆行走

一定要小心翼翼

不要踩伤印第安祖先的亡灵

不能轻易忘却古印第安人

为人类培育来——神奇美丽的"Four Sisters"①

　　诗人是在善意提醒,印第安古代文明对世界的文明的贡献,对今天的人们和世界仍然有普遍的价值,不应该被否定,也不应该被忘却。诗人是在提醒,那些今天意义上强大的文明,不要过于傲慢,无视在今天看来"弱小"的族群,曾经为人类做出过不可替代的贡献。

　　在《印第安蛇雕》一诗中,第一节简洁地记录了诗人到访俄亥俄州南部亚当县一处印第安蛇图腾遗址。这座遗址就坐落在一座山丘上,这蛇形的雕塑在山丘上已躺了千年以上。诗歌第二节,是诗人阿库乌雾对印第安的蛇雕进行某种可能性的解读。由于这种类型的蛇雕恰好坐落在印第安人祖先的墓地旁。因此,诗人认为,"印第安人/借助蛇的威力拒绝外人/肆意骚扰祖先的灵地"。这也许也是诗人对曾经骚扰过印第安人的外来人的一种讽刺。与此同时,也是对可能带有某种骚扰企图的后来者的某种警告。诗人在第二节中继续解读到,在印第安人的文化系统中,蛇也象征着河流。因此,在某种意义上蛇雕也象征着印第安文明与河流之间的深刻关系,正如这个世界上古老的文明与那些河流一样。在这首诗的第三节中,诗人的想象力继续得到发挥,并且这种想象力通过排比句像闪电般涌现出来的。诗人猜想,"蛇雕,暗指他们迁徙的路线/蛇雕,标示他们对方位的识别/蛇雕,还可能是他们/祭祀天地的祭坛"②。诗人在最后一节,把对印第安蛇雕那种自由的诗意的解读收回到对当前他亲眼所见的蛇雕的思考当中。这时,诗人阿库乌雾似乎从一个充满想象力的激情的诗人的角色,复归一个更为理性的学者的角色。于是他认为,印第安人使用蛇雕来捍卫祖先的宁静,用蛇来象征文明的河流,可能是一种智慧。他认为,在今天的北美大地上,可能还有许许多多印第安人的祖先在大地上留下的隐秘标记,但诗人阿库乌雾断定,用土壤在山

---

① 阿库乌雾.密西西比河的倾诉 [M].北京:作家出版社,2008:6.
② 阿库乌雾.密西西比河的倾诉 [M].北京:作家出版社,2008:9—10.

丘上雕出的巨大的蛇雕是最具东方智慧的艺术作品。阿库乌雾在诸如《"四色符"》《海龟拖起的大地》《神人Coyote》《古印第安营地》《神龟颂》《印第安斧头》等诗篇中，对印第安族群的这些历史文化以及他们对人类整体的贡献给予了整体性书写，并提醒人类不要轻易忘却他们的历史和他们的存在对人类文明的重要性。

随着旅行的深入，观察和参与对话也逐渐深入，阿库乌雾除了提醒人们不应该忘记印第安古代先人对美洲大陆和人类的贡献之外，也提醒人们对印第安文明为什么遭遇如此境地进行思考。譬如在《保密的葬礼》这首诗歌中，阿库乌雾很明显地做了这样一种尝试性的思考。他在思考：

> 印第安人有几千年
>
> 不争的文明史
>
> 却找不到半个生命
>
> 用半刻的时间
>
> 来思考这个问题
>
> 被蚕食鲸吞的过程当中
>
> 该保留什么能保留什么[①]

如果第一节诗歌的全部诗行归于发问，那么阿库乌雾这首诗歌的第二节则表明，诗人对历史的主动承担以及对人性近况的某种诗性描述。阿库乌雾写道：

> 人类对自己的历史
>
> 犯下的罪过
>
> 只能靠历史的冤魂
>
> 去默默倾诉时
>
> 人性之恶
>
> 便已成为历史洞穴中蜕变的毒蛇[②]

---

① 阿库乌雾.密西西比河的倾诉[M].北京：作家出版社,2008：39.
② 阿库乌雾.密西西比河的倾诉[M].北京：作家出版社,2008：39.

其实这首诗歌，是以倒叙展开的，在诗歌最后诗人说出的那件事，可能就是最初引发诗人发问的那件事，而那件事就是：

> 一位血统纯正的印第安人
>
> 在明尼苏达圣保罗城
>
> 一个正在积雪的下午
>
> 坚定拒绝了
>
> 我对他们
>
> 现行葬礼的问询①

阿库乌雾始终对印第安一些文化现象很敏锐，并且能有很深刻的洞见力。譬如《祈祷》一诗和上一首诗歌，可以说是同类，同样是作为一个他者对印第安文化进行某种外部视角的反思。诗人发现在印第安文化中，祈祷这一文化现象几乎充斥着整个印第安文化的各个环节。但诗人意识到：

> 而印第安文明
>
> 如雪崩般坍落的现实
>
> 残酷地告诉我们
>
> 一部用天真的祷告词
>
> 撰写的历史
>
> 在暗示自然宇宙
>
> 恢宏与博大的同时
>
> 脆弱，是其不可自知
>
> 却能够致命的症结②

但请注意，作为有着深刻思考力的学者，阿库乌雾的诗集《密西西比河的倾诉》，绝对不是民族志学者收集的简单材料的堆积，而是基于他在旅行过程中所

---

① 阿库乌雾.密西西比河的倾诉 [M].北京：作家出版社, 2008：39—40.
② 阿库乌雾.密西西比河的倾诉 [M].北京：作家出版社, 2008：76.

观察到的人或事物进行的两种类型的思考：一种是对人类普遍意义的价值观念的思考；另一种则是阿库乌雾对自己本民族的文化何去何从的思考。譬如这首《做人的尊严》，就是在对人类具有普遍意义的话题——关于人的尊严问题进行思考。这首诗是由一段黑人女性的话引起诗人对人的尊严的思考。诗歌第一节，诗人就引了那位黑人女性的话："我可以上你的车吗？"[①] 第一节三行诗，剩下的两行，诗人首先交代了这声音是从一个枯瘦的黑人女性口中发出的。接着，诗歌的第二节，诗人继续交代了关于这个声音的更多信息。原来这是诗人驱车在俄亥俄哥伦布市区的一处黑人聚居区等红绿灯时的遭遇。于是，这个声音使诗人很容易联想到，黑人从非洲的主人，经黑奴贸易沦为奴隶的历史。在这里，诗人甚至想到这个声音可能是从伟大的黑人作家亚历克斯的小说《根》的底部传出来的。这表现了诗人阿库乌雾某种震惊和惊讶，因为这是21世纪的美国。这也许也是阿库乌雾对美国黑奴历史的一次清算。在第三节诗歌中，诗人意识到，假如一个人仅仅是为了活下去而出卖肉体，使得诗人感到越发有不公的情绪，更何况不是一个肉体发达，而是瘦削不堪的黑女人。因此，在诗歌第四节，诗人阿库乌雾感到某种错位感，在繁华的北美街市上，一个黑人女性像用暗语企求陌生人卖身。由此，诗人陷入了某种自问自答的境地："我要问：文明的路还有多远？我自己回答自己——做人的尊严与文明无关！"[②] 在诗人自问自答之间，我们试想，像在美国这样的所谓发达或文明的国度和社会里，如何保持一个人的尊严，尤其是当一个人的生存受到严重威胁的时候。这也许是一个全世界普遍面临的问题。

阿库乌雾还在诸如《母亲》《黑色无罪》《差异教育》《歧视，是个动词》等诗歌中延续并深化了这一思考：人类文明进程走到今天这一步，需要继续面对这些问题。譬如在《母亲》这首诗歌中，诗人写道，美国政府为了纪念1804年带领他们真正第一次穿越中西部地区这一非凡成就的一位名叫Sacajawea的女性，发行了一枚一元的硬币。诗人发现，在硬币上，刻上了她背着的小孩的肖像。因此，诗人有理由怀疑，是否这样一个女性当时为了自己背上的孩子做了不一样的决定呢？诗人写道：

---

① 　阿库乌雾. 密西西比河的倾诉 [M]. 北京：作家出版社，2008：9—11.
② 　阿库乌雾. 密西西比河的倾诉 [M]. 北京：作家出版社，2008：11—12.

> 我不知道她背上的小孩
>
> 是否被后来的拓荒者屠杀
>
> 但我深知
>
> 一旦成为母亲
>
> 她的言行
>
> 就难以再做简单的褒贬①

而事实上，诗人宣称，要书写这样一位女性是为了她在自己的诗歌当中，做一次真正的母亲。又如，在《黑色无罪》当中，诗人为"黑色"辩护，诗人的辩护简短但有力，他说：

> 黑色黎明从黑夜中诞生
>
> 种子从黑土里萌芽
>
> 黑色是世界的底色
>
> 上帝创造黑色
>
> 黑色无罪②

诗人从自然和信仰两个维度，给予那些种族主义者强烈的批判。

如上述，在阿库乌雾这部诗集当中，有许多诗歌也是通过他者的文化来反观自己所在族群的文化处境，譬如《电话里的母语》《混血》《铜缘》《吉祥的乌鸦》《永远的口弦》等诗篇。在《电话里的母语》一诗中，一个电话引发了诗人阿库乌雾对生命和语言之间关系的深刻思考。阿库乌雾描述，他在美国的住所接到久别的朋友拉玛从得克萨斯打给他的电话。在电话中，他意识到，他在异国听到母语很亲切，因为他承认在俄亥俄"失语"多日。但他又发现，朋友居住在美国很久了，母语有些生硬。于是乎，诗人想起自己和母语之间的关系。他写道：

---

① 阿库乌雾. 密西西比河的倾诉 [M]. 北京：作家出版社，2008：91.
② 阿库乌雾. 密西西比河的倾诉 [M]. 北京：作家出版社，2008：116.

> 一生为母语而奔突
>
> 语言森林的深处
>
> 哪一棵树上结着我的果子
>
> 一生用母语求活
>
> 生命世界的底部
>
> 谁是我的终结者[①]

阿库乌雾，在这里所指的当然首先是彝语，诗人是因为坚持说彝语、写彝文，教授彝语文，也因为讲授彝族文学和诗歌才来到俄亥俄，所以笔者可以深刻地理解到诗人所谓为彝语"奔突"。紧接着，诗人想要处理语言和他之间的关系。如果读者够细心，可以明显感受到诗人某种潜藏的深刻的焦虑。如果诗人阿库乌雾生活在一片语言的森林中，那么阿库乌雾精心培育的语言之树应该有两棵，一棵是彝语之树，一棵是汉语之树。因为阿库乌雾是一位彝、汉双语诗人，而且在他从事的双语批评事业里，他曾提出，"第一母语""第二母语""第二汉语"等概念。因此，诗人才会自己追问自己，语言森林的哪一棵树上，结着属于他的果子？诗人的这种深刻的焦灼，在这首诗的最后变成一种决绝。这种决绝言外之意就是，假如有一天母语要终结，那么有可能诗人只会允许把母语在自己手中终结。这是一首令人感到悲伤而动容的一首诗歌，是诗人和所属族群的语言，或者在诗歌意义上可以说，这里诉说的是诗人和自己所操持母语之间相依为命，共同进退的故事。

在另一首诗歌《铜缘》中，诗人非常明显地表现了虽身在美国，但他诗意的思绪在北美大陆和中国西南彝族地区不断切换、闪回、追问、反思的过程。

诗歌第一节，诗人首先追溯了"铜"作为金属、作为技术、作为诗歌意象或者日常生活和彝族支系诺苏人外在形象之间的关联。也就是说，诗人通过创世史诗、英雄的神迹、日常生活中的禳灾仪式、宗教仪轨等彝族人生活的方面，来追溯和建立彝族人和铜这样一种物质之间相互关联的历史。在这一节诗歌中，诗人援引各种文化事项反复证明了"铜"确实和彝族支系诺苏人有关联。但吊诡的是，在诗歌第二节，诗人宣布了自己的困惑。按照一般的逻辑，既然"铜"对

---

① 阿库乌雾. 密西西比河的倾诉 [M]. 北京：作家出版社，2008：23.

彝族人如此重要，那么应该有很多生产铜器的制作工厂，但诗人为了找寻铜的足迹遍布中国西南彝族聚居区，没有寻到一点有关"铜"厂的蛛丝马迹，他困惑于此。似乎如命中注定，当诗人到访俄亥俄之后，发现俄亥俄乡下依然有一家工厂，而且是全美唯一的一家使用百年之前的古法制铜的工厂。在接下来的两节诗歌中，诗人继续描述他到访铜厂所见到的一些具体情况。在第五节诗歌中，诗人感叹，在他乡有一些古老的传统和技艺仍然被尊重、传承和爱护。诗歌最后一节，回到阿库乌雾所关心的问题，如何不中断地传承自己的文化与文明。这样的目标必须建立在知识分子或者诗人等本民族中的有识之士身上。因此，诗人说彝族支系诺苏人：

> 深深地爱过铜
> 得到过铜的护佑和启蒙
> 今天却已找不到
> 与铜有缘的丝毫痕迹
> 雷鸣声中
> 我独自感慨——彝族人与铜
> 缘分是否已尽[①]

在这首诗歌当中，铜是一种象征，是诗人阿库乌雾，进行远游和文化反思的器物，是这个世界上所有面临文化传承危机的人们的精神的一种表象。

三、霁虹的东欧行旅诗对西南文化地理的超越

诗人霁虹，离开他所熟悉的土地，远行抵达东欧的波罗的海三国，写下了诗集《波罗的海的太阳》。在笔者谈论这部诗集之前不得不谈论霁虹在此之前那些扎根于土地和家园的动情诗篇。因为如果没有深入地讨论霁虹在很长一段时间坚守的土地情结，我们可能就无法理解他在东欧波罗的海三国的行旅诗集《波罗的海的太阳》当中所做出的努力和突围。

[①]　阿库乌雾. 密西西比河的倾诉 [M]. 北京：作家出版社，2008：107.

　　霁虹是大凉山诗人群当中，具有持续的写作动力，而且一直在诗歌和散文这两种文体之间游走的诗人，他出版过现代诗集《沿着一条河》《霁虹诗选》《大地的影子》《波罗的海的太阳》《尼底尔库：会理》。他也偶尔离开现代诗，写古体诗，出版过古体诗集《半山村半山水》。他的散文写作在数量上稍逊于诗歌写作，但他至今没有放弃他的散文写作，他出版过散文集《墨香会理》。无论是他的诗歌，还是他的散文都对家乡土地、山水、民俗与文化饱含眷恋之情和赤子之心。批评家罗庆春曾认为，霁虹这位生活在金沙江畔的诗人，在全球化的背景下，坚持着属于他那份对乡土和家园的热情。他"仍坚守着乡土那份本真，将饱蘸情感的笔触深入魂牵梦萦的乡土家园，试图为诗歌寻找一片新的文化精神生存空间"[1]。诗歌编辑胥勋和曾如此评论霁虹的诗歌："他的每一个词语都是故乡土地上跳动的音符；他的每句诗都是故乡河流里荡漾的浪花；他的诗作的每一命题都是故乡精神神圣体现。故乡啊，诗的本质，诗的源泉！"[2] 在霁虹诗集《大地的影子》中，有许多诗歌书写故乡大地之上的人情与风土，《无垠的土地》是这类作品中的佼佼者。诗歌第一节，通过"一条小路""他""太阳""最后一柱光线""父亲""黑夜"等诗歌意象构成了一种虚幻、神秘的诗歌氛围，而"朝""喊""想""向""沉"等一系列动词几乎被运用于每一行，使得整节诗歌的意象不至于完全陷入"虚幻"中，从而平衡了诗歌的"虚"与"实"。尤其是第一节一开始，霁虹扔出了那个名叫"岩巴拉"的渡口名字，使得诗意从天空与黑夜中往大地上降落，但由于第一节诗歌中"他"的出现，诗意氛围又显得迷离起来。"我"又一次表达着和"他"一起走的愿望。

> 我想和他一起走
>
> 看不见的路
>
> 在沉默中拥有同一种记忆
>
> 拥有同一种梦想

---

① 罗庆春，刘兴禄．感恩乡土：论霁虹诗歌的乡土文化精神 [J]．西昌学院学报：社会科学版，2006（02）：1—7．

② 胥勋和．故土，诗和诗人 // 霁虹．大地的影子 [M]．北京：中国戏剧出版社，2002：138．

在沉默中拥有脚下的土地①

这一节诗，是整首诗歌的关键。因为"我"看不见路，无法抵达"他"，但"沉默"这一行动使得诗歌中的"我"与"他"，在沉默中共享了记忆、共享了梦想。在这个意义上，毋宁说，"我"就是"他"，"他"就是"我"。这时，"我"和"他"不仅彼此共享了"记忆""梦想"这些东西，而且共同拥有了脚下的土地。在这首诗的第四节，诗人并没有完全沉浸在这样彼此拥有的时刻，而是揭示了"我"因为"天空太蓝"无法挪动双腿，"就那样看着眼光/把他照耀/又把他隐去"②。在这里，诗人借助"渡口"这一意象，重新将"我""土地""太阳"和"他"统摄起来，并彼此相连。这首诗歌不仅书写了诗人霁虹对土地深深的依恋，同样也深情地表达了他对祖先的依恋，甚至在某个时刻，在霁虹那里，土地和祖先彼此包含，融为一体。这使得霁虹这首诗歌充满着神秘的诗意氛围，以及诗人与土地深刻的关联性。

批评家若诺在谈论霁虹诗歌时也认为，"霁虹诗便是这方水土的沉默与躁动、思索与憧憬、叹息与嘶喊、通病与快感、梦与现实、困惑与惊喜的共生"③。在另一首短诗当中，霁虹在第一节诗歌中用两行诗描述了金沙江的季节变化，"夏天已经过去/江水变蓝"④。诗的第二节，霁虹写道，"大爹走在山上/他腰上系的蓝带子/拖出的一头/怎么竟那样长"⑤。在这一诗节中，霁虹把夏季江水在山间流动的姿态，像是"大爹"腰间系的蓝色的带子，拖出很远，这一比喻结合得天衣无缝。而且这不是从别人，而是从大爹的腰间飘出的。这几行诗，充分表现了霁虹的想象力，昭示着他对江水的情感和亲人的情感始终扭结在一起。

霁虹对乡土的赤子之心，也延续到他在其他文体中的写作表达。学者伍立扬指出，在散文集《墨香会理》中，霁虹对"家族、土地、亲情，充溢强烈的亲历感，这种深沉的感觉又被浓郁的流逝感所笼罩，烘托成一种溟蒙的桑梓观念，是

---

① 霁虹.大地的影子 [M].北京：中国戏剧出版社,2002：12.
② 霁虹.大地的影子 [M].北京：中国戏剧出版社,2002：12.
③ 若讷.一个彝人孩子的纯真选择：对霁虹诗的形而上观照 // 霁虹.大地的影子 [M].北京：中国戏剧出版社,2002：142.
④ 霁虹.大地的影子 [M].北京：中国戏剧出版社,2002：62.
⑤ 霁虹.大地的影子 [M].北京：中国戏剧出版社,2002：62.

艺术哲学的自白，也是人生哲学的自白。读者在情绪感染的同时，更有心灵的震动"①。在霁虹最近出版的一本诗集《尼底尔库：会理》中，伍立扬评论霁虹，"深度还原了一份家园的心灵档案，一个深渊而诗意的桑梓生态图，一个精神记忆的家园。他写的是一个人的乡愁，也是无数人心中的乡愁，是每个心念桑梓的读者共有因而必然共鸣的深切感动"②。纵观霁虹的诗歌和散文写作，其主题离不开对原乡的热爱和对土地家园的真诚赞颂。

但霁虹也有例外的时刻，譬如我们要谈论的霁虹行旅欧洲波罗的海三国时写就的诗集《波罗的海的太阳》。在为大凉山诗人群中，霁虹虽然是扎根西南彝族聚居区文化地理领域长期耕耘的诗人，但他在总体写作的西南文化地理特征不变的情况下，做出了超越西南地区风物与文化地理的尝试和努力。霁虹在《波罗的海的太阳》中有意无意对以往的写作进行了突围。这种突围非常明显地表现在，他对以往山水、土地和村庄等空间意象的超越。这种超越表现在霁虹对城市空间的关注上。另外，《波罗的海的太阳》作为准现代旅行文学，相较霁虹之前的写作，他试图进行多文类的综合表达。事实上，这构成了霁虹超越西南和自己曾经的写作范式的一次尝试。

在当代中国文学书写领域，很少有人真正书写城市，或者鲜有非常成功的城市文学书写者。这使得中国当代文学对城市文学的书写处在某种尴尬的处境。这种尴尬的处境在于，一方面中国在近些年来大规模的城市化进程，使得许多人有机会经验城市的生活模式；但另一面，随着许多人离开乡土社会抵达城市，他们在精神层面上首先关注的不是现在实实在在的城市生活经验，而是把目光投向过去，投向自己曾经熟悉的生活领域。而现在的生活经验，似乎他们都没有真正触及过。迄今为止，霁虹的大部分作品都是关注过去的生活，或者说在处理和关注文化和地理意义上的生活处境。

促使霁虹放弃之前要处理的问题而面对新的问题是有某种契机的。霁虹在《波罗的海的太阳》中讲述了这一契机。2011年5月，"我有幸参加中国作家协

①　伍立扬．墨香会理的传统芬芳：祁开虹散文集序 // 霁虹．墨香会理 [M]. 北京：中国文联出版社，2008：1.
②　伍立扬．家园情愫的升华与超越：霁虹诗集《尼底尔库：会理》书感 // 霁虹．尼底尔库：会理 [M]. 昆明：云南人民出版社，2018：1.

会组织的'中国作家代表团'，出访波罗的海三国"[①]。正是这样一个出访的机会，使得霁虹有契机面对新的经验。霁虹和中国作家们一道在爱沙尼亚等三国进行了为期十二天的学术交流和访问。霁虹有机会对自己过去的写作进行某种有意无意的调试，这种调试表现在霁虹对城市空间和城市要素的关注。霁虹在旅行的过程中关注过城市本身，也关注过一个城市当中的那些具体的空间，譬如"艺术博物馆""教堂""广场""街道""小酒馆""海港"等。对于霁虹而言，描述这些城市的空间，在他之前的诗歌中是极为少见的，因此通过对城市的书写而获得某种和之前书写乡土不同的经验是霁虹这些诗歌的意义所在。

首先，我们来看霁虹关于城市本身的一首诗《一座永不完工的城市》，在这首诗中霁虹重新定义了城市。他说："站在欧洲的十字路口/一座城市/像一个父亲。"[②]很显然，这首诗歌写的是爱沙尼亚的首都——塔林。霁虹在注释中写道，传说这是一座永远在修筑中的城市。给城市下定义，这在霁虹的诗歌属于首次。这意味着霁虹第一次在诗歌中直接面对城市，直接处理关于城市的经验。这是霁虹对以往乡土诗歌意象体系的一次超越。虽然霁虹这首诗歌中关于"城市"的定义充满温情。这种霁虹式的温情还体现在《里加》这首诗歌中。诗歌第一节，主要书写诗人在里加的街道上的闲逛，第二节则写当诗人坐在街边的茶座上的沉默和情感；第三节是这首诗的重点，诗人写道：

> 里加
> 在你的一条小巷里
> 我看见一个抽烟的女孩
> 忧郁的她转身
> 远去了
> 莫名牵挂
> 令我长久沉默[③]

---

① 霁虹.波罗的海的太阳 [M].南京：凤凰出版社,2012：8.
② 霁虹.波罗的海的太阳 [M].南京：凤凰出版社,2012：46.
③ 霁虹.波罗的海的太阳 [M].南京：凤凰出版社,2012：56.

在里加，一个陌生的城市，霁虹却关心一个陌生人的忧郁。这表达着诗人对人的关注，以及对人类普遍的情感的关注。这也体现了霁虹对他者遭遇的共情能力。

除了关注城市本身之外，诗人也关注到城市中的各类空间。霁虹写到波罗的海的街道、广场、博物馆、酒吧、大学等各类空间。譬如在《艺术博物馆》中，霁虹用三节诗歌分别表达了艺术博物馆这一空间对爱沙尼亚人保存他们文化重要性、对人类创造力的尊重，以及这两点对于欧洲和对于我们这个星球的重要性。在《广场上》一诗，诗人表达了对里加老城区托姆斯基广场的理解。霁虹试图通过对这个广场发生过的历史事件的认识来达到对他者的历史和遭遇的可能性理解。诗人霁虹通过书写和追溯20年前，广场上集会的人们，为了阻止暴力对他们自由的侵蚀，团结一致无所畏惧的精神。这首诗歌表达着诗人霁虹对暴力的批判，对自由的声扬。诗歌中援引了二十多年前在广场上集会的人们的话语："我们要独立/我们要自由。"[①] 在里加，诗人也注意到"教堂"这一特殊的建筑，或者说是空间。

除了写"教堂"这一神圣空间之外，也写如"小酒馆"这样的世俗空间。在《小酒馆》这首诗歌中，诗人表达了一切都在沉醉的情感体验。在这首诗歌当中，诗人感到目之所及一切都处在沉醉的状态，"一个下午""门外的阳光""街道边的雕塑""女主人""萨克斯""我们"和"文茨皮亚"。这是一个沉醉的空间，这是诗人在城市中发现的另一诗意空间，这一空间夹杂着诗人作为远游访客的浪漫，也有几分真实的体验。因为笔者相信，只有诗人有了这样沉醉的时刻，才会产生这些令人沉醉的诗句。诗人除了书写上述这些特别的城市空间外，诗人也选择了书写那些城市中的陌生人。譬如在《教堂门口的乞讨者》中，诗人写道：

> 上帝安排一些人
>
> 唱赞美诗
>
> 一些人
>
> 坐在教堂里祈祷

① 霁虹.波罗的海的太阳 [M].南京：凤凰出版社，2012：56.

> 上帝还安排你
>
> 站在教堂门口
>
> 检验每一个
>
> 靠近他的人
>
> 释放出爱的心①

霁虹的整首诗，对在教堂门口乞讨者充满怜悯。这种怜悯不是施舍，是一种大爱。除了乞讨者，诗人也关注到城市中另外一些人，譬如一个萨克斯手。在这首《萨克斯手》中，诗人作为一位访客，真诚赞美了萨克斯给他带来的"灿烂星空"和"波罗的海人的微笑"。

霁虹在《波罗的海的太阳》中的另一突围是，诗人在这部准旅行诗集中采用了多种文类互文的方式，使得这个文本虽然是一部诗集，但他的文类构成要素丰富多元。第一，整部诗集首先是一部日记体诗集，因为诗人记录第一天到第十二天的旅行过程；第二，整部诗集中大多数诗歌都有注释，注释内容是有关当地文化、历史、人物等信息，构成我们理解诗歌和了解当地文化重要的信息；第三，在不好用诗歌表达的地方，诗人用散文的形式，补充许多诗人旅行途中的趣事和说明；第四，诗人还采用了摄影作品加一句诗的形式，向读者展示那些诗人旅行途中诗画同构的瞬间。

综上所述，《波罗的海的太阳》这部诗集中城市意象和空间的书写，使得霁虹超越了以往乡土意象系统，获得了某种新的情感结构；另外，《波罗的海的太阳》作为一部旅行诗集，综合了摄影、说明、散文、注释、日记等多种文类，给我们以综合的感官印象。最后，从这部诗集中我们可以感受到霁虹作为一个少数民族写作者，对他者的热情、理解、怜悯和大爱！

---

① 霁虹.波罗的海的太阳 [M].南京：凤凰出版社，2012：57.

第三章　羌族诗人群研究

　　"当代"是一个冲破时间桎梏的词，与"文学"结盟，形成"当代文学"这一具有排他性的文学概念。洪子诚说："'当代文学'的概念的提出，不仅是单纯的时间划分，同时有着有关现阶段和未来文学的性质的预设、指认的内涵。"①"当代诗歌"属于"当代文学"的一个子集，而"当代羌族诗人群"是隶属于"当代诗歌"的。笔者使用"当代羌族诗人群"这样一个命名，其实是一种学术研究的策略，并无学理性上的必然性。同时，笔者论述的诗人群与其说属于"当代"，毋宁说属于"新时期"，因为这群"当代羌族诗人"几乎都出生于1960年之后，甚至还有一些诗人出生于1980年、1990年之后。这些诗人包括：雷子、羊子（本名杨国庆）、何健、李孝俊、梦非、曾小平、王明军、胡荣凤、梁琳筠、羊子、曾承林、张成绪、欧阳梅、李炬、朱大陆、王学全、叶光星、汪清玉、胡海滨、陈希平、羌人六、冯军等。当代羌族诗人群异军突起，但因种种原因，还没有引起学界足够的注意。笔者对当代羌族诗人群的评价就一个词：沧海遗珠！本章笔者对具体的诗人和诗篇进行分析，从诗人的审美建构和诗人的主体意识两个层面进行论述。

---

① 洪子诚.中国当代文学史[M].北京：北京大学出版社,2007：2—3.

第一节　羌族诗人群的审美建构

"审美建构"是一种主观性的思维活动，而诗歌所呈现的"诗歌主题""诗歌意象""诗歌语言"又形成一个天然的论述悖论。当然，审美的主观性决定了审美的复杂性，因此难以用"诗歌主题""诗歌意象""诗歌语言"等概念直抵审美的本质。然而，我们可以追随当代羌族诗人的脚步，去发现他们是如何用诗歌的触角触摸人生和生活最敏感的绒毛。

一、羌族诗人群的诗歌主题

对作家而言，写什么似乎是他们最先面临的问题，尤其是对于少数民族作家而言，其文学的"主题"意识天然关乎他们少数民族作家身份的合法性和写作逻辑的自洽性。作为少数民族的羌族诗人群，他们怀着清晰而强烈的"主题"意识。因为他们自身的"主题"意识和民族写作伦理的原因，所以他们写作的"主题"俯身就取，故而他们的"主题"的旨归也就显得清晰明确，其中家国、民族、自然等主题尤为突出，故而笔者将从这几个主题展开论述。

（一）家国主题

诗人对故乡与国家主题（即家国主题）的关注其实质是对生活本位和生命本位的关注。生命意识并非在一种强烈抽象的哲学逻辑中独活，而是在具体而微的生活中保全与长存，这其实是一种主体意识的觉醒。羌族诗人关注自我生命本位是通过对家园的重提得以彰显的，置"家园"高于众多主题的位置。诗人的拳拳之心在王学全的《木上寨（一）》中通过"寨子"得以呈现：

> 与其说是寨子
> 不如说是一颗默默的树
> 我就是你春去秋来之后的
> 一粒不经意的果子

与其说你是故里

不如说是纠缠于心的结

爱得越深

愁也越深

山势依然峭峻

岁月依然悠长

却不屑于被记挂

当有人逃离的时候

我却有种回归的冲动

并相信能把你读透①

　　诗人用第二人称"你"建构自己的"对话"。第一节，诗人论述"故里"与"我"那种"浅对话"的关系：诗人将"寨子"比作"一棵默默的树"，而"我"就自然成为"一粒不经意的果子"。诗人想到"寨子"默默矗立在风雨中的样子，于是联想到一棵"默默"的"树"，继而联想"我"作为一颗"不经意的果子"那种偶然性和边缘性。这是诗人对自身存在的别样认知。"寨子"与"我"用一种沉默相对，抑或是它们底层同构的血肉的一致性是"默默"。这种"默默"既是它们的精神品质，也是一种处世哲学。诗人在第二节，继续发力，将"寨子"比作"纠缠于心的结"，而"我"对其是"爱得越深"也就"愁也越深"。从而呈现"寨子"与"我"的那种纠葛。诗人含而不露，并没有说出他因何而"爱"？因何而"愁"？这既是诗歌体裁所限的原因，也是诗人诗歌张力所致，于是启发读者去思考诗人设下的问题陷阱。如果前两节以一种聚焦的方式，与"寨子"形成一种意识流的"对话"，那么诗人在第三节，天然以广镜头的方式，将"寨子"所矗立的"时空"捕捉进他的论述中。诗人从"山势"（空间）、"依然峭峻"和"岁月"（时间）、"依然悠长"的恒久的状态间接诉说，"寨子"在悠久的时间和广阔的空间里"依然"存在着。这种"存在"既是"寨子""存在"，也是时空的"存在"，更是"我"（羌族）的"存在"。

---

① 欧阳梅.羌族文学作品选·诗歌卷[M].成都：成都时代出版社,2010：48.

因而，这里的"存在"在此刻是"三位一体"的。诸多的"存在"的方式和内核是"默默"。于是第三节在无意间与第一节存在一种一致性的"默默"的精神同构。诗人直言道："当有人逃离的时候/我却有种回归的冲动。"海德格尔说："诗人的天职是返乡，唯通过返乡，故乡才能作为达乎本源的切近国度而得到准备。"① 海德格尔这样的论断，在笔者有限的阅读里，还是非常恰切的。我们姑且不论海德格尔的这种"返乡"是否一定指涉形而上意义的"返乡"。但笔者在论述民族诗人时，因其民族身份和民族身份天然携带的写作伦理，故而其写作往往指向一种模式："在乡"（早期）—"离乡"（中期）—"返乡"（晚期）。当然，对于文学这样一个可塑性强的学科，简单归类本就是一种非常危险的行为。但是文学的"民主"就体现在这里，因为在文学的世界里，阐释是自由的，不是唯一的，不是绝对的。

如果王学全《木上寨（一）》是家国并重，那么下面这首诗里，诗人的家国主题中，偏向"家"主题，而"国"的主题有所弱化。当然，论述当代羌族诗人关于"家"与"国"的区别是没有意义的事。因为他们的家国情感背后就是一种家国一体的人道主义情感。诗人在其《梭磨河的情思》一诗中，着重书写了"家"的主题：

> 你只是无数河流中普通的一条
>
> 柔情与奔放
>
> 是血管里强劲的脉音
>
> 无数的生命历险
>
> 一次次穿越心灵
>
> 用聚集与分散的方式
>
> 演绎所有传奇
>
> 本来艰险的高山谷地
>
> 流淌了一片青葱的翠色
>
> 远走的川西北高原
>
> 成了远古民族往来的走廊②

---

① 海德格尔. 赫尔德林诗的阐释 [M]. 孙周兴，译. 北京：商务印书馆，2000：31.
② 欧阳梅. 羌族文学作品选·诗歌卷 [M]. 成都：成都时代出版社，2010：52.

诗人在这里不直接去书写家，而是选用一条河流间接写家，继而表达自己对家的倾向性。诗人以朋友间对话的方式与梭磨河对话，从这种对话就可以看出诗人与这条河流彼此熟悉，可以像老朋友一般谈论一些家长里短。诗人抑制住情感说，你只是一条普普通通的河流，但诗人写的就是一条"河流"不凡又平凡的一面：因为柔情与奔放，它已然成为一条跳动在血管里的强劲的脉音；它用无数次，穿越心灵的方式，演绎着它不平凡的一面。这种由来已久的流淌与执着，注定它是远古民族的走廊。诗人貌似着笔处处是河流，但其实每一笔所及皆是家，抑或是诗人所属的民族。所以在这里，诗中"家"与民族重合，抑或是他们本就是一体，只是命名不同罢了。诗人深沉之处的特殊不仅在于拥有自己的家国表意体系，而且表意体系的各形象要素的建构在情感的运作机制之内，内化了为了诗人的存在方式与归返之所，实现了生命与生活之间的有机整合。

谢冕说："有些诗正离我们远去。它不再关系这土地和土地上面的故事，它们用似是而非的深奥掩饰浅薄和贫乏。当严肃和诚实变成遥远的事实的时候，人们对这些诗冷淡便是自然而然的。"[1]家国主题这样宏大的主旨，抑或是所谓的"大词"，在当代主流诗歌中的存在的"合法性"已经遭到前所未有的责难，宏大词语或情感的现身在当代诗歌史的长河中，常会一不小心就踩入空泛虚脱的范畴，从而让情绪流于表层。于是，建构"宏大叙事"的合法性在民族诗人面前是无效的，至少在羌族诗人面前是无效的。当代羌族诗人的家国"叙事"往往是纠缠在一起，难解难分的。那么如何在天下、国、家一体相连的共同体中彰显个体价值的存在，便成为当代羌族诗人在表达时需要处理的问题。在这一关键纽结中，将天然地缘上升为血缘，将敬自然与社会一切生命体拟伦理化和泛伦理化，成为典范式思维模型。就如在雷子在《我是汶川的女儿》一诗中写道：

> 汶川，我的母亲
> 岷江的乳汁哺育了我
> 我的血管里流淌着汶水千年的记忆
> 岷山，我父亲
> 是他把我祖辈从童年背到老年依然苍凉的脊背

---

[1] 谢冕, 著. 刘福春, 插图. 中国新诗史略 [M]. 北京：北京大学出版社, 2018：405.

千古汶水养大的儿女

如何不眷爱自己的双亲

2008年5月12日14点28分

这是一个让人肝肠寸断的时刻

北纬31度，东经103.4度

这是一个无情吞噬生命的魔窟

中国四川—汶川—茂县—北川—青川—理县—都

江堰……

震级里氏8.0级

所有站在龙门山脉断裂带的兄弟姊妹无一幸免

一座座城在惊魂战栗的分秒中

被猝不及防的震波高高地抛起

有形、无形的生命顿时灰飞烟灭

一幢幢绝望的建筑被无情地蹂躏

撕裂的峡谷张开巨大的伤口

吞噬着人类曾经的辉煌与败笔[①]

　　诗人雷子以自然的血缘伦理的方式展现一种自然、本真的人道主义。在这里的家国主题，抑或是家园主题，可以被视为血缘伦理的衍生物，抑或是它们构成了雷子的叙事起点。在第一节，从"汶川"与"我"的血亲关系开始展开抒情。因为"汶川""岷山"乃是她的至亲，故而当他们遭遇苦难时，子女是最痛苦的。诗人在第二节，以一种纪实的方式，不厌其烦地复述地震的详细时间、精确的经纬度以及波及地点。诗人通过这种事无巨细的纪实性方式，构建抒情和叙事的基石，从而彰显诗人那种朴素的人道主义的情怀：因为在"四川—汶川—茂县—北川—青川—理县—都江堰……"的都是"兄弟姊妹"。古语言："乾称父，坤称母；予兹藐焉，乃混然中处。故天地之塞，吾其体；天地之帅，吾其

---

①　欧阳梅.羌族文学作品选·诗歌卷[M].成都：成都时代出版社，2010：102.

性。民吾同胞也，物吾与也。"①如果在家国同构的情感逻辑中细细品读的话，我们可以发现其悖论性和两面性：一方面，我们所有生活在这片土地上的都是"兄弟姊妹"，而这种普世主义的基石即是血缘伦理，并进一步推导向人类，甚至是推向一切生命，衍生出一种普泛的生命主义；另一方面，地震摧毁好像一直都遵循自然法则而活的"兄弟姊妹"，故而自然也显露出不可预知的一面。诗人通过记录"汶川地震"，以惊心动魄的现实复归荣格意义上的"灾难"原型，在艺术指涉中打开苦难、友爱、死亡与生存等诸多具体主题，从而在意义层面展现出诗人一种本真的人道主义情怀，也在积淀民族记忆的同时表露了人类的尊严。

雷子在其诗《我是汶川的女儿》一诗中写道：

> 汶川我苦难的双亲
> 当你们的儿女猝然消失在时间的谷底
> 天上的滚雷是你们的夜夜恸哭的声音
> 多少人顿悟
> 地动山摇山崩地裂绝不是单纯的成语
> 人类从远古走到今天
> 不知道经历了多少次地震的洗礼

对于灾难文学，有批评家直言"地震文学在痛定思痛后应表现出一种'美学介入'的神学冥思，这就是将人类生命意义推向极端后的觉醒"②。灾难带给个体长久的阵痛，诗人必须要面对一个难题——如何在混乱中落实文学的审美。同将汶川地震作为诗歌重心不同，诗人雷子选择回到人类最原始朴素的情感，即从血缘关系去理解"家"主题。诗人将汶川比喻成自己是双亲，然后说及作为子女的许多人就在突然间消失，被地震给吞没。诗人将自然的想象与"双亲"的悲痛联系起来说，天上的滚雷就是双亲夜夜恸哭的声音，诗人又联想到众人震惊，故而他们才理解什么才是真正的"山崩地裂"。这是一种对现场还原，并且采用了

---

① 陆学艺，王处辉. 中国社会思想史资料选辑 [M]. 南宁：广西人民出版社，2007：84.
② 范藻. 痛定思痛：地震文学的美学介入及其神学冥思 [J]. 当代文坛，2009（3）.

摄像式的极速捕捉，同时兼具抽象与细致的双重还原含义。诗人由汶川的灾难延展到全人类，继而表达全人类一直在经历着地震的危险。汶川是羌族人的汶川，同时也是许多民族的汶川，书写汶川就是书写人类。从个别到整体，从特殊到全部，从聚焦到放大，诗人在这里以一种家庭伦理的方式建构汶川与其上所居的生灵，物理性伤害与久远的文化在发生的瞬间进行对话，余音最终延展到全人类的范畴与历史。

（二）民族主题

"民族"成为一个特殊语境，故而在语境的挤压下，民族的自我阐释权往往是"缺席"的。面对这种情况，敏感的民族作家纷纷采取自卫的方式，及时占领自我（"自我"往往指向民族即大自我）的阐释空间。耿占春说："对于少数民族及弱势族群来说，身份的唤醒丝毫不意味着局外人的异国情调或任何浪漫趣味，在近代历史中，它是在殖民主义和形形色色的相似情境下一种抗争的起点。独特的历史传统及其与现实世界的复杂关系最先唤醒民族诗人的自我意识，并唤起自我定义、自我表征的迫切愿望。少数民族和一切弱势群体都面临着被他人所叙述、所定义的境遇，少数民族的自传性叙述是一种自我定义的行为，以纠正他人压迫性的或是自我中心化的定义。"[1] 有时候甚至就如圣卢西亚作家沃尔科特所言："要么我谁也不是，要么我就是一个民族。"从中，我们可以看出一种"弱势民族"的作家的自我认知，也间接折射出他人对"弱势民族"作家的天然认知。诗人何健在《致〈诗林〉编辑部的信》中说："写出我民族的历史，写出我民族的心理素质和个性特征，写出我民族的即精神和风俗，我民族的变迁和生存之地域，是我提笔写诗那一天就明确了的、终生追求的一条艰辛之路。"[2] 而诗人的这种浓厚的民族意识就呈现在其诗歌《羌民》里。

> 你——尔玛人的后裔
> 何时从黄河之源游牧到岷江两岸
> 银色盘舞的江水

---

[1] 内蒙古师范大学中国少数民族作家研究中心. 吉狄马加研究专集：全卷 3[M]. 北京：作家出版社，2012：792.

[2] 李明. 羌族文学史 [M]. 成都：四川民族出版社，2009：397.

拴住粗犷豪放的性格

一尾神翎响箭

钉稳游荡的脚跟

丢掉羊鞭围猎刀耕

同自然搏斗与异敌

铠甲舞的造型凝固

那个时代血腥的场景

羊皮挂件裹着一个民族的灵魂①

　　钟敬文认为："史诗，是民间叙事诗中一种规模比较宏大的古老作品。它用诗的语言，记述各民族有关天地的形成、人类起源的传说，以及关于民族迁徙、民族战争和民族英雄的光辉业绩等重大事件，所以，从某种意义上来说，一部民族史诗，往往就是该民族在特定时期的一部形象化的历史。"②"史诗"，简言之就是"民族在特定时期的一部形象化的历史"。所以笔者认为，可以将何健诗歌的这样一段节选视为一种模拟史诗的，抑或是迷你版的史诗。诗人通过时间和空间两条路线进行其民族"史诗"的记录。羌族人，自称"尔玛""日玛""日麦""尔麦"等等。"后裔"一词，隐约地让读者感受一条线性的时间线。诗人的空间移动论述是最明显的：黄河之源——岷江两岸。诗人想象他的祖先在岷江之滨放弃刀耕火种的原始生活，定居下来，并过起了精细的农耕生活。当他瞻仰着祖先的遗物——铠甲——时，眼前仿佛瞬间就浮现出那个血雨腥风的时代的"场景"。文化记忆在特定符号系统中的激活，同时带动了文化空间的生成，于是二者共同生成诗歌的历时维度与共时维度，正如莫里斯·哈布瓦赫所指出的，"在群体和社会的生活中，不存在空白点；表面看来，创造时期存在着真空，但这些真空是由集体记忆充塞着，这些集体记忆象征的形式呈现，或者通过父母和其他长辈向孩子的传承，或者通过男女众生持着生命力"③。诗人根据

---

① 欧阳梅.羌族文学作品选·诗歌卷[M].成都：成都时代出版社，2010：3—4.
② 钟敬文.民间文学概论[M].上海：上海文艺出版社，1998：282.
③ 莫里斯·哈布瓦赫.论集体记忆[M].毕然，郭金华，译.上海：上海人民出版社，2002：45.

史诗，然后联想其迁徙和斗争的"峥嵘岁月"，在符号的集体记忆与个人解码中自然穿梭，在民族文化的通道中追寻着斑驳光离的历史痕迹。如果何健笔下的民族形象是过去式的、强悍的，那么在欧阳梅笔下的民族形象则是现在式的、羸弱的、漂泊的。就如欧阳梅在《山民》一诗里写道：

面对苍茫的天穹，还能说什么
你们纤弱的命运在风中枯荣
选在一次便疲惫一次
被洗净的总是执意的春天的季节
山风无边
山树的叶子何处不在抖动
…………

山民呢
带着善良和坚韧四处漂泊
在抵不住沉重的负荷时
你们依旧原谅一切　负载一切
以斑斑累累的目光
抚慰自己　抚慰原始的朴素与不安
就这么闯荡了许多年
四处都没有路
卑微的足迹被桎梏在时光之外
永久地放逐
因此，遥远的路程
被你们渴望得亲切而神秘①

　　笔者不敢妄言说：何健写古代的羌族的强大、勇猛来反衬现今的羌族，但我们却可以在欧阳梅笔下看见"山民"（羌族）是漂泊的、负载的。如果简单对比一下这两首诗歌的标题：《羌民》（何健）——《山民》（欧阳梅），就会发

---

① 欧阳梅. 羌族文学作品选·诗歌卷 [M]. 成都：成都时代出版社，2010：29—30.

现两个诗人对民族主体和民族心态是迥然不同："羌族人"与"彝族人""汉族人""藏族人"等这些民族的地位是平等的，故而可以看出诗人何健的一种超强主体自信心。诗人使用"山民"与"中原民"即汉族人，可以看出诗人的一种"边缘"与"中心"的价值判断和权力认知。从何健的"羌族人"（古代）——欧阳梅的"山民"（现代）的演变，不仅是民族自我命名权被稀释、泛化，甚至是丢失，更是与现代社会的"宏大叙事"形成一个悖论性认知和历史性吊诡：社会进化论和社会主义叙述告知我们，我们正在变得越来越"好"，而不是余华的《活着》与现实形成的那种巨大张力。我们还可以看出"移动"是古代的"羌族人"和现代的"山民"共同的生存状态，这是一种基于动词并依赖时间与空间所产生的心理空间感，诗人所处的空间所形成的隐喻，借助情绪词、道德词等词语与个体发生反应。如果对"羌族人"和"山民"的"移动"进行区别：古代"羌族人"是积极移动，找寻宜居的处所，是有出路的；而现代"山民"消极移动，被迫"漂泊""放逐"，"四处都没有路"。于是，在"移动"一词的统摄之下，感觉与直觉在古代"羌族人"与现代"山民"之间发生抽离与撕裂，从外部社会空间走向个体内在空间，这是《山民》的深沉伦理所在。

（三）自然主题

个体周围的自然物，并不一定成为个体的审美对象，其仅仅是与个体有着伦理联系和伦理想象。耿占春说："一个人和自己成长的地方是一种伦理和道德的关系。这不仅意味着他必须接受这个地方的秩序、传统和伦理约束，也意味着他对地方性的事物拥有许多个人性传记色彩的记忆，一个人对出生成长之地的经验首先是一种与个人传记经验密不可分的、充满利害关系和道德体验社会体验。"[1]于诸多羌族诗人而言，耿占春对人与生长地的伦理关系的观点可能是无效的。羌族诗人与他们熟知的自然不仅构成了伦理关系，而且也形成了一种审美关系。羌族对切近之物形成诸多切近的审美，我们可以从中看到羌族诗人一种超强的"主体意识"，就如耿占春在评论沈苇的《金色旅行》时说："对河流、树木、村庄的颂扬已经变成对正在构成抒情主体和话语主体的另一种肯定，成为它

---

[1] 耿占春. 失去象征的世界：诗歌、经验与修辞 [M]. 北京：北京大学出版社，2008：189.

的颂扬者意味着对美化的话语主体的自我确认。"① 由此可知，主体对"熟知的自然"的审美彰显了主体的"自我确认"，并由此可知审美蜕变为伦理，故此我们也可以看出审美与伦理并不一定是泾渭分明的。

龚学敏说，羊子是一位"民族主义者"，笔者对此并不认同，因为在笔者看来恰恰是因为羊子高度关注自己的民族，积极正视自己的民族身份，故而形成了他对周围"熟知的自然"的审美。

> 雨水不紧不慢，一点一滴
> 从祈求的天空垂落下来
> 一部分被生灵之上的狂风截取了
> 一部分被搏击的鹰鹫驮运走了
> 幸福的雨水啊，终于落进久久的眺望
>
> 炊烟挺直了腰杆，在升腾
> 公鸡铆足了劲头在高唱
> 滚动的露珠，沾满了孩子的欢笑
> 岷江向前奔涌，高举崭新的咆哮
> 羊皮鼓咚咚，脚底生风
> 凄厉的梦魇抛下万丈深渊②

羊子笔下的万物呈现动态的美。阿·托尔斯泰说过："在艺术语言中最重要的是动词""要是你找到了准确的动词，那就可以继续写你的句子了"。③ 显然，诗人羊子已经找到他"最重要的动词"。雨，"不紧不慢""一点一滴""垂落""落尽"，诗人通过一系列动词将周围图谱化，给读者带来一种动态之美。雨，一只均匀化、匀速化的水之精灵，顺遂着祈求者的愿，从天空一点一滴"垂落"下来，但一部分被风"截取"，而另一部分被鹰鹫"驮运走"，

---

① 耿占春.失去象征的世界：诗歌、经验与修辞[M].北京：北京大学出版社，2008：192.
② 杨国庆.一只凤凰飞起来[M].成都：四川文艺出版社，2007：24.
③ 杨国庆.阅读与欣赏[M].成都：四川民族出版社，2021：174.

只有最后一部分才遂愿进入那"久久""眺望"的"大地"。雨附着祈求者的意愿，继而也可以看出，雨也带有意识似的回应着她的祈求者。然而，"雨"的主体因其祈求者的"祈求"而被消减，于是"雨"似乎成了一种"功利主义者"，只不过是为那"久久""眺望"的大地。诗人用"眺望"一词模糊"雨"和"祈求者"何者为主体的确切性。如果说羊子前面的审美仅仅涉及自然，那么在第二节时，羊子的审美意象兼具生活和自然。审美之物的"律动"，和谐的律动是羊子所力图追求的。我们可以从"挺直""铆足""滚动""奔涌""抛下"等动词看出诗人对和谐、力量等词语的偏执。诗人俯取近身之物的审美行为，其实可以体现出诗人超强的主体意识。一个人认可自己以及自己的周遭之物，继而对其处于伦理关系和审美想象时，就彰显一种超强的主体性。这也是诗人对那些试图对自己进行同化和消减的行为的警示和反击。

羊子在自然主题这个概念的统摄下，作为"我们"的抒情主体或隐秘或发散。"我"的抒情主体是在自然意象的个体化与知觉化中确立，分散与确立二者同时聚合在羊子的诗歌语境中，所以羊子在诗歌中往往选择一些能表达自己情感的具体意象，这样的具体意象的特征与羌族的民族性格比较相近。羊子在《灵性的石头》一诗中写道：

> 一样的沉没，一样的甘甜
> 石头与石头，与泥土簇拥一起
> 把风霜揽进苍茫的胸膛
> 把曾经的铁蹄，剑伤
> 迁徙和沧桑，咽进碉房
> 把梦想化作炊烟
> 萦绕故园绿色的田野上
>
> 石头，还是那些石头
> 坚强的石头，勇敢的石头
> 独立而相依偎，一步一步向前
> 血液和活力，手臂挽着手臂

> 肩并着肩，盘踞在沟谷之底
>
> 骨头一样响彻云霄①

诗人一开始就用通感，将石头味觉化处理，认为石头是"甘甜"的。在这里反复论述石头这一意象，并非就石头而论石头；所以解析石头的意义有助于我们理解作者的写作理想，抑或是作者对理想读者的找寻。石头在这里是与泥土一起存在着，经历过风霜的欺凌，也遭遇过铁蹄的践踏和刀剑的砍研，也经历沧桑迁徙，也被拾进碉房，化作炊烟萦绕在故园的田野上空。现代诗歌中的风景乐此不疲地表现着吉奥乔·阿甘本所说的破坏性建构，似乎我们只有借助破坏才能进入一片风景，于是自然开始不断途经遮障与涂改，而《灵性的石头》的独特就在于重返诗人"第一眼"。依据诗人在不同感官上的移动，截取了石头及其意义的一个浓缩片段或视域，诗人将石头从本身的世界中取出、接收，然后再紧攥着物质自身的能量与诗人个体紧密融合。从自然的物象到语言的物象，这一移动过程包含着智性的判断，也渗透着直觉的情思，与其说诗人笔下的石头是具体的"石头"，还不如将"石头"视为羌族的另一种具体形象。

论述当代羌族诗人的诗歌主题的前提，就是对他们的诗歌有一个大致概览，然后结合部分诗人的诗作，针对几个重要主题进行论述。笔者为了论述简明，便将当代羌族诗人的诗歌主题大致分为三大主题：国家主题、民族主题以及自然主题。显然，羌族诗人国家和民族主题的背后是一种朴素的人道主义观。民族天然的自我审视传统和得天独厚的自然地理条件，使得羌族诗人诗歌有一种自我化的写作倾向。故而论述一个自然主题也有必然性。当然，笔者这种分类法势必会导致羌族诗人诗歌许多主题的遗漏，毕竟羌族诗人的写作主题丰富、写作内容庞杂，这也就决定了其他主题必然会拒绝被归类化处理。

二、羌族诗人群的诗歌意象

王弼在《周易略例·明象篇》里说："夫象者，出意者也；言者，明象者也。尽意莫若象，尽象莫若言，言生于象，故可寻言以观象；象生于意，故可

---

① 杨国庆.一只凤凰飞起来 [M].成都：四川文艺出版社,2007：8—9.

寻象以观意，意以象尽，象以言著。故言者所以明象，得象而忘言；象者所以存意，得意而忘象。"①

王弼对"象""意""言"者的辩证理解是具有审美意义的。在这里可以看出，王弼的工具主义心态：在王弼看来"象"仅有符号功能，而"言"也只起媒介作用，这两者存在的核心意义是为了"意"。王弼的"得意而忘象"也透视出中国古代对"象"的轻视。现代诗与其说受中国式的认识论层面的意象的影响，倒不如说受西方式的审美的意象的影响。何为意象？印象派大师庞德说："一个意象是在瞬间呈现出的一个理性和感情的复合体。"②在笔者看来，当代羌族诗人群最值得称道的是，他们对意象的偏执和他们构建意象的强迫症。意象攫取是彰显诗人审美的有效渠道，故而考察诗人的意象，尤其是经常性意象，就成为一种考察诗人的有效方式。诗人"词库"选择的倾向性往往是了解，甚至是研究诗人精明之道。有时候抓住一个诗人的"高频词"就可以攻破诗人有意无意构筑的"堡垒"。我们将从人文意象、自然意象两个方面展开论述，来感受羌族诗人的审美情趣。

（一）人文意象

1. 文化意象

笔者遵循一个策略，故而将人文意象姑且分为文化意象和民族意象。文化意象有"羌碉""碉楼""羌笛""羌绣""羊鞭""石磨""坟冢""寨子""羌寨""山神""石塔""口弦""羌红""羊皮鼓"等等，他们共同形成一个较为稳定的意象群。笔者在诸多的羌族文化意象中，攫取了"羌碉"和"羌笛"两个具有代表性的意象，以小窥大，解读文化意象的"兴"与"寄"。诗人叶星光笔下的"邛笼"又称"羌碉"，羌碉世代护卫并叙述着羌族：

> 历史的烽烟已经消散
> 阳光为它罩上美丽的光环
> 穹隆，高高地耸立
> 擎起白云舒卷的蓝天

---

① 王弼, 撰. 楼宇烈, 校释. 周易略例 [M]. 北京：中华书局, 2011：414.
② 朱立元. 当代西方文艺理论 [M]. 上海：华东师范大学出版社, 2014：16.

传说这是木比塔腰间的长剑

它曾护卫羌族人的平安

然后换为一群群石碉树起民族坚定的信念

它是这般冷峻、威严

同日月碰撞也会火花飞溅

山羊已经吃掉羌家的文字

石碉却是叙述整个民族兴衰的语言①

　　诗人笔下"穹隆"具备审美与实用的双重功能。穹隆历经沧桑与风雨，在时间的洗礼下越发美丽，似乎是罩上了"美丽的光环"，清逸、秀丽之美和它的冷峻和威严，迸发着一种欲与日月"碰撞"的雄壮之美。同时，诗人将之比拟为木比塔之剑，因为她"护卫"着羌人的平安，树立起羌族的信念。同时，它以自己的沧桑记录着羌族的兴衰。诗人冯军的《羌碉》一诗里的描写多了清新飘逸之姿，少了几分烟火气的"羌碉"。

傲立山崖

直耸云端

肃然仰望

这太阳底下

最高的神坛

白石闪耀神圣的心愿

羊头高悬虔诚的信念

柏香青烟

袅绕成通天的弯路

羊皮鼓点

叩响浩瀚天宇的门环

如果说叶星光笔下的"羌碉"是世俗的、亲人的，那么冯军笔下的"羌碉"是宗教的、盛气凌人的。"羌碉"的世俗层面被剥离，于是只剩下作为"神坛"的一面。它逃离世俗性质的时空的"制裁"，于是我们可以感知时间留下的痕迹，进入其空间处所。傲然立世，却似乎早已直插云端，一望便令人肃然起敬。圣洁的"白石"和"虔诚"的羊头，预示着不可预知者的"心愿"。柏香的烟袅袅地升向天国，还有羊皮鼓的声音紧密地"叩响"天宇的门环。一个宗教意义的"羌碉"意象，通过"傲然""直耸""仰望"之律动和"白色""羊头""青烟""羊皮"之色彩，与诗人的思绪结合，从而展现出一个遗世独立的"羌碉"形象。

> 酒香随舞步飘逸旋转
>
> 直醉倒天边云霄
>
> 横卧一片
>
> 新月如眉
>
> 寒星似眼
>
> 独上云碉
>
> 把远古的时空望穿
>
> 侧耳聆听
>
> 贺兰山下牧歌悠然
>
> 拭目瞭望
>
> 黄河岸边辗转千年的火焰
>
> 岷江两岸
>
> 重重关山
>
> 守望尔玛人最后的家园①

这样的"羌碉"的"意"与"象"，伴随历史悠然岁月，一直拱卫着羌族。言及"象"，其外部一般是用石头堆砌的。"高"是羌碉在选节中的直观表露，就如"直醉倒天边云霄""把远古的时空望穿"等诗句，说明了羌碉的"高"。诗人将羌碉视为拱卫羌族子孙的家园，说明了其历史的久远性。梁宗岱指出：

---

① 欧阳梅.羌族文学作品选·诗歌卷 [M].成都：成都时代出版社,2010：245—246.

"一切艺术底创造和欣赏都建立在两种关系上：物与物的关系，和我与物的关系——在某一意义上，后者尤为重要。"① 于是，通过"羌碉"这一意象，诗人似乎望穿了远古时空，听见了贺兰山下那悠然的牧歌。这说明羌碉不仅具有实用性，而且可以供羌族人遐想，进行精神驰骋，纵横古今，游历八方。也是他们文明存在的一个有力的证明。

前面从世俗和宗教两个层面，简要论述了"羌碉"，而接下来，笔者要论述"羌笛"意象在何健和王学全诗歌中的含义，在接通中国诗歌的"贵意"传统的同时，解读"羌笛"的声色，从而体悟他们的诗歌审美。何健的《羌笛·古风》写道：

> 你从古典诗词中走来
> 苍凉　慈悲　凄婉
> 吹皱漫道雄关
>
> 狼烟起　飞将急
> 前路歧　归途断
> 望尽漠北对天叹
> 一剑眼红成绝唱
> 谁向故人传遗愿
>
> …………
>
> 狼烟熄　江土安
> 千年梦　今人圆
> 静好岁月望边关
> 一管古笛吹新曲
> 春风　杨柳　玉门关②

---

① 梁宗岱.诗与真[M].北京：中央编译出版社,2006：210.
② 何健.花椒（组诗）（未出版）.

但凡对中国传统文学有所涉猎的阅读者，在他阅读中遇到"羌笛"等字眼时，必然如笔者一样默念王之涣的《出塞》："黄河远上白云间，一片孤城万仞山。羌笛何须怨杨柳，春风不度玉门关。"就如诗人何健所言"你从古典诗词中走来"，故而羌笛就慢慢地被我们所熟知，于是带有一种"苍凉""凄婉"的情绪。而诗人对"羌笛"意象的开拓性的表现就是，从而逃逸我们一贯的审美认知的表现：诗人认为"羌笛"不仅仅包含"苍凉""凄婉"的情绪，同时也含有"慈悲"的情志。诗人对"羌笛"的开拓性阐释，可以看出诗人别样的生命认知和审美哲学。使"羌笛"饱满起来，并将其视为一种"主体"之物。诗人将"羌笛"与时代的兴衰紧密地联合在一起，故而当在"狼烟起""飞将急"的战争年代，只有"羌笛"在空鸣，在悲泣；而当"狼烟熄""江土安"的时代，"羌笛"吹起了时代的声音。在这里，"羌笛"可以视为一个时代兴衰的晴雨表。诗人通过"羌笛"这样一个与战争联系在一起的意象，重新阐释，继而表现出诗人伟大的人道主义情怀和一种居安思危的危机意识。如果说何健的"羌笛"寄寓着诗人的人道主义和审美理想，而这种人道主义是没有偏向的表现出来的；那么王学全《羌笛》则是从羌族的"纪实"视角继续表现诗人的审美情趣和人道主义情怀。如诗歌所示：

已是羌族人心中
一幅绝美的风景
在清晨
在黄昏
立于高山之巅
笛音从手中传出

这是一段沁人心脾的乐音
情爱与幽怨
连同炊烟与流浪
正一路铺开
这是一次次征战
一段段探险

像太阳的炽烈

如月亮的清辉

是一些日子的伤口

一些希冀的眼睛

是天神木比塔造物时

细细的声响

是一个民族扬鞭跃马的史诗①

　　如果说何健的"羌笛"是时代兴衰的"晴雨表"，那么王学全笔下的"羌笛"则是羌族的"史诗"。诗人以一种缩影式的笔法，将一个吹羌笛的人定格在天地之间，不论是早上，还是黄昏，一直都屹立在那里吹着羌笛。这声音"沁人心脾"，是一段乐音；这吹奏也是情爱与幽怨，长年累月。从乐器的声音延伸至它开始说话与思辨，羌笛的情爱和幽怨与炊烟和流浪一起"征战"，一并"探险"，时而像太阳般炽热，时而像月亮般清辉，羌笛因其而丰富。与其说羌笛丰富，还不如说其主人（羌族）丰富，正如荣格所说"每一个意象中都凝聚着一些人类心理和人类命运的因素，渗透着我们祖先历史中大致按照同样的方式，无数次重复产生的欢乐和悲伤的残留物"②。故而羌笛有时候是希冀的眼睛，有时候就是日子的伤口，甚至是天神木比塔的声响，是一个民族的史诗。王学全笔下的羌笛虽然无何健笔下羌笛的那种主体性，但它与俗世生活纠缠，故而给它带来一种丰赡性和饱满性。它甚至可以成为一部记录生活变迁的史诗。

　　2. 民族意象

　　民族意象。笔者在前面已经论述了人文意象之一的文化意象。民族意象有"羊""尔玛""尔玛人""羌民""羌族""羌""山民""大禹""禹王""木比塔""羌戈""戈基人""牧人""猎人""阿渥尔""姜维""木姐珠""斗安珠""神仙"等等。"羊"是其中具有代表性的民族意象。笔者为什么将"羊"列为民族意象，不仅仅是出于对前面分类合理性的考量，更重要的是

---

① 何健. 花椒（组诗）（未出版）.
② 荣格. 论分析心理学与诗的关系 // 叶舒宪. 神话—原型批评 [M]. 朱国展，叶舒宪，译，西安：陕西师范大学出版社，1987：81—102.

"羊"成为羌族的代称由来已久。如许慎在《说文·羊部》中释"羊"："羌，西戎牧羊人也。从人，从羊，羊亦声。"应劭也在《风俗通》说："羌，本西戎卑贱者也，主牧羊。故'羌'字从羊、人，因以为号。"羌族古时候便以"羊"自称，而且是游牧民族。羊子在其诗歌中展开了"羌"与"羊"的"辩证法"：

> 一个韵味十足的发音——羌，人羊合一的文字
> 羊向天行走的雪白形象与人的驯养，生存
> 人的呵护膜拜，生生不息连为一体的羌
>
> 如果愿意，如果服从历史演进的客观真相
> 只需用手轻轻地荡开浮游表层的虚像
> 大群大群的羊群之下，一个游牧浩荡的民族
> 羌，古老得透明，宁静，天然，自足
> 扭曲搏杀进攻的锐利，在头顶装饰为角
> 为美，为性，为五体相通的生命图腾[①]

　　诗人拆"羌"为"人"与"羊"，合"人"与"羊"之后便为"羌"。诗人以象形的方式，将"羌"字理解为是羊向天行走和人的驯养，从而构成了生生不息的"羌"，即羌族。诗人在拆完"羌"字后，从历史演进的道路回溯，轻轻"荡开"表层的虚像，直抵真相——大群的羊群之下，生活着一个"古老""透明""宁静""天然""自足"的民族，他们尚羊并装饰着一种含而不露的"锐利"的生命图腾，视之为一种自然美和自然性。诗人用一种拆解象形文字的方法展现了一种阐释之美，并联想业已"过去"的游牧民族——古代羌族。"羌"与"羊"几乎被作者视为一体的，故而作者才展开后面的审美联想。在这里，"羊"意象在被视为羌族一体前，一直都被悬置现实之外，与羌族的游牧生活"接轨"，并包含着一种自然、宁静的生活图谱。

　　如果是说诗人羊子将"羊"意象与羌族视为一体，那么在接下来的选节里，诗人则将"羊"与羌族分离开来，并论述被社会学家所定义和理解的"羊"的意

[①]　欧阳梅.羌族文学作品选·诗歌卷[M].成都：成都时代出版社，2010：35—36.

义。诗人羊子暂时将与羌族融为一体的"羊"分离，且认为羊与日月一样，都随着时间的推移而移动。诗人天然又将"羊"视为与羌族一样具有重要位置的生灵，从而言说"羊"与羌族的联系：

> 日月随水草而漫天青绿、芬芳，次第金黄
>
> 羊以同样重要的角色和地位，进入岷山
>
> 进入梯田漫卷山月，白石在上
>
> 灵光弥漫在一门三楼的房顶之上
>
> 讲诵万物之源，天与其在循环，在轮回
>
> 适时，一个坚强的名字顶破黑夜，费孝通
>
> 代表多数可以继续俯身仰视白石的人
>
> 与绵虒羌村高碉上的那个字，羌，金光闪闪
>
> 一起闯过了震波癫狂，毁灭和新生的涅槃
>
> 无悲无喜，无畏无言在太阳的怀抱之中①

诗人赋予羊一种时间性，抑或是羊与时间一样，经历着枯与荣、兴与衰的一面，从而说明了"羊"不仅是久远的，而且也是经历沧桑的。"羊"与羌族一样具有地位，进入岷山，与羌族人生活在一起，并在那里与羌族演绎着形而上的哲学和万物之始源的进化论问题，而且还伴随着佛教的轮回观。社会学家费孝通从社会和民俗的视角，将羌族与"羊"之间的关系做了梳理，从此诗人与其族人不仅从形而上的玄思层面认识"羊"与民族间的关系，也从社会学和民俗学的视角认识"羊"与羌族的问题。其实诗人貌似一直言说着"羊"，但殊不知因为"羊"对羌族的特殊性，故而言说"羊"其实也在言说自己及自己的民族。

（二）自然意象

自然意象。笔者所提出来的"自然意象"是相较"人文意象"而言的，故而是一种宽泛的提法。自然意象有"汶川""汶水""岷山""岷江""贺兰山""营盘山""火塘""羊龙山"等等。笔者在前文已经通过几个诗人的关键意象考察了部分羌族诗人的审美和对关键意象的理解。根据笔者的阅读经验，

---

① 欧阳梅.羌族文学作品选·诗歌卷[M].成都：成都时代出版社，2010：36.

"汶川"可以视为羌族诗人自然意象的"高频词"。笔者将通过解析诗人的诗歌来阐释"汶川"的特殊含义和感悟诗人对此的别样审美。

"汶川"成为诸多羌族诗人的"高频词"与"汶川地震"有关。"汶川地震"之后，诸多羌族诗人有关地震的诗如雨后春笋般出现。如王学全的《母爱》和《大爱无疆》、汪清玉的《"5·12"情怀》、羊子的《五月·龙门山上羌人们永远的伤痛》、雷子的《我是汶川的女儿》和《后地震诗歌·浮生光影（组章）》、羌人六的《在祖国，在汶川那遥远的夜色》等诗歌，都书写了"汶川地震"。于是"汶川"成为一个灾难的陈述语和痛苦的记忆点。笔者将"汶川"这样一个与民族苦难联系在一起的意象置于审美层面去理解，通过诗人的关键意象来理解诗人的审美。因为笔者觉得这并不仅仅是对我们审美习惯的温养，而应该也是一种对审美堡垒的突破和挑战，进而刺激人性那敏感的慈爱之心和恻隐之心。雷子写道：

> 汶川，我曾经粗犷豪爽的父亲
> 一个古羌族人的儿子用他的血性与忠诚
> 在岷江峡谷的隘口上筑城
> 城墙上的旧泥显影了多少血雨腥风
> 当千年的弓弩停止了无情的射杀
> 姜维笃定地守望家园
> 他用兵戈和智慧激荡了三国的风雨
> 历史的血阳烛照羌地的传奇①

在历史片段斑驳的剪影中，汶川与历史的血雨腥风纠缠不清，这或许就是诗人笔下的汶川。拱卫家园的行为与父亲保卫家园无异，于是在历史的长河中，她一直拱卫着羌族儿女。诗人将汶川功能化，于是汶川在一种实用主义的意志的驱动下，有意无意地参与了有关羌族的历史，而这种历史是一种雄壮的男人参与的历史。汶川在此时显示出其沧桑与雄壮的男性魅力。汶川，她是当年姜维笃定守护的家园，是见证历史的遗物。汶川在这里有一种历史的厚重感，而这种厚重感

---

① 欧阳梅.羌族文学作品选·诗歌卷[M].成都：成都时代出版社,2010：105.

纠缠着一种雄壮的男性之美。这种审美既是汶川沧桑历史的真实写照，也是以汶川借代的羌族人的精神映射。如果说雷子以历史的心态去阐释汶川的话，那么汪玉清则是以现实的行为去记录汶川历史转变的一幕，二位诗人的书写构成了过往与现在的一种对照。

> 当一阵沉闷的低频声
> 从耳鼓撞击到心灵
> 当瞬间定格了灾难
> 爱心支撑了永恒
> 公元2008年戊子年
> 5月12时14点28分
> 北纬31度
> 东经103点4度的汶川
> 就成了全球的焦点
> 和世人拉紧的神经[①]

诗人用一种速度化的聚焦方式，将灾难爆发的那一瞬间定格在"汶川"这样一个意象里。审美的聚焦化是诗人在诗歌的选段里用以记录其对汶川的历史性解读的叙事方式。诗人将时间和地点都聚焦在"汶川"这样一个意象上，然后加入时代文人对"汶川"的"灾难叙事"，于是一个血淋淋的，与历史的灾难性相关的"汶川"以另类审美的方式，向世人初露她遭受的灾难的面容。诗人的焦点化叙事方式，同时也表现了世人都在关注"汶川"。因为有诗人的焦点化叙事的加持和灾难发生地的生发，"汶川"成为一个"内外兼修"的词："内"是人类的共情，"外"是灾难生发之所（即汶川地方）。诗人用一种焦急化的叙事方式，一种纪实性极强的策略，将灾难赤裸地暴露在世人面前，以此刺激世人的审美惯性点。于是，诗人在存在的侵损里显示存在本身，在苦难的责任面前将残缺的、破碎的、间断的一切纳入语言潜流之中，继而让世人在另类的审美张力里感受一种人道主义之美。

---

① 欧阳梅.羌族文学作品选·诗歌卷 [M].成都：成都时代出版社，2010：84.

羊子说："由于所有的羌族作家的血管里流淌着同一个祖先的血脉，我们共同深爱着这个民族。对古老羌山充满着深情。然而在写岷江流域羌山作品中多都比较雄奇、苍凉、温婉、忧伤、饱满，一路景致倾诉着沧桑的人生百味，凄凉动人，充满魅力。"①羌族诗人对"岷山""岷江"等"岷"词充满着依恋之情。就单论诗人羊子，将新作之诗唤作《岷辞》，不难看出诗人将"岷"视为一种需要浓墨重彩去阐释的存在物，故而起了"岷辞"这样一个文绉绉且煞有介事的词。我们可以从羊子的一首新晋的诗《岷江涛声》来感悟诗人对"岷"的综合征情感：

> 大山骨骼布满水浪边沿，
> 岷江，岷山最后一副心肠，
> 日夜奔越，呼啸如血，
> 涛声轰然，涛声铿然，
> 从秦朝蜀将的谋略中闯过，
> 从三国战将的气魄中飞过，
> 从大唐薛涛的诗篇中淌过，
> 从代代山地人的梦境边擦过。
> 雄性而野蛮的涛声，
> 沉重隐瞒沧桑
> 鞭笞青春灵台的涛声②

经过对羌族作家的诗篇的阅读后，笔者越来越笃定羌族诗人的一种"小家子气"的写作倾向性，即使他们写的东西可能与看起来的"羌族"这样一个名词隔着十万八千里，貌似是八竿子打不着的，但其实，他们处处都在书写他们民族。换言之，他们一直有一种使命感，即为自己的民族树碑立传的集体意识。显然，羊子（他的笔名就可以看出一些端倪，"羊"被羌族人视为图腾，故而"羊子"即羌人之子）就是这样一个代表人物。诗人想象着"岷江"的"涛声"历经着岁

① 杨国庆.阅读与欣赏[M].成都：四川民族出版社,2021：180.
② 羊子.岷辞[M].成都：四川民族出版社,2022：143.

月的风雨，从秦朝的谋略那里"闯过"，从三国的战将那里"飞过"，从大唐薛涛的诗篇中"淌过"，也在代代的山地人的梦境里"擦过"；野蛮而雄性，并沉重地隐藏着历经的沧桑，只是在静静地"鞭笞"着年青一代的"灵台"。这就是"涛声"，也是"岷江"的声音，更是羌族的声音。羊子的诗歌在物、象、义的由表及里与由里向外互相作用的一个动态循环过程中孜孜不倦地探索，反复审视地缘环境、民族存在与文化身份之间的印证关系。

就从当代羌族诗人的意象层面进行论述，做简单的归纳在一定程度上是有效的。因为民族生存语境的挤压和诗人自觉，或是不自觉的自我审视心态和羌族诗人所居住的得天独厚的自然环境，催生当代羌族诗人对历史文化自我审视化和对周边自然环境的自我审美化。而这种自我审视的心态，归根结底是民族自我意识的表现，也是对抗他者对民族自我的定义。而笔者在论述羌族诗人的有关意象时，挑选其中几个他们选用频率最高的来进行解析。

三、羌族诗人群的诗歌语言

本雅明说："语言的存在不仅仅与所有领域的人类思想表达是共存的，而且与整个大千世界共存的。在有生命或者无生命的自然界，没有任何事实或者事物不以某种方式参与着语言，因为任何一种事物在本质上就是传达其思想内容。"[①]本雅明的语言通达性质连接着一切存在物，而人仅仅是物种的一种。而主体对于语言的态度可以就视为主体对生活的态度，甚至是人生和生命的态度。当代羌族在语言范畴内所做出的努力，可以视为羌族对对象世界的一种审美外显。该小节里，笔者准备从语言词汇、语言手法以及语言风格等视角透视当代羌族诗人的审美内蕴。

（一）

海德格尔说："词语破碎处，无物存在。某物破碎处，就出现了裂口，一种损害。对某事物造成损害意味着：从某事物那里取走什么，让某事物缺失什么。破碎即是缺失。在词语缺失处，亦即在每每命名着物的词语确实处，无物存

---

① 瓦尔特·本雅明. 论语言本身和人的语言 // 陈永国，马海良，编. 本雅明文选 [M]. 北京：中国社会科学出版社，2011：275.

在。"① 显然，海德格尔这里的语言，其实不仅仅是指一种词汇层面的语言，而是指一种存在之家层面上的语言。但是，词语的破碎即意味着主体失去了演说、命名的能力，继而意味着主体性的降低。这是一种反主体的行为主义。于是，一个民族对语言的能力可以视为对自我主体的维护和自我审美化的行为。羌族诗人的选词倾向性预示着他们的审美向心力。

> 近日
> 一些风
> 撕开了一道伤口
> 一些雨
> 打湿了一层疼痛
> 最后的太阳
> 被黑夜咬了一口
>
> 近日
> 一群鲜活的孩子
> 在满是期待的路上走丢
> 我眼泪朦胧
> 因为
> 没有人告诉我
> 他们的去向②

　　王学全的这首唤作《近日》的诗，笔者愿意称为反传统审美。诗人将触之不及的"风"、数不胜数的"雨"以及无边无垠的"太阳"都以一种文人的方式的世界写入自己的世界，并做简易化处理。而这种简化处理就是将这些名词裂变，使之与常识有距离感。在前面一节，诗人以一种反常识的方式来处理自己的笔下名词："风"好似是撕开了一道伤口，"风"撕开的是那个一直以上帝视角观看，却无能为力的"我"；"雨"，打湿了一层疼痛，而疼痛者显然也是

① 海德格尔.在通往语言的途中 [M].孙周兴，译.北京：商务印书馆，2004：151.
② 欧阳梅.羌族文学作品选·诗歌卷 [M].成都：成都时代出版社，2010：55.

"我"，抑或是跟"我"一类的人；"太阳"的修饰语"最后的"，就似乎说明，还是其他的太阳，所以这也是诗人反常识审美，还被黑夜咬了一口。诗人用两个"近日"将两节诗分开，而从后面才可以看出遭遇反常识的主体即"孩子"。前面一节，似乎是"先言物以引起所咏之词"，这节诗人似乎在向读者提出一个质疑：一群鲜活的孩子何以在路上走失？这群孩子一开始满是期待的，但后面还是走掉了。后面这样一个疑问才显露出诗人对违背常识，抑或是违背自然之道的行为的愤懑：因为他们都"走掉"。面对一切常识遭遇"苦难"，"我"只能"眼泪朦胧"。因为没有人告诉"我""他们"的去处。前面诗歌是通过名词的独特处理，来体验反常识的审美。

结合前后的诗篇，笔者觉得王学全的诗歌是直接与现实"对话"的，其诗歌中的词语有轻盈和沉重两面。这一组概念以背反姿态在诗中和谐共存，为诗歌增加密度与厚度，只是有时候其中一面是隐而不显的。就如其诗《生命如花》所示：

> 活着就是美丽
> 因为生命如花
> 脆弱就是脆弱
> 总在该放的时节
> 绽放一些色彩
>
> 短暂是短暂
> 但面对人生
> 总在追求一些明晰
> 如果宣扬一种思想
> 话题便过于沉重
> 生命如花
> 就是一次温柔的释放[1]

---

[1] 欧阳梅.羌族文学作品选·诗歌卷[M].成都：成都时代出版社，2010：47—48.

诗人对"活"简单定义道：美丽。因为生命如花。我们从"活着"一次理解诗人的词语的两面性。笔者认为，余华的"伟大"之处是提供了"活着"这样一个词。诗人明白"活着"的两面性：一种沉重地活着，一下子难以死去的艰难状态；而另一种"活着"是如花般轻盈地活着，应该是从社会生活和价值超脱地"活着"。"生命"一词的两面性：一种被社会价值的拖曳，自身的价值完全被他人定义；而另一种，是自身价值由自己定义，由自己来定义自己。笔者愿意称"如花""色彩""明晰""思想""沉重""释放"等词为偏瘫性词语。因为社会文化的习气，抑或是所谓的历史文化的隐喻附着在其上，故而诗人也在沿袭对这些词语的规约性认知。"如花"，表明美好，因为我们都在共享一套教育系统下的知识密码，但我们可以去问：为什么"如花"就一定是美好的呢？诗人在这里挑战一种旧的习气，抑或是准备与现实的一些"正能量""对话"，结果导致自己陷入词语的陷阱，运用了一系列的偏瘫性词语。但我们又可以这样去思考，诗人就是因为运用了这些偏瘫性词语，从而警醒了我们。诗人的选词倾向显示了他的一些审美偏向。

王明军选用的词语极具包容性，包含着许多信息。语音与语音的共谋让词语本身圈于封闭，共同建构起理解与解读的基础。但正如维特根斯坦所说，一种"确定的意向"实在是可视为一个最为可疑的概念，诗歌消除确定图景，搭建起多义的实践通道，这便消除了日常事物对艺术语言的绑架。于是，诗就能在言说中展示艺术的多面孔、推动诗歌语言无限自由的漫游。就如在其《家谱》一诗里，将词语膨胀化：

> 石墙、碉楼、独木梯、火塘
> 男人、女人、兰花烟、家事
> 一本流水般细长泛黄的家谱
> 在我仰望的目光中泛起潮来[1]

诗人用了一种名词的切割术，将一个个名词切割为无数个微量元素似的名词，即名词膨胀化。诗人笔下的家谱是一个完满的世界，也就是人的完满。在这

---

① 欧阳梅. 羌族文学作品选·诗歌卷 [M]. 成都：成都时代出版社，2010：89.

些貌似随意罗列的词汇里，我们可以看出一个天地人三位一体的完满世界。天：火塘，一种指向天空的，具有原始的宗教性，故而可以视为诗人对天空抑或是对形而上的玄思。地：石墙、碉楼，如果单从石墙、碉楼里去透视诗人对大地的思考的话，我们可以感觉到诗人对大地的两面性的认知：既是拱卫，也是囚笼。人：男人、女人、兰花烟、家事，男人与女人分别为阳和阴，而阴阳的调和促进万物的顺遂发展，故而诗人的三位一体中，人才是中心，足见诗人的人道主义精神。这种三位一体源自记载家族名称的"家谱"，诗人的名词膨胀具体表现在前面的三位一体，而最终却归于一本"泛黄"的家谱，因为它命名了"人"，于是就预示着"人"的存在，主体性瞬间建立。如海德格尔所说："只有合适的词语从而就是主管的词语命名某物为存在着的某物，并且因而把当下存在者确立为这样一个存在者的地方，某物才存在。"① 诗人将名词膨胀化处理，从而表现了一种对存在物的独特审美。王明军又写道：

> 浑浊中清澈
>
> 一条河从北向南从西到东
>
> 淌着迁徙繁殖的忧愁
>
> 石锛、石斧的开拓
>
> 撕开又合
>
> 庄稼，一群从天地间走来的浪花
>
> 在历史的季节中枯萎葱绿
>
> 从历史深处走来的羊群
>
> 多少次倒下又多少次站起②

诗人依然在使用他的词语膨胀术。选段里其实就写了三个名词："河""庄稼"和"羊群"。"河"，平时要么是"浑浊"的，要么是"清澈"的，一般不会同时出现。即使是皆具有这两者性质，因为平时的"河"是功能性的，而我们社会一般只需要水的一种性质。在这里，水被诗人纳入进了诗人历史性的审美

---

① 海德格尔. 在通往语言的途中 [M]. 孙周兴，译. 北京：商务印书馆，2004：115.

② 欧阳梅. 羌族文学作品选·诗歌卷 [M]. 成都：成都时代出版社，2010：89.

里。论及"庄稼"一词时，在我们的转喻的思维里，是与吃喝嫖赌，锅碗瓢盆联系在一起的，但诗人却能够通过异化、间离等含义的再现，重新确立了主体与事物之间的距离。而这种陌生化的处理方式，同时也挑战了我们的惯性思维和功能认知。诗人将之放进一个诗人独特的审美体系里，故而"庄稼"被比喻为"浪花"，从而取消了"庄稼"的实用功能。同时，因为诗人明白庄稼的"枯"与"荣"，便将其含义膨胀化，也为通过异质重新审视万物提供了一种契机。诗人论及"羊群"时，我们自然会想到功能性问题，而非审美性问题。诗人在将"羊群"这个含义膨胀化时，将之放在"羊""站起"，或是颠倒的二维选择项里，从而取消了"羊"的直观的社会功能意义。诗人对名词的特殊处理，显示出诗人别样的审美。从上述的解读可见，诗歌语言的意义，总在对统一性的否定姿态中触碰着问题的内核，而其使用的延展与引申也呈现出意义的无限性、多样性、相对性和差异性。基于意义的参照体系，但不困于范围藩篱，诗人才能借助词语的膨胀将一切可言明与不可言明的经验聚合。

（二）

　　羌族诗人的审美，不仅可以从词语的选用观察，也可以从诗人的修辞术中感受到。学界对"修辞"一词的定义：狭义上，修当作修饰语，辞当作文辞解，修辞是修饰文辞；广义上，"修"当作调整或适用解，"辞"当作语词解，修辞就是调整或适用语词。[①] 诗歌本就一种宽泛的修辞，而笔者则准备从部分羌族诗人的修辞手法层面来感受羌族诗人的审美情趣。笔者选取胡海滨的《乡愁编制的经纬（外一首）》和《夏雨·乡愁》来解析诗人的拟人手法。

夕阳最后一抹余晖

小憩了

最初以及最后的一片梧桐叶

便跌跌撞撞

落满一地[②]

---

① 陈望道.修辞学发凡[M].上海：上海教育出版社,1997：6.
② 欧阳梅.羌族文学作品选·诗歌卷[M].成都：成都时代出版社,2010：119.

　　诗人将夕阳西下，消失不见比拟成"小憩"，而这符合人们的正常认知和心理感受的。因为夕阳西下后，天就渐渐变黑，于是人就准备就寝（即诗人所谓的"小憩"），但这似乎也隐潜着诗人这样一个认知，"大憩"即死亡。诗人对夕阳这个宁静的意象的提及，给人一种温馨、和谐的审美感受。诗人在后面第三局开始的描述，至少是与前面言说夕阳"小憩"存在着一个堡垒。当然，文学的世界与现实的世界是不一样的。诗人模拟了人那种"跌跌撞撞"的样态，故而活灵活现地表现了梧桐叶坠落时的形态。从上面诗人对夕阳和梧桐叶的"行为"的人格化角度来理解，我们可以看出诗人对周围独特却平常的事物有一种迷恋。诗人关注自己周围之物，并撷取欣喜之物，纳入笔下，从而显出诗人的审美。诗人的另外一首诗再次用到拟人。

> 索玛花灿开的季节
> 放肆地灼伤了日子
>
> 偶然还是必然
> 今晚啊
> 她却做了那只贪吃的蚕
>
> 沙沙沙沙沙
> 兀自啃着夏日的暑热煎熬
> 咀嚼着夏虫的沉默哀怨①

　　诗人贬词褒用，用"放肆"展示索玛花那种肆虐、怒放的形态，且因为过于强烈、过于炙热，结果将日子"灼伤"了。诗人将索玛花拟人化，引起"日子"的生命化和实体化，从而显示出诗人高超的艺术改造能力和与众不同的生命体验和审美经验。诗人从索玛的绚烂联想那个无名，却又有名的"她"，将拟物化，今夜她将沉醉在一种肉体之美中，像一只贪婪的蚕酣眠在嫩绿的桑叶堆中一般。夏叶在风的吹拂下，"沙沙沙沙沙"地叫着，仿佛在啃食着"煎熬"和咀嚼着夏

---

①　欧阳梅.羌族文学作品选·诗歌卷[M].成都：成都时代出版社，2010：121.

虫的沉默。如果说诗人前一节是用色彩来助力其审美的实现，那么后面第三节，则是通过行动来展现他的审美品位和独特感受。修辞预示着主体有意对某种客体的修饰、装饰。但也是因为主体有意为之，故而我们作为另外的读者，不仅仅可以窥见诗人主体的掩饰行为，我们也可以去伪存真，直抵审美的渊薮。

　　诗人选用的修辞手法，融入了诗人对世界有效的思考、整合与表达，进而修辞与诗人建立起独属自身的对话体系，并为他的思想找到一种合适的语言容器。因此，修辞是一个考察诗人审美的有效方式。我们从修辞层面来感受雷子别样的审美：

> 我要融化一个千年甚至是万年的梦
>
> 去寻觅那枚比琥珀更晶莹剔透的传说
>
> 在七千前或者数万年前甚至更远久
>
> 在某个晴空万里的早餐
>
> 一个有尾巴的男人和有尾巴的女人
>
> 在那片茂密的森林里穿梭
>
> 他们头戴着鲜艳的花环
>
> 灵捷的身躯被树皮的围裙包围
>
> 在悬崖的犬齿旁在嶙峋的水岸边采摘野果
>
> 女人呼他蓝色大山
>
> 男人呼她俏皮野火
>
>
> 这个深夜的磁场把时空幻化成一个巨大的罗盘
>
> 撕裂的闪电中我从谁的梦中踏过
>
> 转瞬间谁把我变成美丽的野火
>
> 大山，你躲藏在哪棵丫的缝隙间躲我
>
> 凶猛的兽蜷在树下打盹
>
> 金色的蟒蛇缠在树干上
>
> 总是诡谲地微笑着看我
>
> 用你残留的体温给我自己壮胆

九尾鸟用婉转的语言邀我去跳舞①

诗人运用通感的手法，将自身的审美逐渐表现出来。其一，"梦"本来抓不住，触不到的，而在这里诗人准备将"梦""融化"实现了"梦"的有形化，故而带来"梦"的触觉和幻觉，从而让我们感受一种别样的审美；其二，诗人用一个量词"枚"将虚化的、不可数的"传说"实化，变得可数，从而让我们体会别样的审美；其三，诗人将时空比作罗盘，将无形的时间有形化，将无感的时间有感化，由此可以看出诗人对时间的具象审美；其四，闪电从"我"的梦里经过，可以看出诗人用"经过"一词将梦具象化为可触可感的有形之物，故而闪电都可以经过。

诗人更是使用不少精彩比喻：诗人将男人比作"蓝色大山"，显示出男人的雄壮威武，从而看出诗人从力量和形状等视角对男性进行审美；诗人将女人比作"俏皮野火"，表现出女人的灵动、狂野，继而看出诗人注重从精神气质层面对女性进行审美选择；把自己比作美丽的野火，显示出"我"的生动活泼的性格和狂野的生活方式，继而看出诗人对"我"特殊的审美。诗人还运用拟人的手法来展现独特的审美：蟒蛇在"打盹"，生动形象地模拟出蟒蛇处于一种昏昏欲睡的状态；蟒蛇在"微笑"，微笑本是专属于人类的，而将之用在蟒蛇身上，可以看作是"我"的意识的一种映射，或是外现；九尾鸟"邀我去跳舞"，"我"将九尾鸟拟人化，似乎它在邀请"我"去跳舞。雷子运用三种修辞手法中，运用别样的审美视角，让我们感受到一种陌生化的审美。同时雷子在想象中重塑又分离了"伏羲女娲交媾图"。

（三）

羌族诗歌的语言风格自然多面，或华美绚丽，或委婉含蓄，或雄奇豪放，或沉郁顿挫，或清新自然，或平淡质朴。但除了前面已经论述过的平淡质朴的语言风格外，清新自然才是羌族诗人诗歌语言风格中最显眼的风格之一。羌族诗人语言清晰自然得益于他们所居住的优美的自然环境，其实质上是诗人主体对自我审美化和想象化的外显。诗人主体与其所处的自然环境间的关系超越生存伦理，

---

① 欧阳梅.羌族文学作品选·诗歌卷 [M].成都：成都时代出版社,2010：106—107.

呈现出一种相辅相成的审美化的倾向。清晰自然的语言往往显出鲜明的地域性，地域甚至呈现为一种修辞术，最后实现一种天人合一的审美境界。具有清新自然的语言风格的代表性诗歌有：羊子的《一只凤凰飞起来——萝卜寨景区的诗歌状态》和《岷江的高度》、李炬的《月夜》、朱大录的《晨耕》和《晌午》、坤吉定的《雪路》、胡荣风的《听涛》、曾小平的《夜色中的山峰》、廖惊的《北川三景》等等。羊子是羌族诗人中诗歌语言呈现清新自然风格，非常明显的诗人。如其《一只凤凰飞起来——萝卜寨景区的诗歌状态》所示：

> 还是那片梦呓一般的青藏高原
> 草原消瘦一片，英雄耸起一片
> 一任岷江的奶水灌养苍凉的呼吸
> 放飞草叶之上的亘古，天空
> 随随便便地蓝，随随便便地黑
> 清风载着鸟鸣的轻舟，琥珀一般
> 清澈在寒光四溢的冰凌丛集间[①]

　　羊子的抒写过程中，全程流露着一种历史感和苍凉感，使得他的诗歌在清新自然的语言风格之中含有一种历史厚重感，但又不至于那么压抑，总体的尺度恰到好处。这一点是羊子，抑或是诸多羌族诗人的写景诗不一样的地方。他们的抒写与羌族历史纠缠不清，一直缠绕但不至于理不清，他们是有能力将之降落到实处，不至飘逸，凌空蹈虚。就如羊子，在该选段中，一开始就强行介入历史，与历史风云有关的青藏高原成为他介入历史的一个抓手，抒发的一个首发站。言及草原的消瘦，继而联想到苍凉悲壮的英雄，历史越加沉重。但笔锋一转，又以一种举重若轻的方式演说着岷江的那种肆虐，但却灌养着两岸生灵的任性。清新的草叶上亘古的时间和苍穹，随意悠闲地蓝，怡然自乐地黑。清风在鸟鸣和花香的伴随下，轻轻地载着小舟，如一枚琥珀似的，在清澈的冰凉的水中悠然行进。诗人高超的语言驾驭能力，以一种高开低走的方式，从厚重的与羌族有关的历史出发，然后又安然着陆在现实的大地上。这种将历史和现实的交织，厚重感与轻易

[①]　杨国庆. 一只凤凰飞起来 [M]. 成都：四川文艺出版社, 2007：23.

感并存的写作方式，使羊子的诗歌语言在清新自然的切面上，有了一种异质性。诸多的羌族诗人的诗歌，也都具有这样的语言风格。

对群体性的一种规约，本就是一种不可为而为之的行为。诗歌本就对简单规约的行为存着天然的敌意，这种敌意也来自个体对主体的认领。论及羌族诗人的语言特点时，有这么一段话："羌族先民熟悉自己周围的事物，懂得方言土语的力量，从不在自己的口头创造中堆砌华而不实的辞藻和苍白无力的语言，所以他们的歌总是闪耀着朴素的光芒。"这样的一段论述，将其用于当代羌族诗人的诗歌语言，也是有可取之处的。羌族诸多当代诗人的诗歌语言都"闪耀着朴素的光芒"，在他们的诗歌中语言平淡质朴占着重要的比例。这样的诗歌有何健的《男人和女人》、李炬的《无题》、欧阳梅的《山里没有邮局》、李孝俊的《在这片星光下》、胡荣凤的《这个季节》、王学全的《经历》。诗人王学全的《经历》写道：

> 像风吹起
>
> 似雨落下
>
> 在以后的日子
>
> 人们称你的经历
>
> 大致的平淡
>
> 艰难，也是高贵
>
> 和一生的荣光
>
>
> 当历史尘封过去
>
> 岁月走入坟头
>
> 再看来
>
> 一样是悲哀
>
> 一样有离合[①]

---

① 欧阳梅. 羌族文学作品选·诗歌卷 [M]. 成都：成都时代出版社，2010：44.

　　诗人用两个简单的比喻论述人生的起起伏伏，而这种起起伏伏以后不出意外将被称为"经历"，而这种经历大致是"平淡"。也许平淡才是生活的底色，但同时也伴随着艰难、高贵和荣光。诗人在诗中朴素地表达出生活的多种可能性。在第二节，诗人说，当我们变为一种陈迹，而时间也走过坟头时，再回首，也大致不过就是悲欢离合而已。诗人平铺直叙，并没有过多的遮遮掩掩，或是搬来一些云遮雾绕的修辞术，直接来言说自己的感悟，这是诗人语言朴素的表现之一。诗人的语言间没有过度的跳跃性，而是轻轻且紧密地将生活和人生的体验道来。这是诗人语言朴素的表现之二。诗人选词，简单明了，这是诗人诗歌语言朴素的表现之三。诗人在这样一种朴素的语言风格和冷静的叙述之下，其实潜藏着一股淡淡的忧虑，似乎是一种历经沧桑似的感怀。

　　再看牟西在《永远的怀念》一诗中如何展现其诗歌语言平淡质朴风格的：

> 起程
> 背上行囊远走他乡
> 我回眸
> 看见羌碉高耸，牛羊肥壮
> 美丽的羊角花与花中的姑娘纯朴美好
> 日出的光辉洒遍山冈
> 白石闪耀着光芒[①]

　　诗人并没有采用过多的语言修饰，而是直言自己的离去和离去瞬间回眸时的所见。诗人以一种移动的方式进行书写：他从故乡向外走去。当他走在路上时，他突然回首历数他的所见，高耸的羌碉、肥壮的牛羊、美丽的羊角花、日出的光辉、脆嫩的山冈，还有闪耀的白石。诗人先移步换景，陈述自己的行动，然后运用视觉冲击、有辨识度的色彩名词来直观呈现家乡之美。诗人对无与伦比的家乡之美的抒写和审美感悟，在语言的平淡自然里酝酿着一股甚于客观真实的文学真实。诗人克制了自身的抒情，语言让渡给视野所涉及的范围，让语言自身前来应

---

① 欧阳梅. 羌族文学作品选·诗歌卷 [M]. 成都：成都时代出版社，2010：143.

和。总体而言，诗人因为呈现的大致是眼前之物（也可能是心里之物，因为诗人已经跨进一个自我审美化的艺术幻境），且并没有过多的语言的修辞术和语言的跳跃，故而诗人的诗歌语言还是呈现一种平淡朴素的风格。

第二节　羌族诗人群的主体意识

路易·阿尔都塞说："没有不借助于主体并为了这些主体而存在的意识形态。这就意味着，没有不为了这些具体的主体而存在的意识形态，而这些意识形态的这个目标又有借助于主体——借助于主体范畴和它所发挥的功能——才能到达。"① 阿尔都塞的这种主体与意识形态的辩证法关系，意味着主体与意识形态存在着互为前提的必然性。陈晓明借助拉康的镜像理论，似乎说得更加通俗易懂。如其所言：（婴儿）"'自我辨认'就是'我'的初次出现，拉康把这个过程称为'一次同化'，一次同化也就是一次异化，正是在这个时候，发生了'自我'与镜中之像的分离，一个人开始具有将形成他内在世界与周围世界之间的关系的一切复杂情感和理智，因此，这个外在于主体并被对象化的'镜像'预示了主体存在的全部辩证法。"②

界定"主体"是从亚里士多德开始的，即"第一实体之所以最正当地被称为第一实体，是因为它们仍然是所有其他东西的基础和主体。"③ 显然，在这里"主体"就并非我们认识意义上的"主体"。英国的经验主义哲学和费尔巴哈的理论都将"主体"视为一种本源上的"主体"，费尔巴哈的经典之语："存在是主体，思维是宾语。"④

刘大先在《现代中国与少数民族文学》一书里曾对"主体"的流变进行过梳

---

① 高建平，丁国旗. 西方文论经典：第六卷//后现代与文化研究 [M]. 合肥：安徽文艺出版社，2014：218.
② 陈晓明. 解构的踪迹：历史、话语与主体 [M]. 北京：中国社会科学出版社，1994：164.
③ 亚里士多德. 范畴篇·解释篇 [M]. 方树春，译. 北京：商务印书馆，1959：14.
④ 费儿巴哈. 费尔巴哈哲学著作选集：上卷 [M]. 荣震华，等译. 北京：商务印书馆，1984：115.

理。他认为"到康德才真正将主体作为认识的范畴"①。即在认识论视域下引入"主体"的概念。在黑格尔哲学中，关于"主体"的认识进一步发展，"一切问题的关键在于：不仅把真实的东西或是真理理解和表达为实体，而且同样理解和表达为主体"②。

"主体"在马克思主义哲学超越抽象的思维阶段，呈现出与"世界"与"人"相关的实体性。马克思在《关于费尔巴哈的提纲》中认为："从前的一切唯物主义（包括费尔巴哈的唯物主义）的主要观点是：对事物、现实、感性，只是从客观的或者直接的形式去理解。"言外之意就是，马克思开始将主体视为人，认为"主体"是感性的、能思维的社会存在物，能够能动地认识和改造客观世界。同时，马克思还关注到"主体"与"自我"间的关系，认为"自我意识是从感性的和知觉的世界的存在反思而来的，并且，本质上是从他物的回归"③。自我意识就是对自己本身的认识。更深层次来说，还存在一个对他物的知识综合考察的过程，（从而形成）一种对自我的坚定认识。

亚里士多德和英国经验主义视角上的主体，是指一种本源意义上的主体；而黑格尔则将主体视为一种认识论层面的主体；马克思则是将主体紧缩到人上来，而这也是之后许多人口中的主体，成为一个被人类占有的高雅名词。该小节里，笔者再次拾选主体这一名词，意图拓展其边界，以供笔者对羌族诗歌所呈现的主体意识进行考察。笔者将从地域主体意识、文化主体意识以及民族主体意识三个方面考察当代羌族诗人的主体意识。

一、地域主体意识

文学行为者即文学主体生活在一定的地理空间，故而文学算是一种地域叙事的内缩或是外扩。本文引进的"地域主体意识"，并无严格的学理意义，只是笔者考察羌族诗歌的地域性时，所引用的临时新概念。正如阿尔都塞所言，主体与意识两者是互为前提的。至少在马克思主义者的认知里，意识是人的专利，故而笔者使用"地域主体意识"这样的命名显然会冒犯到他们。而笔者所谓的地域主

① 刘大先.现代中国与少数民族文学[M].北京：中国社科院出版社,2013：97.
② 黑格尔.精神现象学：上卷[M].贺麟,王玖兴,译.北京：商务印书馆,1979：10.
③ 黑格尔.精神现象学：上卷[M].贺麟,王玖兴,译.北京：商务印书馆,1979：131.

体意识，是指羌族诗人抒写地域时，呈现出自我的地域认同，甚至是自我地域审美的意识倾向。

（一）

羌族诗人的地域主体意识比较明显，羊子是其中的代表人物之一。羊子对于地域的抒写总是与其历史感悟交织在一起，显出一种厚重的，甚至是沉重的历史感。诗人与地方伦理、审美交织在一起，就如耿占春所言："揭示一个地区的意义，表达诗人独特的空间感受，以及地方在形成主体的意识结构中的建构作用。他的诗歌不仅揭示出一个地方的历史性和社会性，深刻地挖掘一个地方的自然历史所蕴含的美学意味以及道德内涵。"[①] 细看诗人羊子是如何在其诗歌《汶川的门》中呈现地域主体意识：

> 风还在吹，像纠葛的情感
>
> 复杂地，扯动着爱人的神经
>
> 在耳畔，在腰际，摇曳的手指
>
> 轻轻滑过每一张年轻的脸
>
> 推开门，四面全是山
>
> 倔强的山，慷慨的山
>
> 敞开衣襟，裸着雄性的胸膛
>
> 羊龙山，玉垒山，布瓦山
>
> 芫山，龙山，石纽山，马岭山
>
> 山山相映，山山相连
>
> 吆喝岷江峡谷古远的清风
>
> 品味垂天而降的日月
>
> 痴情的目光，悍气冲天[②]

羊子将风视为一个温柔抚摸山的爱人，而风抚摸的对象就是山，于是山有

---

① 耿占春. 失去象征的世界：诗歌、经验与修辞 [M]. 北京：北京大学出版社，2008：188 页

② 杨国庆. 一只凤凰飞起来 [M]. 成都：四川文艺出版社，2007：12.

了主体意识。风抚摸着山的"耳畔""腰际""脸",似乎抚摸着山的每一寸肌肤,触摸着山的每一节脆骨。满世界都是山,而这些山是"倔强的""慷慨的"。从后面可以得知,山是雄性的,故而风应该是阴性的。而诗人将自己周围的群山雄性化,故而一个潜隐的雄性的斗争欲和傲视天下群山的心态。诗人表现地域主体意识的策略:一是诗人将山拟人化,故而有了意识,就等于有了主体意识;二是将群山男性化,而男性的潜叙述就是斗争欲,傲视群山,故而显出一种与天下群山平等的心理,这种心理认知也是羌族诗人自我心理的外化。诗人以一种反复强调的方式彰显地域主体意识,于是诗人历数道:"羊龙山""玉垒山""布瓦山芄山""龙山""石纽山""马岭山"等等。类似羊子的羌族诗人在抒写自己四周的山川河谷时,总是显露出一种自主地域主体意识。言及羌族诗人的地域主体意识时,其实并非地域主体的意识,而是赋予地域主体意识的羌族诗人主体的意识。前面的节选从现实出发显出地域主体意识,那么接下来的《从岷山,贺兰山到一片云》则是从历史与现实的纠缠来彰显地域主体意识。

> 岷山,羌族的最后一块根据地
> 在中国版图上悄然生息
> 作为一棵树的一截尚青的枝干
> 让岷江血液一样金贵地流淌
>
> 遥想起遥远岷山的另一座山
> 这树之遒劲的一枝
> 早已做了化石的断臂,贺兰山
> 中国西部历史上一把利剑
> 羌族穿行岁月的一段美文
> 那个唤作元昊的西夏王
> 擦拭胸间豪气的一块抹布
> 忽地飘飞了去
> 搁浅在时光的荒原[①]

---

① 杨国庆.一只凤凰飞起来 [M].成都:四川文艺出版社,2007:53.

　　诗人将"岷山"视为羌族最后的根据地。"根据地"一股浓浓的战争味溢出，故而可以看出诗人对岷山的重视，因为岷山算是羌族最后的生存之地。这样的一块生息之地，在偌大的中国版图里悄无声息地存在着，在世人抑或是主流人士的漠视中存在着。诗人将被主流所漠视的岷山和被羌族视为最后一块"根据地"的岷山的两种境遇放在一起对比，从而显示出岷山一类的存在被明证在漠视与重视之间：因为确认岷山的存在，所以主流群体的漠视才有效，所以岷山在一种漠视中获得自己的存在性即主体意识；因为岷山是羌族人民的最后的根据地，故而其在羌族人心目中至关重要。在第二节中，诗人通过联想贺兰山，确立了岷山的存在，并与贺兰山遥相呼应，与天下群山争锋。再者，诗人追溯了与羌族有千丝万缕的元昊，从而印证了岷山的主体意识的存在。岷山的主体意识既是诗人的自我审美的外显，也是自我强大主体的表露。

　　羊子用以展现其地域主体意识的方式，不仅仅有前面那种通过对现实的强力抒写来呈现自我主体的方式，也有那种将历史与现实交织在一起，从而实现抒写目的，彰显地域主体意识的存在的方式。正如阿多诺所阐释的那样，主体与客体并非彼此僵硬而又孤立的两极存在。只有他们相互区别于变化的过程中，主体与客体才能得到定义。这里笔者再次论述羊子用以构建自己的地域主体意识的方法，即一种对"岷"字的拆解阐释，就如在《岷》一诗中所示：

> 依然想起与山水交融相生的遥远而渺茫的人
> 岷，是山是人，是民是山
> 是人托举着山，是山博大了人
> 是山幻化作人，是人外向成了山
> 直至隐入山的骨肉的里面，水的动静的里面
> 文字异体的里面，岷山，岷江，汶山，汶水
> 怎么就不是民山，民江，文山，文水
> 怎么就不是人山人水，灵山灵水①

　　诗人将山与民一体化，从而证明"岷"的主体意识的存在。诗人一开始就言

---

① 欧阳梅. 羌族文学作品选·诗歌卷 [M]. 成都：成都时代出版社，2010：40.

及那个本源性的力量——"人"。诗人通过一种对文字的释读，得出山即是人，人即是山的"山人一体"的认识论。"山人一体"的认知就可以明证山的主体性存在，因为人意识到自我的存在，而山人是一体的；故而"山"在"人"的加持下，获得自己的主体性。当然，"山"的主体性的本源力量是"人"，是那个从"岷"字上出来的"人"，而最终的本源力量是诗人，羊子。诗人主张一种"齐物"的认知方式，即山与人均是可以相通的，故而它们是相知的，因为它们是同质性的。而诗人的这种朴素的山与人互通的自然观，可以视为一种自然主义的显现。因为诗人有"山人一体"的认识论，故而"岷山""岷江""汶山""汶水"可以分别是"民山""民江""文山""文水"。这些认知最终带给诗人的审美是"人山人水""灵山灵水"。这里"岷"的主体意识得益于"人"的加持，同时来源于那种反复强调的论述。正是在诗人经验的加持之下，主体与客体终于通过语言的允诺，形成融为一体的构型姿态。

（二）

就诗歌的地域意义来说，空间哲学的关键意义在于，同时向写作者与批评者宣告，空间感是作为个体的人对物体的测量与定位。换言之，空间感的生成关键在于人的体验，而这一过程与随之产生的认同并不是确定的，而是极大依赖于诗人感知的状况。羊子的《之一：凝望神仙居住的村庄》里透露出诗人对羌族生存的自足性表现出一种自豪之情：

<blockquote>
凝望神仙居住的村庄

温暖淡蓝的炊烟四处飘逸

神仙的后代安详于季节的嬗递

蛰居高原一隅

做一介子民

临山而歌　傍水而居

耕耘放牧　安分守己

一任古老而美好的日子

被勤劳而粗壮的双手顽强撑起

我俯身金黄喧腾的青稞地
</blockquote>

> 感到神仙居住过的土地宽厚幽静
>
> 轻轻地抚摸
>
> 沟渠小木桥
>
> 以及那些辛劳的农具
>
> 用一支从雄浑的高原山系
>
> 舒缓飘下的
>
> 千年不变的谣曲
>
> 歌颂那充满灵性的青稞
>
> 油菜花和农田①

赞扬土地以及土地上的一切生灵，就是赞扬自己。赞扬自己就是彰显自己主体的行为。诗人将"神仙"一词修辞化，极言羌族所居之所就是神仙的居所，继而可以看出诗人对自己所居之地的一种自豪感和自满性。这种自我审美，自我的认同的行为促使地域主体的显现。"村庄"是诗人极力展现的地域空间，诗人通过时间的嬗变和空间的迭替来加强诗人所颂扬的村庄和村庄所包含的一切的稳固性，继而形成一个自我与外界隔绝，自我生长的空间独立体，从而显示出村庄和村庄上一切含有物与外界的独立性、自我审美性。诗人对这种农业文明有一段眷恋之情，并将其理想化和简单化为"临山而歌/傍水而居/耕耘放牧　安分守己"的生活状态，而这种生活状态被诗人视为"美好的"。诗人颂扬了一种自给自足、自我养活的生活方式，而这种生活方式与现代文明的寄生生活方式有质的区别。于是显出诗人对农业文明的"独宠"，继而使得以村庄为单位的农业文明的主体得以彰显。也可以从村庄土地上那些充满灵性的生灵和一切村庄物种中发现其彰显的村庄主体。诗人笔下的世界自足的，故而具有排他性，至少是排工业文明，抑或是排任何寄生性的文明的。正是因为具有了自我与他者的区别后，我们的主体意识瞬然存在。

在诗人羊子那里，诗人通过对自己所在地域的自我审美化和自我审视来展现诗人的地域主体意识。地域主体意识就是所辖地域上的主体对自己所在地域的审美化和自我认同的表现。显然，羊子的诗篇《之二：怀想神仙居住过的村庄》就是在疆界当中寻找到自主的语词与言说方式：

---

① 欧阳梅. 羌族文学作品选·诗歌卷 [M]. 成都：成都时代出版社，2010：93—94.

神仙居住过的村庄神圣

在土地被一片片收割的季节

我每一次在阿曲河畔拥挤的峡谷梦游

用心朗读渐渐消失的青稞穗和油菜花

以及苍老暗淡的天空

从岁月的某一个根系开始

到内心累累的果实

到一脉逶迤的青藏高原

到日出而作日落而息

自耕自种的村庄

以及那些广阔而浩渺的水域

凝望神仙居住过的村庄时

神座是一枚坚实的果子

挂在川西高原土地丰美辽阔的胸口

无论贫瘠还是肥沃

都是永远的圣地①

　　羊子的地域主体意识就是对地域上的一切生灵和一切附着物的礼赞。诗人开始就将"神仙"一词修辞化，极言诗人居住之地的美丽、神圣。诗人构建了一种土地与其上附着物之间的生存伦理：青稞穗、油菜花以及其他的一切植物都与这片土地结成联盟，一种互利互惠的自然之盟。诗人笔下的羌民并非这片地域的主人，而仅仅是这片地域的居民。于是自然也遵循着这里的自然之道，但他们也遵循生物之道，于是日出而作、日落而息地活着。这种生活方式也是他们有别于外界主流社会的有力证明之一。诗的第二节，诗人代地域上的一切居民言说，在这样一种神仙般的居所，一切的主流社会的价值判断都在这里消解。于是"贫瘠""肥沃"这样的生活意义是被消解掉的。因为对于这片独立的、自成体系的地域空间来说，一切不属于这里的东西都是多余，都是无意义的。诗人羊子的地

---

① 欧阳梅. 羌族文学作品选·诗歌卷 [M]. 成都：成都时代出版社，2010：94—95.

域主体意识之强烈，在对文学空间进行考察的同时伴随着对时间的拷问。于是，空间不是彼此争夺的，而且具有排他性的，因为这片地域的完满性和伦理性，只能是在这里，而非其他地方。

当代羌族诗人要么是通过历史与现实的纠葛来彰显他们的地域主体意识，要么是通过一种反复强大的"叙事"方式来获得自我主体的显现，抑或是通过一种排他性的自足的生活方式来显现所在之地的地域主体意识。曾小平展现地域主体的策略就是在反复"叙事"的策略下完成的，他的诗《汶川，我生命里流淌的血液》里写道：

> 你是一部无字的史书
> 在羊角花铺满原野的四季读你
> 读你重重山巅屹立的羌碉
> 也读你盘山公路缠绕山腰的陡峭
> 读你阳光下一碧万顷的湛蓝的任性
> 2008年被科学家描述为地壳运动的怪兽
> 把画卷般美丽的你折腾得体无完肤
> 汶川，你的疼痛和我同时牵引[①]

诗人用诗总结，汶川是"一部无字的史诗"。而"史诗"一词在如下的诗人的书写中显露：一是就是那座拱卫和记录羌族风雨的羌碉；二是就是那蜿蜒曲折的盘山公路上的陡峭，在险峻中记载着羌族的沧桑与冷峻；三是就是那一碧万顷的任性的湛蓝；四是就是那制造灾难的"地震怪兽"，吞噬着一切美好的生灵。这样一个包含着幸福与不幸的汶川，她的一切与"我"牵动着。同盘旋的公路，诗歌一样将情感置于回环往复的慨叹中，诗人从汶川的两面性来强调汶川的一种存在，地域主体意识也展现在这种两面论述中。

曾小平是一个抒情诗人，而到达其抒情目的地，抑或是导引他滞留在抒情"陷阱"的一个有力表征就是，他善于运用拟人修辞，从而将抒情对象也将拟人化，如同其在《致激情的岷江》一诗所示：

---

① 曾小平.雪，飘飞的诗行 [M]. 北京：中国文联出版社，2016：67.

爱做美好幻想的岷江

你是远方的忠诚儿子物质的短暂情人么

多少年了

你肆虐狂奔不分昼夜

没有片刻宁静

像那匹北方忧伤的诗歌之马

这样行色匆匆究竟在找寻什么？[①]

其实诗人这种将对象拟人化的手法已经默认了一种认识论前提，就是人可以认识其他的许多东西，至少抒情诗人是这样认为的。如果曾小平在前面的节选那里是通过一种将汶川两面性的方式来证明汶川的存在，从而显示出汶川地域主体意识；而在这里的"岷江"是单面性的，至少少了那种毁灭性的力量，而是一种追逐的力量，不分昼夜地追逐。诗人预设远方是美好的，而这就是追逐美好的"岷江"的良性的一面。因为她一直在追逐，故而像一匹忧伤的马。诗人明白"岷江"在用一种不停地"追逐"，即一种移动的方式来证明自己，显示出诗人和一种假想中的"岷江"的自我关注与自我审美，这就是地域主体意识的彰显。

当代羌族诗人通过对其存在之所的书写、礼赞，抑或是对地域之上的生灵的赞颂来展示诗人自我审视的心理，即地域主体意识。这是从自然空间出发，经由诗歌活动建构再写社会空间和历史空间的过程。地域主体意识的重提其实就是主体在三重空间的整合里积极认同自我，或是在争取一种自我定义的权利。

二、当代羌族诗人群的文化主体意识

"民族"的命名本就是一种主体意识的彰显。民族主体意识会促生民族文化主体意识的诞生。当代羌族诗人群是一支具有很强文化意识的诗人群体，而这种文化意识会催生文化主体意识的诞生。何为文化主体意识？文化主体意识是指文化主体对自己文化存在事实的认证和认同，从而认为其文化与其他民族文化是并

---

① 曾小平.雪，飘飞的诗行 [M]. 北京：中国文联出版社，2016：69.

列的，而非附属的心理认知和文化意识。笔者将结合当代羌族诗人具体的诗篇，考察他们在诗歌中如何呈现其文化主体意识。

（一）

"民族"在中国有一种特殊的语境，在这种特殊的语境下，促生了民族的文化认同。有批评者这样说："文化认同指特定的个体或是群体，在文化交往或是碰撞中，从对方文化的历史渊源、文化特征，文化价值和人文底蕴中找到彼此共同点或相似点，从而促进彼此之间的亲和与凝聚。文化认同实质上就是对自我文化身份的寻找与确认，认同的过程就是人们通过他者或社会环境来确认自己身份的过程，也是在自我之外寻找自我和反思自我的过程。"简言之，文化认同就是文化主体意识。羌族诗人的民族身份保障了他们写作中文化主体意识的合法性和伦理性。在诸多的羌族诗人中，羊子是一个具有浓厚的文化意识的诗人。就如其在《岷江的高度》一诗里写道：

营盘山，是岷江大峡谷

第一次升起炊烟的文明的母地

弥漫性灵，智慧和族群的歌舞

打开的陶罐，狩猎的弓箭和棍棒

挂在胸前凝聚方向的玉佩

吆喝石锛石斧走进土壤

锁渔网线在手中，起落有致

火光，火光，熊熊的火光

生长在漆黑的天空之下

烛照西南山河，一片通红[①]

文化历史的想象性重构：从羊子论述历史的目的性来讲，有一段评论是非常恰切的："羊子的重述历史并非对历史事实进行梳理和记录，而是在对历史文化记忆的文学想象中找寻民族根基，进行自我定位和自我认同，进而唤起人们对于民族文化的自豪感，在对民族性的把握中找寻涅槃重生的力量。"民族身份决

---

① 杨国庆．一只凤凰飞起来 [M]．成都：四川文艺出版社，2007：4.

定羊子的写作目的的简单性和纯粹性，即一切写作都遵循民族的生存伦理和作家自身的预设机制。这样的目的论和先验论对作家是具有双面性的。诗人以一种毅然决然的口吻说，岷江旁的硬盘山是人类文明第一缕炊烟升起的地方。诗人这种"罔顾"历史事实的举动，抑或是对历史"知识"有意曲解的行为，显示了诗人对其民族历史文化的自信和认领。进而在一系列视觉文化谱系的具象里抒写了那里生活着智慧的羌族，他们制造打水的陶罐，制成狩猎的弓箭和棍棒，那种原始的玉配件、渔网等。

诗人抒写文化主体意识的方式：一是诗人通过一种刻意曲解历史的方式，人类的第一缕炊烟是在硬盘山升起，他毫不犹豫地将悠久的生命与唯一的地理坐标建立起连接的通道，在有意"冒犯"理性的书写中显出一种自我文化的超强主体意识；二是诗人以列举的方式，历数人类早期的渔猎文明，于是将自己的民族的文明追溯到原始时期，诗人这种对历史在时间意义上的想象性的重构，显出诗人的文化主体意识。诗的末尾，诗人又以一种预言式的笔法写道：（火光）烛照西南山河！在此，艺术时间以紧密咬合而又错位的形式组构起诗人对时间的处理思维，他在"太早"与"太迟"的姿态里，以身体的感官形象触摸到艺术时间的"在场性"。因此，诗人的诗歌容量非常可观，以一小段诗行便囊括了一个渔猎文明的起点和后续……

（二）

如果说羊子对民族历史是重构的，那么梁琳筠对民族历史却似是记录的；如果说羊子对历史是"曲解"，那么梁琳筠对历史的记录则是"正解"的；如果说羊子是一个具有排他性的民族文化主义者，那么梁琳筠则似乎是一个包容的国族文化主义者。尽管二者的站位不尽相同，但他们始终都将羌族置于文明的中心，或是始源，这种抒写方式就是文化主体意识的彰显。如梁琳筠的《瞩望·羌》写道：

> 于荒蛮之肤　破处
> 文明的胚芽根植进炎黄的厚土
> 分流驱洪　涂山拜侯
> 谦德的衣袖裂变出帝王的版图

> 从此九州　九鼎
> 国家始发　华夏一统
> 从牧羊的羌里走出
> 铿锵的脚步踏遍历史的天空①

要理解这首诗歌，需要回到羌族民间故事《大禹王的故事》里的记载：

天上的火神和水神打仗，最后水神被打下人间，他东一头西一头乱撞，跑到哪里哪里就发大水，给百姓带来数不清的灾难。天神木比塔知情后，就派一位治水英雄降生人间。这夜，石纽山上一个羌家妇女生了个怀胎十年的孩子——大禹。大禹生下来三天就会说话，三个月就会走路，三岁就长成一个红松一样的汉子。②

由此可以看出，羌族视大禹为民族治水英雄。于是，作为读者的我们突然明白，梁琳筠的题目是《瞩望·羌》，而诗中却全部都在说大禹的功绩。

文化历史的重现：羌族作家谷运龙说："一个民族的诗人应该是一个为自己民族深深忧患着的诗人，也应该是一个对自己民族文化深深忧患着的诗人。琳筠就是这样的诗人。她不仅对自己的民族和民族文化深深地忧着而且真真切切地痛着。"③文人反复言及的要么是让他痛苦的，要么是让其快乐的。谷运龙或许是从别样的视角感受到诗人的痛苦，不然笔者仅感受诗人的一种自我迷醉的自豪感。诸多的羌族诗人可能是受一种文化意识的浸染，都习惯性寻找历史的始源问题，就是往前追溯历史。然而他们几乎不需要历史的考据式的知识，而是一种阐释性的历史知识。至少历史在羌族诗人的笔触下，是多面孔，而非定于一尊的单一面。羌族诗人对历史回溯的偏执，表现了他们浓厚的历史意识。具有历史意识，就是一种自我文化关注和自我现实观照的体现。诗人言说，治理水患的大禹，始发于一个荒蛮之地，这荒蛮之地的文明根基深深地埋进炎黄的土壤，成为中华文明的源头之一。可以看出，诗人追溯文明始源，自我审视文化，对自己民族文化充满自豪感。诗后面具体分九州，国家一统的论述，也是诗人对于自己民族文明服务于整个中华文明的重要性的表达，显示了诗人强大的文化主体意识。

---

① 梁琳筠.羌云[M].南昌：江西高校出版社,2019：19.
② 李明.羌族文学史[M].成都：四川民族出版社,2009：75.
③ 梁琳筠.羌云·序言[M].南昌：江西高校出版社,2019：4—6.

（三）

与前面的羊子和梁琳筠相比，羌人六的文化触角并未伸向历史的迷雾中，而是在现实中鉴照自我民族，在不可停止、不断发展的现代性进程中，羌人六显示出一种超于其年龄的冷静和睿智。就如羌人六在《安慰之诗》所示：

> 我的村庄还在，庄稼还有人种
> 玉米、菜籽、花生、麦子
> 土豆、红薯、豆豉、空心菜
> 世界越来越旧，锄头、犁、镰刀
> 扁担、背篓、耕地的牛，这些
> 熟悉的身影，没有被荒废
> 没有作为象征或纪念，置身于
> 静态的民俗展览①

诗人已经抛弃前辈诗人那种总是随意在历史中窃取的行为，而是用一种词语的修辞术烛照现实。民族诗人的第一人称极少情况是一个"个体的我"，一般都是一个"族群的我"。当然，这里的"我"，与其将之视为诗人羌人六，还不如将之视为诗人所属的民族，即羌族。羌人六的关键词有着复杂的意味，就如"还在"一词。换言之，就是已经有"不在"的村庄和庄稼。即使是"村庄"和"庄稼"两个名词，也经过了诗人的修辞术，所以不能等闲视之。这两个名词就是农业文明的转喻，而这两者还在，就是说明羌族的农业文明还存在那里。诗人冷静地悉数两个名词衍生下的一系列的名词，这样流水账似的抒写，是何以体现文化主体意识的呢？诗人在言及民族文化时，以一种改头换面的方式，论述了故园一切如旧的情景。而诗人在"故园""存在"与否的执着，似乎可以视为以诗人为代表的民族者自我的审视，而结果貌似是理想的。其实许多羌族人都明白，他们的农业文明必然会被现代文明的"暴力"摧毁。在诗人的论述中，这些农业文明的遗留之物是没有被当作象征或是纪念品，而是被闲置在民俗展览馆。诗的末尾是一种自欺欺人的论断，因为连诗人自己都明白，其民族的文化命运是令人唏嘘

---

① 羌人六.羊图腾[M].成都：四川民族出版社，2020：2.

的，民宿展览馆就是她们的归宿。诗人在消极的"情境预期"中进行自我表达，但又超越了"个人表达"的特殊性，以"个人"的退却换取整体现身的契机。于是，诗人通过对农业文明的现存状况的抒写，隐约表达了诗人失去民族文化的一种焦虑和恐惧。

羌人六对农业文明的抒写总是寓言式的，其审美经验就是在农业文明中培育、滋润与成型的，而他的写作就是通过现实的考察，然后预言这种文明的将要面临的结局，酿就一种难言的疼痛与破碎的美学。如其在《从一个遥远的地方醒来》中所示：

> 后半夜，从一个遥远的地方醒来
>
> 浑身都是冷汗，裂缝和汹涌的碎片
>
> 仿佛谁的几声叫喊，惊醒了皮囊里
>
> 梦幻的羊群，石头，屋顶，河床，山，夜空
>
> 炊烟，村庄，以及弯腰把醒目刻上墓碑的父老乡亲
>
> 还有把心事写在水上的秋风
>
> 甚至来不及打个招呼
>
> 我眼睛里的风就吹灭了一切
>
> 只剩下孤零零的自己
>
> 在卧室里乒乒乓乓弹来弹去
>
> 弹了好一阵子，终于停下来
>
> 树皮般龟裂的手啊，捏着一小块
>
> 谁的叹息①

羌人六是一个用词非常考究的诗人。如"后半夜"一词，貌似是说明文明的裂变就是发生在前半夜，抑或是白天，不会超过一天一夜。还有"遥远"一词，其实并非物理空间层面的"遥远"，而是诗人对这种裂变情况的一种陌生的心态。诗人浑身冷汗，一种隐藏在心里和脑袋里的"裂缝"（即对农业文明的悲观认知）和"碎片"（即对农业文明的悲观认知）貌似苏醒了。诗人忽然闪现了

---

① 羌人六.羊图腾[M].成都：四川民族出版社，2020：25.

已经内存的"羊群""石头""屋顶""河床""山""夜空""炊烟""村庄""墓碑的父老乡亲"等，代表着农业文明的物体，也是农业文明的转喻。然而诗人的选词中的"夜空"也是意味复杂的，因为常识和经验告诉我们，文明更替与夜空是无关的。诗人将心事告知秋风，但秋风一下子就走了；只剩下诗人自己孤零零一个，在乒乒乓乓声中听到了未知者的叹息。"冷"，抑或是"冷清"是诗的"诗眼"：一是半夜醒来，诗人会感到冷，或是冷清，因为传统的农业文明已经"遥远"，感受到文化主体的裂变；二是浑身冒冷汗，因为诗人之前对文化主体，即将毁灭的预判，已经发生；三是他人和自己的清冷的叫声，叫醒了诗人，于是他突然意识到文化主体已经消亡；四是秋风吹在诗人身心，缠绵不已，想到文明不在了，故而冷清不已；五是只剩下自己，无所适从，故而冷清难耐。总体来说，因为冷的这种状态，诗人直接或间接地感受到文化主体意识；而诗人"冷"其实质是一种与诗人引起共振的，因为他们同性质的文明的消亡，从而诗人像是失去了外壳的贝壳，难以寄存。

（四）

诗歌《雪，漂浮飞的诗行》《漂浮在雪域的灵感》证明了曾小平是一个非常棒的抒情诗人，是一个非常清逸之人。不仅如此，当笔者仔细研读其有关羌族历史文化的诗作时，突然意识到他是一只负重前行的"海龟"，那种挥之不去的历史厚重，甚至是沉重在其笔端显露。就如曾小平在《吹响春天的号角》所抒写的：

> 五千年金色的文明在甲骨文里泛光
> 我看到了那游牧广袤大草原的祖先
> 寻找水草丰美沃土的疲惫目光
> 悠悠羌笛昭示曾经的苍凉与沉郁
> 本是羊一般纯洁善良
> 却成为奴隶、人牲和赠品
> 我看见蜿蜒曲折的古栈道上浮现
> 深深浅浅的脚印——祖先抒写的
> 执着和坚韧

云云鞋帮绣的不是云彩　波浪

恰是历尽沧桑的长长迁徙①

　　曾小平的历史之轻盈与历史之厚重，在其历史文化诗篇中是诗人的两维，而这两维也恰恰表现出诗人的文化主体意识。历史之轻盈和历史之厚重：一是诗人以一种饱含深情的笔触，回溯祖先的踪迹，祖先在五千年的文明的甲骨文里"泛光"；二是祖先也在广袤的大草原寻找肥美的水草，祖先本就是如羊般纯洁善良。历史之厚重：一是诗人想象性对历史重构，想象着祖先在找寻水草丰美之地时的艰辛、沉重、危险以及暴力；二是羌笛从古至今，一直在吟唱着苍凉与沉重；三是善良如羊的羌族，成为奴隶、人牲以及赠品，被非人化；四是古栈道上，那历尽沧桑的迁徙的脚印。诗人在回溯祖先历程时，将历史的一种抒情诗式的轻盈与历史的悲吟式的厚重纠缠，缠绕起来，显示出诗人的历史文化主体意识和诗人对历史的一种重构的倾向的表象。不知道是不是羌族没有书面形式的史诗的原因，羌族诗人都执着于对他们历史的想象性追寻，其实就是试图对历史进行一种个人化的阐释和重构，继而实现诗人对民族历史文化的写作。羌族诗人在面对其民族历史时，往往对民族历史进行重构，并在想象性重构中做出一定努力。当然，羌族诗人对历史的写作倾向性，也是一种集体的文化主体的显现，同时也是集体潜意识对历史，尤其是对书面历史一种痴迷的体现。

　　历史双位面的写作在曾小平的诗歌中是一个不可忽略的话题。而这一命题的实现，有时候不一定都是直陈其史的，有时也往往借助一些隐喻的方式来直达其重述历史的目的。如其在《啊，海龟》一诗中写道：

那斑斑驳驳龟纹

是发育了五千年的象形文字

你强健的身体

一直背着敦煌莫高窟飞天的辉煌

一步步　一步步爬行数千年

至今坦然如初②

---

① 曾小平.漂浮在雪域的灵感[M].北京：中国文史出版社,2007：34.

② 曾小平.飘浮在雪域的灵感[M].北京：中国文史出版社,2007：96.

隐喻在此诗中的徘徊，从语言符号层面延展到文化象征视角，诗人在诗中以隐喻的手法开始了自己对民族历史的阐述，通过现象描述一个文化群体的情感态度。在这里阐释诗人的隐喻的含义，是理解诗人对民族历史文化的前提。诗人将海龟的龟纹比作象形文字，而象形文字在这里具有转喻的作用，引出了羌族整个民族；诗人抓住海龟寿命长的特点，并将之与羌族进行比较。诗人的理解，因为久远，故而必然强健。羌族一步步地走来，历尽千辛万苦，其起点不仅仅是艰苦，而是一种缓慢的生存方式。诗人坚定地说：至今坦然如初。诗人用了"海龟"的意象，完全拆解了羌族的方方面面，抑或是说，这个海龟就是诗人民族的真实写照。羌族诗人总是喜欢以一种时间的久远性来弥补如今羌族存在的一些缺憾，从而获得一些心理补偿。但是，历史与现实互相照鉴的一瞬间，他们的历史就附着一层厚厚的斑驳的铠甲。因为他们的历史似乎是无从附着的，所以许多羌族诗人才在其历史层面那么积极写作。因为羌族被视为没有自己的一部历史书的民族，所以我们也就不难理解羌族诗人在历史维度中的那种焦虑与不安：总是试图阐释，或是建构他们久远的历史。

三、民族主体意识

民族主体意识就是人们对自己民族身份和既存事实的天然认领，抑或是逐渐认同的心理意识。当代羌族诗人群具有非常浓厚的民族主体意识，而就民族身份的认知，耿占春曾说：对少数民族自身以及弱势族群来说，身份的唤醒丝毫不意味着局外人的异国情调或是任何浪漫趣味。在近代历史中，它是在殖民主义和形形色色的相似的情景之下一种抗争的起点。独特的历史传统及其与现实世界的复杂关系最先唤醒民族诗人的自我意识，并唤起自我定义、自我表征的迫切愿望。少数民族和一切弱势群体都面临着被他所叙述、所定义的境遇，少数族群的自传性叙述是一种自我定义的行为，以纠正他人的压迫性或是自我中心化的定义。①

由此可知民族主体意识，抑或是民族身份意识其实也是纠偏他者对民族自

---

① 内蒙古师范大学中国少数民族作家研究中心.吉狄马加诗歌研究专集：中卷 [M].北京：作家出版社,2012：791.

我的定义的有效方式。在这里，民族就是一种特殊语境，民族拒绝自我风情化和自我浪漫化，因为拒绝被凝视，或是被观摩、把握是民族主体意识的存在的有力明证。在论述民族主体意识这样一个话题时，我们往往会面临着一个论述的二元陷阱：民族主体意识，拒绝民族自我客体化和自我风情化；同时，民族主体意识，切莫陷入敌对的二元对立思维的泥淖里。霍米·巴巴在《民族与叙事》的导言就开宗明义地指出：民族，就如同叙事一样，在时间的神话中失去了它们的源头，只是透过心灵才能全然意识到自己的视野。这样一种民族或者是叙事的形象似乎显得极为罗曼蒂克并未具有过多的隐喻性，但正是从政治思想和文学语言的传统中，西方出现了一种强有力的历史性观念的民族。[①] 民族的"叙事"的性质将民族的虚构性和流变性清晰地展现，故而将民族视为一种本质主义的行为应该受到人道主义的谴责的。如果说西方的民族话语是从其虚构性来论述，那么中国的民族话语则是从构成性层面进行阐释的。学界早年就此对这种"华夷之别"有如下论述：自古中国一统之世，幅员不能不光远，其中有不向化者，则斥之为夷狄。如三代以上有苗、荆楚、猃狁，即今湖南、湖北、山西之地也。在今日而目为夷狄可乎？至于汉、唐、宋全盛之时，北狄、西戎世为边患，从未能臣服而有其地，是以有此疆彼界之分。自我朝入主中土，君临天下，并蒙古极边诸部落俱归版图，是以中国之疆土开拓广远，乃中国臣民之大幸，何得尚有华夷中外之分哉。[②]

这样的观点似乎可以消解某些将民族视为一种本质主义的观点，而中国的"华夷之别"这样的标准是非"血统"的，而是"文化"的。正如葛兆光在《宅兹中国》一书中所说：钱穆的《中国文化史导论》（修订版）第三章"古代观念与古代生活"说，"在古代观念中，四夷与诸夏实在有一个分别的标准，这个标准，不是'血统'而是'文化'。所谓'诸侯用夷礼则夷之，夷狄进于中国则中国之'，即此是以文化为华夏分别之明证。这里所谓文化，具体言之，则是一种'生活习惯与政治方式'"。[③]

纵观前面"民族"一词的论述，我们可以看出"民族"一词的虚构性与流变

---

① 生安峰．霍米·巴巴后殖民理论研究 [M]．北京：北京大学出版社，2011：58．
② 中国社科院清史所．大义觉迷录 // 清史资料：第四辑 [M]．北京：中华书局，1983：45—46．
③ 葛兆光．宅兹中国 [M]．北京：中华书局，2011：45—46．

性，故而那种将民族视为本质主义的观点都应该受到人道主义的强烈谴责。而笔者论述一种民族主体意识就是在明证民族的"虚构性"，即民族是一个想象的共同体的前提下，对本民族的自我认同。接下来，我们通过细读当代羌族诗人的诗歌来感悟他们的民族主体意识。

（一）

家国一体。羌族诗人雷子的民族主体主义显然更"符合"国家意识形态对民族作家的想象。因为在雷子的笔下，民族之情与国家之间是纠缠不清，缠绕在一起的，他的作品显示一种朴素的人道主义精神。笔者无意于论述"家"与"国"之间的异同，诗人雷子应该也无意如此。即不管是作为小单位的家，还是作为大单位的国，其本质都是先贤在人道主义的想象下，逐步建构的。而如果"家"与"国"逃逸人道主义的框定，那么该思维不仅仅是我们，还有你们。一场地震貌似改变了诸多羌族诗人的写作倾向和心理认知，至少是加浓了他们叙事的纪实性成分。雷子在其诗《我是汶川的女儿》中写道：

<blockquote>
我是汶川的女儿
却不是地震的孤儿
当天上"吉祥的神鹰"在废墟的上空焦急地盘旋
"神兵"的降落伞如雪莲般圣洁
冲锋号、先遣队、水陆空并进
祖国人民拯救汶川人于千钧一刻

我是汶川的女儿
我的命运与岷山汶水一脉相连
再多的文字也无法承载血浓于水的深情
是怎样的大爱沐浴受创的山河
是怎样的大爱抚慰灼伤的心灵
山河相牵唇齿相依
四海之内不离不弃
岷山不哭岷江不泣
</blockquote>

汶川的儿女不哭泣[①]

雷子的诗开始就说："我是汶川的女儿/却不是地震的孤儿。"汶川就是羌族身份的另一种表述，雷子一开始就表露自己民族的身份，表明对自己民族身份的认可。但因地震，汶川遭受重创。然而在一种人道的牵引下，国家主义的力量和世界主义的力量汇聚于此，给了他们力量，给他们（羌族，也包括其他受灾群众）一种人道主义的力量，雷子才说，自己不是地震的孤儿。当然，在符号化的"吉祥的神鹰""神兵""冲锋号""先遣队"是国家主义力量的具体表征。而"祖国人民"这样的表述与平常的含义也是不同的，或者说，在雷子那里，只有挽救生命的力量即人道主义的力量，而没有其他的力量。诗人再次提及"汶川"，表明此刻的汶川也不仅仅是一个民族的汶川，而是一个国家或是一个世界的汶川。诗的第二节，诗人再次提及"汶川"一个祖国山川的具有具体位置的"汶川"，再次彰显汶川以及汶川背后的生命的主体性显现。与灾难和人情联系在一起，再次让诗人感受汶川与外界那个本质、切己的人道主义，孤儿再次显示出诗人以及诗人背后群体的主体性。诗人的家国一体的背后是一种人道主义。从诗人理解层面来说，诗人的民族主体意识本质上，与家国一体的心理认知是同样具有人道主义精神的。

因为对岷山的一种切己性，诗人雷子将岷山与"我"最近化。作为自然物象的民族集体记忆的符号，只有当实现个体的主体性的返回，才能够使记忆的组构不在自我选择中式微。于是"岷山"已然成为一个有着"挺拔"脊背的父亲。如雷子在诗中所写：

> 岷山我父亲
>
> 千年以前您的头顶堆满了旺盛的冰雪
>
> 您挺拔的脊背纵横千里
>
> 构成了通向世界屋脊的阶梯
>
> 您宽阔的胸膛容纳了亿万年生命融化的奇迹
>
> 当里氏八级将您的躯体抠成森森白骨

[①] 欧阳梅. 羌族文学作品选·诗歌卷 [M]. 成都：成都时代出版社，2010：106.

我的父亲奄奄一息①

雷子在这里用了两个名词来构筑其民族主体意识："岷山"，一个专有名词，与"父亲"构成同位关系，故而强化岷山与"我"之间的一种同质性关系；"我"，人称代词，与"岷山"即"父亲"构成一种平等关系。因为一种同质性关系，诗人用两个名词，反复强化了"我"的存在和"我"与"岷山"的亲缘关系。因为有一种不需要言明的爱，所以岷山用自己的胸膛容纳了亿万的生命，但当遇到一种自然的荒诞性时，亿万的生灵在里氏八级的地震中被"抠成"森森的白骨，从此父亲奄奄一息，因为父亲与生存于其上的生灵拥有同样的生命。孕育与失却的哲学话题嵌套在生活逻辑之中，从而实现了主体情感的扎根。

（二）

用一种借寓的方式来抒写民族主体：论述到羊子的民族主体意识时，龚学敏曾说："羊子所有的诗歌中，都可以看出他对一个民族曾经的辉煌，表现出无限怀想。"这是一种民族意识，抑或是民族主体意识之意，而非排斥他者，对他者怀有敌对的种族主义之意。羊子的写作总是与历史纠缠不清，将历史当作一个秋千。如其在《岷》中所示：

难道您倦了吗？
默默支撑几千年信念的岷，
怎么能在这样一个举世跨步的时态中，
把宿命的利刃刺向当口，
怎么能够放弃永远不倒的根柱，
痛彻我的心扉，
而我仅是众多山水心灵中的一个，
即便我是真的碎了，
我的信仰依然凝聚而升腾②

①　欧阳梅.羌族文学作品选·诗歌卷[M].成都：成都时代出版社,2010：104.
②　羊子.岷辞[M].成都：四川民族出版社,2022：217—218.

　　诗人以一个疑问起头说：难道您倦了吗？一个尊称的"您"，就可以看出"岷"在诗人心目中的位置。一个"倦"字，不答而知的字。诗人已经明白了"岷"的"倦"。与其说"岷"就是岷山，还不如说岷就是人，就是诗人所属民族，即羌族。因为后面有这样的论述："依然想起，/与山水相生的遥远而渺茫的，/岷，是山是民，是民是山，/是人托举着山，是山幻化作人，/直至隐入山的骨肉的里面。"因此，我们知道诗人反反复复地说"岷"，其实就是夫子自道。因为岷就是诗人所属的民族，而"我"也是羌族的一员，故而诗人在这种反反复复的言说中，展现出诗人的民族主体意识。而"我"在诗中有两意义，其一是诗人自己。其二是以诗人为代表的羌族。诗人从时间的跨度中言及"岷"的久远性，其实就是说诗人所属民族的久远性。因而这也算是诗人民族主体意识的显现。诗人从一种时间的久远性论及当今的时代，乍现一种跳跃在历史与现实之间的写作方式。即使现实有诸多的苦难，"我"依然坚强地将信仰凝聚升腾。

　　如果羊子在前面是将一个静物"岷"肉身化、活态化，从而构成他独特的历史写作方式，进而达到展现民族主体意识的目的；那么接下来羊子便用了"羊"这样一个意象指代羌族，从而表现其民族主体意识。如羊子在其诗《羊》中所示：

> 穿过野性的生长，
> 穿过森林和山岗，自由而抒情，
> 羊与祖先的目光和思想在一起，
> 浩浩荡荡，来来去去，
> 安安心心与人交汇。羌。
> 羊人相生。完成责任和使命。
> 告别高居，拉开家园的序幕，
> 这些羊和这些祖先，
> 成为东方大地上永远追寻，记忆，
> 相会的终极家园主人。
> 从此不再分别，羊与人，
> 不再与天地对抗，生疏和怨怼
> 两个时空走来两种生灵，

羊人合一，走出朝不保夕的生存^①

羌族诗人可能各有各的想法和手段，但有一点是非常相似的，那就是他们都试图去重构历史，继而将历史阐释为切己的历史。开始时，诗人为"人"与"羊"的相遇开辟一个想象中场景，而那里有野蛮生长的草，最终"人"与"羊"在一种内在的"自由而抒情"的气质的指引下，穿越森林与草原，最终相遇。"羊"与"祖先"相会即意味着完整的羌族的显现，即民族主体性的展现。从此他们安安心心地生活在一起，拉开一个文明的序幕。羌族诗人将关于他们民族的论述追溯久远，从而获得一种心理补偿。在反复论述民族历史时，他们的民族主体意识也在显露。诗人在这里虚构了一个"人"与"羊"，他们在一种同质性的精神气质的指引下，找到了彼此，彼此成就，最终完成了羌族的成形，也拉开了一个文明的序幕。诗人的抒写隐去了早期羌人猎杀羊时的血腥与残暴，从而构筑一个美好、和谐的早期文明模式。诗人实现了自己抒写民族主体意识的目的。

（三）

梁琳筠是一个民族情感非常强烈的诗人。梁琳筠非常注重从文化、文明的视角来阐释自己的历史观，从而实现展现其民族主体的目的。就如其在《穿过汉字》一诗中所示：

<blockquote>
穿行现在神州大地

我的祖先丢失了自己的文字

凭着言传身教

承扬起先祖的智慧与文明

离开苍茫的黄河之源

脱掉狼皮裘衣

族的儿女跋涉进岷江上游

隐入川藏高原的横断山区

从茹毛饮血到刀耕火种

游牧化为农耕
</blockquote>

---

① 羊子.岷辞[M].成都：四川民族出版社,2022：147—148.

沧桑被打碎放进骨髓里

族的生命迸发射出火的激情①

羌族文人，或是集体的羌族，或许最感遗憾的是他们纵横天下的祖先竟然没有给他们留下文字。于是他们在传说中这样解释他们没有经书的缘由《猴皮帽的来历》：羌族原有经书，在端公睡时被白羊吃了，端公因而哭泣。有一只金丝猴来问时，端公才以实相告。金丝猴告诉端公把白羊杀了，食其肉，用其皮做鼓，敲鼓一下，即可吐出经文一句。端公照办，果然灵验。后端公又因缺乏旅资而哭，金丝猴又引导其归路。端公为感谢金丝猴的大恩大德，世代不忘金丝猴，从此以猴皮为帽，猴尾做帽之三尖，并尊称猴子为老祖宗、老师父。

诗人对于羌族没有文字的历史是想象，而没有直接去解释，然后给出一个诠释，仅说"（他们）穿行在神州大地"，这样一个简单句，或许就是羌族没有自己文字的一种解释。面对没有文字的情况，诗人并没有表现出一种懊悔，而是说，他们凭借言传身教，传承祖先的美德和智慧。他们浩浩荡荡地迁徙，离开黄河之滨，在路上逐渐脱掉象征着渔猎文明的狼皮裘衣，从而可以看出他们在迁徙中，逐步实现他们民族的"现代化"（这也可以看出他们出走的时间的久远性），至少是符合中国进化论的逻辑的。他们最终来到岷江上游，逐渐隐藏在横断山区，过着与世无争的生活。他们从茹毛饮血的原始生活到刀耕火种的采集渔猎生活，再到逐水草而居的游牧生活，最后才在岷江上游横断山区隐居。诗人也写出了他们迁徙的沧桑，生存不易的意识已经深入骨髓。

诗人以一种进化论的观点历数羌族的文明的进程，而诗人言及羌族文明之时，就是诗人自我审视，自我认同之时，也是民族主体意识显现之时。

诗人以清新淡雅的文字描绘着清丽的风景，然后以略带深沉的情绪对其民族继续提问。对民族历史想象性重构好似是羌族诗人的一个共性，但梁琳筠的历史论述是在一种浓烈的感情的导引下进行的，最终找到了她感情的寄托点。如其《溯源》一诗所示：

---

① 梁琳筠．羌云 [M]．南昌：江西高校出版社，2019：4.

当空气插上了翅膀

当雨露忘记了冬夏

欢舞的彩蝶

你是否还记得来时的路

当清清溪泉跳跃着奔向远方

当美丽的羊角花谢了又开

穿梭的蜜蜂呀

你是否还明了忙碌的根源

当五谷熟成了流光

当群峦弹奏起七彩的童话

西天的云霞呀

你是否还叩首晨曦

当季节封锁着过往

当世界凝固在当下

跋涉的脚步呀

你还记挂着何方

守望羌山那山深处的深处

安住着羌的魂还是山的脉

相望岷江那江尽头的尽头

储存着族的根还是羌的源

当旋舞的雪精灵

开始拥吻着峰峦

族的心魂裹满了温馨的依恋[①]

　　诗人这首清丽的诗，非常具有民歌的特点，以一种"当……/当……/……/你……"的句式来完成自己的书写。诗人找到了一个她情感的寄托点，如"彩蝶""蜜蜂""云霞"等等。诗人用这种美好的意象论述自己的民族情感，为后面的有关民族的稍微抑郁的论述做一种反衬。诗人在前面一直都在用她的情感的

---

① 梁琳筠. 羌云 [M]. 南昌：江西高校出版社，2019：26.

寄托点来比喻她的民族，她的民族如彩蝶一般，当遇到特殊的时令时，总是让她想起一些特殊的情景。当她看到美丽的羊角花时，她就联想到蜜蜂，而当她看到蜜蜂时，她就想到自己的民族，当诗人看到五谷变成流光，群峦奏起七彩的童话，她就想到西天的云霞，进而联想到自己的民族，而此刻就是民族主体意识彰显的时候。当诗人想到季节封锁着过往，世界固化在当下时，诗人就想到那一双双跋山涉水的脚，继而想起了自己的民族，民族主体性就此彰显。诗人看着那一山又一山的阻隔，想着魂魄被锁住的情景，诗人就此想到她的民族，于是诗人的民族主体就显现。诗人望着岷江那尽头的尽头，突然想起她的民族；诗人想着储存着族的根还是羌的源的问题时，又想起其民族，故而诗人的民族主体就此建构。当诗人看见在草丛里旋舞的雪精灵，又开始拥吻着峰峦时，诗人那民族的心魂裹满了温馨的依恋，轻轻地想着她的民族，同时也完成了自己的民族的主体意识。字里行间的意义，百般风情的沟通，一唱三叹的达成，这是诗人强烈情感的活态复现。

（四）

就民族主体意识这个话题论及曾小平时，笔者貌似看不出他与民族主体意识有什么关联，于是一时令人茫然，但我突然想到葡萄牙诗人佩索阿在给他的好友阿道夫·卡斯伊斯·蒙特罗的信里说道：从幼儿时代起，我就喜欢幻想我的周围有一个虚拟的世界，幻想出一些从来不曾有过的朋友、人物。自从我意识到我之为我的时候起，我就从精神上需要一些非现实的，有形象，有个性，有行为，有身世的人物。对我来说他们是那样的真实，就如在面前。我为他们编造出姓名、身世，想象出他们的样子——脸孔、身材、衣着、风度——我会立即看到他们就站在我的面前。就这样，我结识了几位从来没有存在过的朋友。[①]

而无独有偶，批评家耿占春在《吉狄马加：返回吉勒布特的道路》一文中也写道：在多种异名书写中，吉狄马加如此偏爱一种传记话语，因为这种话语一开始就包含着诗中之人和诗外之事，隐含着某些历史、事件、环境及其符号表征。对吉狄马加来说，一种传记式的叙述意味着，一个专名字变成了一个专有名称，被一个族群所记忆的名字。[②]

---

① 杨蕾.费尔南多·佩索阿：以异名书写孤独 [J].世界文化，1994.

② 吉狄马加，著.张志刚，选编.马鞍的赞词 [M].北京：中译出版社，2021：29.

于是笔者忽然明白诗人曾小平正是用一种异名的书写方式。显然曾小平的异名写作方式就是采用一些与民族（羌族）主体比较切近的意象，展现民族主体意识时诗人运用了与众不同的方式。如曾小平的《萝卜寨，一个崛起的梦幻》一诗中，则是借用与羌族生存息息相关的萝卜寨来指证民族主体：

> 萝卜寨
>
> 写满岁月沧桑的萝卜寨
>
> 您黄土夯筑的艺术杰作
>
> 是一本无字的史书
>
> 满载着羌族先民的勤劳与智慧
>
> 千百年的风霜雨雪
>
> 没能改变你的容颜
>
> 千百年的等待没有使你消沉
>
> 你的奇迹告诉世人
>
> 尔玛人很坚韧
>
> 长长的小巷
>
> 是一把钥匙
>
> 引领文人墨客
>
> 开启一个民族远古文明的大门[1]

从异名的理论视角来看，"萝卜寨"即是羌族的异名者。这种异名书写方式与转喻非常类似，因为转喻是借一个与述说主体有联系性的东西来指代述说主体；而异名书写是借一个与述说主体有关联的东西来指代述说主体，形成写作与接受双重维度的承接。既然将萝卜寨被视为羌族的异名者，那么我们就可以明白萝卜寨所具有的一切性质也将是羌族所具有的。萝卜寨所具有的特征：一是写满岁月的沧桑，时间的久远性；二是夯筑的艺术杰作，精美的外形；三是无字的史书，记录着羌族的勤劳与智慧；四是千百年的等待，并没有使其消沉，具有韧

---

[1] 欧阳梅.羌族文学作品选·诗歌卷 [M].成都：成都时代出版社,2010：147.

性。从几个特征看来，诗人不仅仅是在说萝卜寨，也是在说自己以及自己所属的民族。几次言及萝卜寨，就是几次在言及民族主体；因为在这里，萝卜寨就是羌族的异名者。

诗人在这里同样也是一种借寓式的异名书写，从眼前的禹碑联想到大禹、大禹治水的艰辛。诗人总是言及的大禹其实就是羌族的异名者。如其所在《禹碑岭上的思考》上所示：

> 驻足禹碑岭的石碑前
> 陷入久久沉思
> 当时光的车轮碾过千年
> 习惯灯红酒绿
> 用钞票度量贡献
> 谁丈量过与大禹的距离
> 八尺高的石碑普普通通
> 数千年来活在群众心中
> 他就是拯救百姓为民造福的大禹
> 一个传颂千年的治水英雄①

诗人看见禹碑岭的石碑，追思大禹的丰功伟绩。于是突然陷入久久的沉思，并由此反观现实中拜金主义盛行、物质主义猖獗的情况，回想起大禹的贡献和那种无私奉献的精神，无人在意、无人保存，从而抛出诗人对现实社会道德伦理和生存哲学的质疑，甚至做出诘难。在下面，他又言及老百姓记住大禹的丰功伟绩，非常崇敬他，可见他前面对现实的一系列责难，在此刻是有所特指的。他所指的应该是中国的新贵阶层，不思回报社会，只是在享受他人提供的物质，就有点像吸血鬼。我突然想到一句话：圣人无私，故成其大私。试问千百年，老百姓依然心心念念的是大禹，并非因为他是夏朝的建立者，而仅仅因为他是治水英雄，为老百姓治理水患，故而他被老百姓铭记，他的事迹被老百姓传颂。当我们

---

① 欧阳梅. 羌族文学作品选·诗歌卷 [M]. 成都：成都时代出版社，2010：148.

一直在论述大禹的丰功伟绩时，我们不要忘了，在羌族的认知概念里，大禹一直都是羌族的传奇英雄，故而说大禹的丰功伟绩，就是在说羌族自己的丰功伟绩。所以在这里，诗人的民族主体意识是以论述一个具有全国性基础的治水英雄来达到自己述说自己民族的目的，抑或是，诗人的民族主体意识借由一个异名来实现的。

纵观当代羌族诗人的写作，他们对其民族历史具有一种痴迷的心理倾向。这或许有点新历史主义的意思。但显然，就理解而言，他们无意"得罪"中国的正史论述的系统和逻辑，而仅仅是通过追溯民族的历史，然后进行想象性的重构，继而将羌族置于中华民族文明的前沿之一。换言之，他们可能认为羌族就是中华文明的早期缔造者之一。羌族诗人的这种做法，我们不能断定这是他们集体的一种趣味，或是偶尔为之的。笔者认为这或许是因为他们需要一种心理补偿，故而将民族视为中华文明的缔造者，抑或是参与者，这是一种十分恰切的做法：既不费力，也不需要逻辑论证。最重要的是可以在民族久远的"历史"中找到立足点。

第四章　族群文化与小凉山诗人群研究

经济全球化时代的来临，带动了通信、交通、基础设施的重大改变，特别是互联网的成功运用，使地球真正成为"一个村"，人们在充分享受物质产品的同时，精神世界也承受了前所未有的冲击。在这个"村"里，人们享受着信息的爆炸、交通的便利、物质的丰富，同时，也带来了无数的断裂、破损、不均、伤害。在无可选择的世界，整体意识日渐加强的全球化时代里，以弱势的少数民族文化和经济实力被卷进强大无比的全球化浪潮中的少数民族，其文化很容易被边缘化。我在当下少数民族诗歌里深深感到了来自文化内部的忧郁气质，就像我们在日常生活中所感受到的那样。

少数民族诗人不可避免地投身于这种生活方式中，并以自己的方式参与着民族的生存思考和民族文化的重构。于是，全球化时代的生存感受都成了他们创作的重要资源。文化全球化时代的生存感受唤醒了他们对民族文化的自觉意识，于是，对少数民族那早已模糊甚至丧失了的"文化身份"的找寻与书写成为少数民族诗人与诗歌在不可抗拒的全球化时代的艰巨任务之一。另外，新的"全球化体验"又为少数民族先锋诗人的诗歌创作带来了新的审美体验，并使得作为整体的少数民族诗歌具有获得全球性审美的功能，从而得以走出传统的少数民族文学的藩篱。因此，从创作上讲，全球化的所有体验和伤痛都有成就新的创作的可能。

爱德华·W.萨义德说，在全球化的时代里，"流亡是最悲惨的命运之一"。"对于大多数流亡者来说，难处不只是在于被迫离开家乡，而是在当今的世界中，生活里的许多东西都在提醒：你是在流亡，你的家乡其实并非那么遥远，当代生活的正常交通使你对故乡可望而不可即。因此，流亡者存在于一种中间状态，既非完全与新环境合一，也未完全与旧环境分离，而是处于若即若离的困境，一方面怀念而伤感，另一方面又是巧妙的模仿者或秘密的流浪者。"①在全球化的时代里，少数民族诗人无可避免地成了流亡者，他们都是一些离开了故乡文化的流散者。文化流亡，或者文化流散，就是全球化时代里少数民族诗人的重要的生活方式之一。在流散者的诸情感中，"家园情感"是最浓厚、最挥之不去的情感之一。于是，我们在少数民族诗人的诗歌文本中看到了许多他们对故乡的真诚与执着，看到了他们在诗歌中的"还乡"。于是，对于离乡后的他们来说，"家"成了一个永远回不去的地方，一个永远执着地要去的方向。

在全球化时代里，少数民族文化越来越边缘化，这不是谁能够左右的，是一股看不见的力量在挑动着。由此带来诗人对自身文化的思考、认同、焦虑，以弱者的姿态在进行生命的天问，用诗歌这一形式，对自己的传统以及现实世界的无情，进行自己视野中的朗读。

人与自然的关系，是诗人们探索的永恒主题。在今天高科技引领下，很多人在发展的路途中，发现了一种分裂的状态，个群分裂、身心分裂、天人分裂。但人们并没有认识到这种分裂的状态，也不了解分裂是怎么来的。因为，目前很多人对所谓的现代生活，特别是对所谓的文明是有错误理解的，他们认为现代这种生活是最好的，其实是处于一种麻醉状态。这是因为剪断了人与大自然的脐带造成的，他们不把大自然看作滋养生命、维系生存的团体，而把它看作破坏的客体和毁灭的对象。人们忘记了，在1854年，一个叫西雅图的印第安酋长对白人殖民者的忠告："你们怎么能够买卖这天、这地的温馨？对我们来说，这是多么奇怪啊！假如我们没有空气之清新与流水潺潺的所有权，你怎能买下它们呢？对于我们来说，这地的每一部分都是神圣的，我们是这地的一部分，这地也是我们的一部分……人所唾弃大地，也就是唾弃了自己，我们深深知道：大地不属于人类，而人类属于大地……丛林在哪里？消失了！鹰在哪里？消失了！生活结束

---

① 爱德华·W. 萨义德. 知识分子论 [M]. 单德兴，译. 北京：生活·读书·新知三联书店，2002：44—45.

了！偷生开始了！"还好，处于中国西南边陲滇西北高原的诗人们，在大地所赐的丰厚的大自然中，他们在探索人与自然、生命与死亡、灵魂与肉体、祖先与族群，时空交流，人与自然的伦理，生存的表象和归宿，人与神灵的渊源，物质中的灵魂，社会史与心灵史的对话。在这里，他们用诗歌这一形式，所有永恒的主题和时代的命题，都被一种鲜明的根性文化重新发现和诠释。

著名学者杜维明先生说："我们强烈地意识到，必须有一种基于全球共同利益的新保护意识。我们希望通过文明对话来鼓励各种积极的全球力量，从而增进物质的、道德的、审美的和精神的愉悦，并特别关切那些在当前经济发展潮流中陷入困境的、受到损害的、沦为边缘的和孤立沉默的人群。我们还希望通过文明促进个人知识、群体的凝聚力、自我理解以及个人群体认同意识的有益探索。"这就涉及一个文化多样性发展的论题，文化多样性是人类始终要坚守的梦想。对于今天的世界来说十分重要。在这个信息和数字时代，已经从根本上改变了传统的世界，人类的生活和思维方式发生了巨大变化。尤其是经济全球化的来临，不同特质的文化将在激烈的碰撞中经受从未有过的考验。作为作家和诗人应该清醒地关注这一变化，作为人类文化多样的守护者而存在。应该像敬畏生命一样，敬畏人类创造的一切文化。在这个地球上，每一个民族的文化都是平等的，就文化本身而言，它们不分大小，它们的存在价值都是不可替代的。只有人类不同文明的共存，人类不同民族文化的共存，这个世界才会是丰富的，这个世界的全面发展才是符合人道的。小凉山的诗人们，一方面通过个人化的诗学书写，再现了少数民族文化的"全球化遭遇"的历史与真实；另一方面还是这种对文化撕裂与文化疼痛的关注与诗学表达，让当代少数民族诗歌走出了自我藩篱，获得了一种全球化的诗学品质，为当代少数民族诗歌赢得"他文化"的尊重。置身于今天这样一个并不纯粹的文化空间，当民族自身的标志已变得漫漶难识，并已成为人们的日常焦虑时，诗人必须对文化身份、文化自信做出自己的努力。在这个很小的小凉山的诗人们还在努力做这样的尝试。以下就从各个章节剖析诗人们的作品轨迹：

第一节　诗人的原乡追寻及历史胎记

爱德华·W.萨义德说：在全球化的时代里，"流亡是最悲惨的命运之一"。"对于大多数流亡者来说，难处不只是在于被迫离开家乡，而是在当今世界中，生活里的许多东西都在提醒：你是在流亡，你的家乡其实并非那么遥远，当代生活的正常交通使你对故乡可望而不可即。因此，流亡者存在于一种中间状态，既非完全与新环境合一，也未完全与旧环境分离，而是处于若即若离的困境，一方面怀乡而感伤，另一方面又是巧妙的模仿者或秘密的流浪者。"① 在全球化的浪潮下，少数民族诗人也是文化的流散者，但他们面对这一窘况，仅从思想上寻找文化的原乡。

阿卓务林的《西朵拉达》有一定的代表性。

西朵拉达，四川喜德县的彝名，彝语北部方言标准音的诞生地。

——题记

荞麦金黄，果实充满阳光

耳畔的山歌飘自远山

落尽心田，有如天籁般酥柔

亲人的音信翻越火塘

抵达彼岸，不受污染的干净

是哪一朵白云驮来的方言啊

那么标准的母语，让故土如雨

溢出一个男人的眼眶

待我对月把酒，欲泪还羞

一列火车从西朵拉达驶过

---

① 爱德华·W.萨义德.知识分子论[M].单德兴，译.北京：生活·读书·新知三联书店，2002：44—45页.

穿透秋风，穿透夜色

我本该不是客人

却胜似客人

下一站应该叫宁蒗

彝语是你千年的船票

家谱是你万年的餐券

　　这首诗可以看作是全球化之后，少数民族对自己母语及文化符号的一种反思。被称为"小凉山"的宁蒗的彝族人，最早是从大凉山迁徙而来，大致是在清朝末年，由于天灾或冤家械斗等原因，从美姑、昭觉、布拖等地，以家支、家族为纽带，陆续迁到宁蒗。当诗人在远山听着云朵驮来四川喜德的民歌，一种天籁的酥柔，一种来自文化记忆的灵魂之声，一种在冥冥中似曾母乳的催化，使他达到没有污染的彼岸，达到那种如梦似幻的视觉的圣地，听到那么标准的母语，好似春雨般的泪水溢出眼眶，欲泪还羞时，一列火车打破了沉寂，穿过人们不曾穿透的岁月，诗人只能拼命地呼喊："彝语是你千年的船票，家谱是你万年的餐券。"作者以记忆回溯历史，思考母语在现实大地上如何存活和传承，好像是哲学家罗素说过：如果一个民族没有了语言和宗教，这个民族可以宣告消失。可以想见，语言，特别是母语，对于一个民族是多么重要。可以毫不夸张地说，语言就是每一个民族最初的原乡。

　　我们再看普米对原乡的追寻：

古　歌

老人很老了

唱歌的时候

声音微颤

闭着眼

似乎睁开眼

世界就会消失

他的双手扶在

盘腿的膝盖上

不停地摇晃着

似乎那些歌

是他从很远的地方

一步步吆喝着赶来

唱到动情之处

头不住前倾

仿佛再用一点力

就能穿越时空的边界

火塘的火渐渐熄灭

老人开始沉入黑夜

成为石头的部分

他的歌从石缝里

淌出来

慢慢涌入

我们的心房

最后从我们的眼眶

潸然溢出[①]

　　小凉山诗人群中的杰出代表鲁若迪基，是一个特色鲜明的诗人。他的诗常常让我想起西班牙著作诗人洛尔迦，以充满了浓郁的民族特色和地域特色而见长。他的诗很短，但文字背后往往浸透着浓郁的诗情和人类的大爱。鲁若迪基这首诗只字未提传统的口传文化对他的影响，也没有写这歌手到底唱了什么，作者就以歌者的身姿、形体，以及诗人印象中的火塘、石头，让人感受到普米族历史的厚重。歌者承载的原乡那一份文化的深度，以至于让人在泪水中领悟那感人的时刻。诗人在一份浓浓的怀乡中伤感，又暗示了一群人已离开了这种文化的氛围，

---

① 鲁若迪基. 心经 [M]. 武汉：长江文艺出版社, 2013：2.

不难理解，一种流离的苦痛，正在浸湿一些离开了故土的人，所以"他的歌从石缝里淌出来，慢慢涌入我们的心房"。在这样的抒写中，歌者唱什么已经不再重要，重要的是"我们"在看什么，"我们"在想什么。

第二节　在全球化背景下如何构建"文化认同"

在这个同质化的社会历程中，全球化将少数民族的族群社会纳入全球同一交往与碰撞的共时框架之中，使少数族群失去了居住地理位置的边缘性和封闭性，以及各种居住地在过去对少数族群文化所起到的无意中的保护作用。"文化的流散"导致了"疼痛"和"撕裂"，很多少数族群的后裔漂泊在母语文化之外，处于多种文化之中，却又总是游离于每一种文化的生存境遇，一种"跨文化存在"的生命状态。

齐格蒙特·鲍曼说："不管愿意与否，无论是有意还是无心，我们每一个都在移动着。即使我们原地不动，我们也在移动着：在一个永恒不变的世界中，静止不动并非现实的选择。"他还说："在这个世界上不再存在'天然的边界'，也不再有什么地方要去占领。这一刻，无论我们身处何地，我们都不能不确信我们也可能在别处。"[①]

著名彝族诗人吉狄马加也写道："我写诗，是因为我承受各种文化的冲突。有什么办法呢，我就生活在这样一个地带。"[②] 作为自己本民族的文化精英，这些诗人在童年时代"天然" 地接受了民族文化的熏陶之后，大都在现代教育体系中学习了汉文化，甚至接受了高等教育。因此，他们的文化背景是重要的。今天，置身于一个文化全球化的"时空压缩"了的社会里，由于自己民族文化的弱势地位，他们接受的多种文化——主要是汉文化和西方文化——在他们的文化构成中一直处于强势地位，所以，少数民族诗人必然处于一种"文化离散"的状态。鲁若迪基的诗《夜读》中写道：

---

① 齐格蒙特·鲍曼. 全球化：人类的后果 [M]. 北京：商务印书馆, 2004：2, 77.
② 吉狄马加. 吉狄马加诗选 [M]. 成都：四川文艺出版社, 1992：280.

这个夜晚这么宁静

月光洒满庭院

有人翻山越岭

要去寻找

一个在梦里出现过的美人

他已翻过九十九座山了

还有更多的山簇拥着

横亘在面前

他已蹚过七十七条河了

还有更多的河聚集着

咆哮而来

我久久没有合上书

怕一旦合上

就像巫师

给他们关上了

最后一道门①

　　作者所写的夜的"宁静"，不再是祖先经历过的各种各样宁静的夜晚。因为是"梦"中幻影般的一个美人，使得人们翻山越岭去寻找。但面对着纷至沓来的绚丽世界，作者又开始忐忑不安，怕像巫师关上门一样，关掉了最后一道门，这就是一种惊恐的文化焦虑。传统繁荣已经打散，新的充满了诱惑的东西还未构建，诗人们在寻找认同的路。

　　那么认同的路在哪里呢？

　　查尔斯·泰勒说："认同问题经常被人们用这样的句子表达：我是谁？但在回答这个问题时，一定不能只是给出名字和家系。如何回答这个问题，意味着一种对我们来说是最为重要的东西的理解。知道我们是谁就是了解我立于何处。我的认同是由承诺和自我确认所规定的，这些承诺和自我确认提供了一种框架和视

---

① 鲁若迪基.心经 [M].武汉：长江文艺出版社,2013：6.

界。在这种框架和视界之中我能够在各种情景中尝试决定什么是善的，或有价值的，或应当做的，或者我支持或反对的。换言之，它是这样一种视界，在其中我能采取一种立场。"①

认同问题关系到个体或族群的安身立命的根本，是判断是非善恶的标准，也是确定自身身份的框架和尺度。有了这些标准、框架和尺度，个体或族群在人与环境、世界相处时就有了确定的方位和价值。如果没有这些标准，个体或族群就失去了方向和价值，就不知道自己应该是谁，就会处于不知所措的惊慌之中。不幸的是，在这个世界里，处于弱势地位的少数民族文化被处于强势地位的汉文化和更强势的西方文化层层包围，原有的文化认同感和文化纽带迅速消失，源自文化的焦虑感迅速升起。于是，在多种文化间的碰撞与复杂交流中，拥有某种少数民族文化的个体或群体就面临着新一轮的文化重构与文化认同问题。在民族文化的重构与新的认同之文化历程中，民族内部产生的强烈的思想震荡和巨大的精神磨难，来自民族内部的焦虑与痛苦、希冀与欣悦等这些主体经验，都对民族诗人的创作构成了深刻的影响。所以，著名学者杜维明教授在联合国撰写的《文明对话宣言》（2001年）中强烈呼吁："我们强烈地意识到，必须有一种基于全球共同利益的全新保护意识。我们希望通过文明对话来鼓励各种积极的全球化力量，从而增进物质的、道德的、审美的和精神的愉悦，并特别关切那些在当前经济发展潮流中陷入困境的、受到损害的、沦为边缘的和鼓励沉默的人群。我们还希望通过文明对话促成对个人知识、群体凝聚力、自我理解以及个体和群体认同意识的有益探索。"②

虽然少数民族文化处于边缘性地位，但少数民族诗人内心深处的文化使命感和对自我民族文化生存权的热切关注，使他们在自己的创作中表现出了积极的文化对话品质。比如，鲁若迪基有一首很有名的诗《小凉山很小》。

> 小凉山很小
>
> 只有我的眼睛那么大
>
> 我闭上眼
>
> 它就天黑了

① 泰勒.自我之源//汪晖自选集 [M].桂林：广西师范大学出版社，1997：37.
② 哈佛燕京学社.全球化与文化对话 [M].南京：江苏教育出版社，2004：84.

小凉山很小
只有我的声音那么大
刚好可以翻过山去
应答母亲的那声呼唤

小凉山很小
只有针尖那么大
油灯下
我的诗总想穿过它
去缝补一件件
母亲的衣裳

小凉山很小
只有我拇指那么大
在外的时候
我总是把它竖在别人的眼前①

诗人用一大一小的对比，用眼睛、声音、针尖等隐喻，比喻小凉山小中的大，以及不可替代的一种存在。并且，用"只有拇指那么大"，但作者总是把它排在第一位。这个精神原乡就是孕育作者的子宫，是作者永远无法抹去的胎记，是难以忘怀的生命摇篮。又如阿卓务林的《让石头压住风》。

山上的风太猛了
炊烟直不起来
盖在屋顶的木材
比炊烟还轻
在凉山，密密麻麻的石头
压在每一栋黄板房的屋顶

---

① 小凉山诗人诗选 [M]. 昆明：云南民族出版社, 2006：1.

压住风

坐在屋里，举头

便能望见

天上漏下的月亮和星星

风来了

月亮伴着风

雨来了

星星和着雨

密密麻麻的石头

灵牌一样一动也不动

而一个人从黄板房

走到大厦的第一千零一层

花了多少块

慰问边疆的石头

走了多少年

风雨路[①]

作者在漫不经心地描摹小凉山的一栋木屋，在那显得十分清贫、枯燥、寂寞的境地中，却见出一些不平凡，是一种热切地走出大山的渴盼，是一种风来雨来，带来月的柔媚、星的晶莹中，一种与外界对话的冲动，即便走的永远是风雨路，但是要走到大厦第一千零一层的欲望。这是一种千百年来祖先从未体验过的尝试，是一种融入，并能屹立潮头的念想。

当然，在一个已经全球化了的社会里，"回家"，尤其是文化意义上的回家，已经根本不可能。"时空压缩"在把地球变小的同时，也把这些漂泊他乡的游子远远地拒绝在"家"的远方，"文化离散"成为他们必然的命运。这样，回归民族文化的自觉意识便宿命般地成为"文化之痛"。无论身在何处，诗人们都处于"文化流散"的悬浮状态中，文化认同的危机成为日常生活中最常态的一种体验，时时刻刻伴随着他们。

---

① 小凉山诗人诗选 [M]. 昆明：云南民族出版社 2006：56.

本尼迪克特·安德森说："身份……无法被回忆，它必须叙述出来。"[1] 置身于今天这样一个并不纯粹的文化空间，当民族身份的标志已变得模糊不清，并已成为日常焦虑时，吉狄马加的《思念》对此进行了这样的叙述。

> 我站在这里
> 我站在钢筋和水泥的阴影中
> 我被分割成两半
>
> 我站在这里
> 在有红灯和绿灯的街上
> 再也无法排遣心中的迷惘
>
> 妈妈，你能告诉我吗
> 我失去的口弦是否还能找到[2]

这就是文化离散中的诗人，寻找文化认同，寻找文化之脉的生命的天问。

第三节　文化失语到文化自觉的嬗变

一直以来，由于民族地区地理位置的边缘化或封闭性，少数民族文化大都是作为边缘文化、本土文化的象征出现在文化的大版图上的。而且，由于社会发展的不平衡性，以及自身社会发育程度较低，时至今日，在大多数人眼里，民族地区的文化条件和社会条件依然是一种"另类"，他们的文化形态也当然地成了第三世界中"第三世界文化"的典型代表。正因为如此，回顾历史，我们会发现，在某些历史时段里大多数少数民族文化因为失去了自己的独立而处于"休眠状

---

① 张辉 . 文学传播与文学形象 [M]. 北京：北京大学出版社 ,1999：327.
② 小凉山诗人诗选 [M]. 昆明：云南民族出版社 ,2006：102.

态",或成为他文化的附庸或学舌。在那些历史的天空中,除了极少来自民间的声音外,在正宗的主流里,我们几乎听不到真正属于少数民族文化自我言说的话语。

然而,让人始料不及的是,随着全球化的到来,随着经济、信息、技术、文化的全球化,地理疆界无意义化了,地理位置的原本意义丧失了,原来的地缘封闭和经济、技术与文化上的滞后不再成为理由。这时,少数民族文化失去了它的天然屏障,赤裸裸地又以一个弱者的姿态被扔进了全球化的大版图中。这种双刃剑式的尴尬境地,让人们除了惊讶和慌乱之外,弄得目瞪口呆。在这种艰难的历程中,文学,尤其是诗歌,以它敏感的神经总是及时地反映出文化的动向,直觉地体会出一个民族的心声,"它不但体会,而且用象征的手法把这种心声表达出来"[1]。

> 我要寻找
> 被埋葬的词
> …………
>
> 它是母腹的水
> …………
>
> 是夜空宝石般的星星
> …………
>
> 是祭司梦幻的火
> 它能召唤逝去的先辈
> 它能感应万物的灵魂[2]

这是一种包含了极强的文化溯源品格的"文化自觉"意识,它来自民族文化内部的焦灼感与危机意识,表明了诗人的文化立场和追求;必须用自我的方式把处于"休眠状态"的民族文化唤醒。唯有如此,少数民族文化才能摆脱附庸与学舌的尴尬境界,也才有可能从根本上寻得求生与突围的机制。

---

① 李亦园. 从文化看文学 [D]. 中国比较文学,1998(2):101.
② 小凉山诗人诗选 [M]. 昆明:云南民族出版社,2006:112.

鲁若迪基的《一个山民的话》写道：

> 这个世界真怪
>
> 不知不觉
>
> 雪山上的雪只有一撮箕了
>
> 一座座山被掏空了
>
> 一条条江被拦腰斩断了
>
> 那都是些什么人啊
>
> 他们让地球生病了
>
> 我们只是在祖先的土地上
>
> 用自己的双手劳动吃饭
>
> …………
>
> 这个世界真怪啊
>
> 怪得我们好像刚刚来到懵懂的世界
>
> 不知该什么时候播种
>
> 什么时候收获了[①]

　　作者以一个山里民众的语言，在质问这个读不懂的世界，实际是诗人的一种"文化中的失语"到一种苏醒的状态，是一种令人猝不及防的变化，一种手足无措状态中的怆然而涕，在平实的话语背后，是一种无奈，又是一种隐隐的觉醒。这使人想起过去的拉美大陆上，当白人要买走印第安人的土地时，印第安酋长西雅图对白人说：你们要买走土地，真是可笑。这是我们的栖息之地，是母亲的躯体，你们要买走？你们能买走空气吗？能买走鹰的啼叫？能买走河流的清秀？如果你们真能买走一切，那么，当空气不再清新，河流不再清澈，土地已经贫瘠，那么，我们大家就是"偷生"的开始。好一个"偷生"。的确，如果过度的开发影响了人安居的家园，那么，发展的代价真的太昂贵了。

---

① 小凉山诗人诗选 [M]. 武汉：长江文艺出版社，2014：7.

又如曹嫒的"泪"：

> 小时候
> 总认为流着泪水便是伤心
> 却不知道流着泪或许是因为幸福
> 长大了
> 总会用泪水发泄心中的不快
> 却不知道这样只会让自己更难过
> 如今
> 生活中有了太多失意和迷茫
> 却不知为何没有了泪水 [①]

正是这种"文化自觉"意识的凸显表明了少数民族诗人在"文化全球化"中的一种文化姿态，就是要在全球化的版图中留住自己的身影，就得真正回归自己的文化家园，走文化本土化的道路。

这种文化自觉的视点从"外"向"内"转，自觉地集中于自己的文化土壤，使一种"失语"的状态中，恢复为一种发声的状态，这不是一种呼唤中的乡愁，是一种生命成熟中的绽放。如吉狄马加的《我想对你说》写道：

> 如果我死了
> …………
> 要把我的身躯
> 从这个陌生的地方抬走
> …………
> 既然是从山里来的
> 就应该回到山里去
> 世界是这样的广阔

---

① 小凉山诗人诗选 [M]. 武汉：长江文艺出版社, 2014：108.

　　但只有在你仁慈的怀里

　　我的灵魂才能长眠①

　　这不仅仅是一首诗，是文化自觉中的一份宣言。是长夜奔突中闪现的一道星光，是长途逆旅中发现的一个航标，是在不屈进取途中获得的灯塔。少数民族只有自强不息，才能获取这个全球化时代的身份证。

---

① 吉狄马加.吉狄马加诗选[M].成都：四川文艺出版社,1992：231.

参考文献

一、著作

[1] 列美平措. 列美平措诗歌选[M]. 成都: 四川民族出版社, 2004.

[2] 夏加. 天子·格萨尔[M]. 成都: 四川民族出版社, 2012.

[3] 梅萨. 半枝莲[M]. 北京: 作家出版社, 2016.

[4] 阿布司南. 我的骨骼在远方[M]. 北京: 作家出版社, 2015.

[5] 纳日碧力戈. 现代背景下的族群建构[M]. 昆明: 云南教育出版社, 2000.

[6] 洛迦·白玛. 雪园覆盖的梦园 [M]. 成都: 四川文艺出版社, 2016.

[7] 那萨. 一株草的加持 [M]. 西宁: 青海人民出版社, 2016.

[8] 桑丹. 边缘积雪[M]. 成都: 四川文艺出版. 2012.

[9] 王岳川. 后殖民主义与新历史主义文论[M]. 济南: 山东教育出版社, 1999.

[10] 刘玉皑. 民族志导论[M]. 北京: 民族出版社, 2018.

[11] 刘先平. 跋涉在大自然文学的30年 // 大自然文学研究: 首卷[M]. 合肥: 安徽人民出版社, 2012.

[12] 爱德华·泰勒. 原始文化[M]. 连树生, 译. 上海: 上海文艺出版社, 1992.

[13] 福斯特. 生态危机与资本主义[M]. 耿建新, 译, 上海: 译文出版社, 2006.

[14] 何平. 现代小说还乡母题研究[M]. 上海: 复旦大学出版社, 2012.

[15] 维·什克洛夫斯基. 作为手法的艺术[M] // 维·什克洛夫斯基. 散文理论. 南昌: 百花洲文艺出版社, 1994.

[16] 罗家伦, 罗庸. 新人生观　鸭池十讲[M]. 沈阳: 辽宁教育出版社, 1997.

[17] 李咏吟. 创作解释学[M]. 广西: 广西师范大学出版社, 2004.

[18] 全国《格萨尔》工作领导小组办公室. 《格萨尔》: 序//夏加. 格萨尔[M]. 成都: 四川民族出版社, 2012.

[19] 爱克曼. 歌德谈话录[M]. 朱光潜, 译. 北京: 人民文学出版社, 1978.

[20] 顾彬. 二十世纪中国文学史[M]. 上海: 华东师范大学出版社, 2008.

[21] 左玉堂. 彝族文学史: 上[M]. 昆明: 云南民族出版社, 2006.

[22] 左玉堂. 彝族文学史: 下[M]. 昆明: 云南民族出版社, 2006.

[23] 白兴发. 彝族文化史[M]. 昆明: 云南民族出版社, 2002.

[24] 朱崇先. 彝文古籍整理与研究[M]. 北京: 民族出版社, 2008.

[25] 巴莫曲布嫫. 鹰灵与诗魂: 彝族古代经籍诗学研究[M]. 北京: 社会科学文献出版社, 2002.

[26] 罗曲, 等. 彝族文献长诗研究[M]. 北京: 中国社会科学出版社, 2009.

[27] 何积全. 彝族古代文论研究[M]. 北京: 民族出版社, 2012.

[28] 康健, 等. 彝族古代文论[M]. 贵阳: 贵州人民出版社, 1997.

[29] 中央民族大学彝文文献编译室. 彝文文献学概论[M]. 北京: 中央民族大学出版社, 1996.

[30] 吉狄马加. 为土地和生命而写作: 吉狄马加演讲集[M]. 北京: 外语教学与研究出版社, 2013.

[31] 伍精华. 我们是这样走过来的: 凉山的变迁[M]. 北京: 民族出版社, 2002.

[32] 姚昌道. 彝文改革述论[M]. 成都: 四川民族出版社, 2008.

[33] 阿牛木支. 当代彝文文学史[M]. 北京: 民族出版社, 2017.

[34] 王振川. 国务院批准《彝文规范方案》在四川凉山彝族自治州推行中国改革开放新时期年鉴[M]. 北京: 中国法制出版社, 2015.

[35] 李晓峰. "不在场的在场": 中国少数民族母语文学的处境//钟进文. 中国少数民族母语文学研究[M]. 北京: 民族出版社, 2014.

[36] ꀀꑭꌠ.《ꀒꑭꂵꀊꑭ》ꆈꌠ: ꃅꎭꄀꈒ[M]. ꆈꌠ: ꍅꀒꑴꃀꁡꌠ, 1992.

[37] ꀋꇬ. ꃀꑭꒆ[M]. ꆈꌠ: ꍅꀒꑴꃀꁡꌠ, 2014.

[38] ꑭꀒꆈꀑꈪꃀꑭꄮ[M]ꆈꌠ: ꍅꀒꑴꃀꁡꌠ, 2001: 129.

[39] ꋠꃅꋏꃅꑴ. ꒙ꇙ[M]. ꊂꏦ: ꅇꆙꋃ, 2015: 2.

[40] 程光炜. 中国当代诗歌史[M]. 北京: 中国人民大学出版社, 2003.

[41] 李昉, 等. 太平广记: 卷四百八十三[M]. 北京: 中华书局, 1961.

[42] 邱婧. 凉山内外: 转型期彝族汉语诗歌论[M]. 广州: 暨南大学出版社, 2017.

[43] 吉狄马加. 初恋的歌[M]. 成都: 四川民族出版社, 1985.

[44] 吉狄马加. 一个彝人的梦想[M]. 北京: 民族出版社, 1989.

[45] 巴莫曲布嫫. 图案的原始[M]. 成都: 四川民族出版社, 1992.

[46] 阿库乌雾. 走出巫界[M]. 成都: 成都出版社, 1995.

[47] 倮伍拉且. 大山大水及其变奏[M]. 成都: 四川民族出版社, 2014.

[48] 张清华. 像一场最好虚构的雪: 关于当代诗歌的细读笔记[M]. 北京: 北京大学出版社, 2017.

[49] 吉木狼格. 他更像一只蜂蜜: 序 // 依乌. 我的[M]. 南京: 江苏凤凰文艺出版社, 2019.

[50] 吴琪拉达. 吴琪拉达文集[M]. 西昌: 凉山日报印刷厂印制, 2005.

[51] 吉狄马加. 火焰上的辩词: 吉狄马加诗文集[M]. 桂林: 广西师范大学出版社, 2021.

[52] 霁虹. 大地的影子[M]. 北京: 中国戏剧出版社, 2002.

[53] 姚新勇. 文化民族主义视野下的转型期中国少数民族文学[M]. 新北市: 花木兰文化出版社, 2014.

[54] 吉狄马加. 罗马的太阳[M]. 成都: 四川民族出版社, 1991.

[55] 阿库乌雾. 密西西比河的倾诉[M]. 北京: 作家出版社, 2008.

[56] 阿库乌雾. 凯欧蒂神迹: 阿库乌雾旅美诗歌选[M]. 北京: 民族出版社, 2015.

[57] 吉狄马加. 吉狄马加的诗[M]. 北京: 人民文学出版社, 2018.

[58] 特·赛音巴雅尔. 吉狄马加研究专辑: 中卷[M]. 北京: 作家出版社, 2012.

[59] 吉狄马加. 与群山一起聆听: 吉狄马加诗歌对话集[M]. 南京: 江苏凤凰文艺出版社, 2018.

[60] 海德格尔. 荷尔德林诗的阐释[M]. 孙周兴, 译. 北京: 商务印书馆, 2000.

[61] 吉狄马加. 敬畏群山：吉狄马加文学文化演讲[M]. 合肥：安徽文艺出版社，2018.

[62] 阿多尼斯，等. 吉狄马加的诗歌与世界[M]. 成都：四川人民出版社，2017.

[63] 李怡，段从学，肖伟胜. 大西南文化与新时期诗歌[M]. 重庆：西南师范大学出版社，2002.

[64] 伍立扬. 墨香会理的传统芬芳：祁开虹散文集序∥霁虹. 墨香会理[M]. 北京：中国文联出版社，2008：1.

[65] 霁虹. 尼底尔库：会理[M]. 昆明：云南人民出版社，2018.

[66] 霁虹. 波罗的海的太阳[M]. 南京：凤凰出版社，2012.

[67] 欧阳梅. 羌族文学作品选·诗歌卷[M]. 成都：成都时代出版社，2010.

[68] 中国作家协会. 新时期中国少数民族文学作品选集·羌族卷[M]. 北京：作家出版社，2014.

[69] 杨国庆. 一只凤凰飞起来[M]. 成都：四川文艺出版社，2007.

[70] 刘大先. 现代中国与少数民族文学[M]. 北京：中国社会科学出版社，2013

[71] 羊子. 祖先照亮我脸[M]. 北京：作家出版社，2019.

[72] 羊子. 岷山滋养一个真实的汶川[M]. 北京：团结出版社，2017.

[73] 杨国庆. 阅读与欣赏：《羌族文学》栏目精选[M]. 成都：四川民族出版社，2021.

[74] 谢冕，著. 刘福春，插图. 中国新诗史略[M]. 北京：北京大学出版社，2018.

[75] 曾小平. 飘浮在雪域的灵感[M]. 北京：中国文史出版社，2007.

[76] 曾小平. 雪，飘飞的诗行[M]. 北京：中国文联出版社，2016.

[77] 耿占春. 失去象征的世界：诗歌、经验与修辞[M]. 北京：北京大学出版社，2008.

[78] 杨国庆. 最后一山冰山[M]. 北京：现代出版社，2016.

[79] 李明. 羌族文学史[M]. 成都：四川民族出版社，2009.

[80] 羊子. 岷辞[M]. 成都：四川民族出版社，2022.

[81] 马绍玺. 在他者的视域中：全球化时代的少数民族诗歌[M]. 北京：社会

科学文献出版社, 2007.

[82] 海德格尔. 在通往语言的途中[M]. 孙周兴, 译. 北京: 商务印书馆, 2004.

二、期刊论文

[1] 阿莱达·阿斯曼. 个体记忆、社会记忆、集体记忆与文化记忆[J]. 陶东风, 编译. 文化研究, 2020（3）.

[2] 张媛. "多元文化"视野下的大众传媒与少数民族身份认同建构[J]. 东岳论丛, 2013（4）.

[3] 林琳. 族群记忆与历史书写: 以回族文学为例[J]. 宁夏大学学报: 社会科学版, 2016（3）.

[4] 董朝霞, 刘林. 文化反思: 走向文化自信的心理机制[J]. 观察与思考, 2021（3）.

[5] 曾斌. 地方性知识: 少数民族文学的传播与认知功能[J]. 民族文学研究, 2020（5）.

[6] 刘德川. 牦牛图腾问题浅探[J]. 西藏民族学院学报: 哲学社会科学版, 2005(3).

[7] 周星. 民俗语汇·地方性知识·本土人类学[J]. 社会学评论, 2021（3）.

[8] 陶礼天. 文学地理与文学地理学建构片谈[J]. 长江文艺, 2017（3）.

[9] 孔又专. 万物有灵论与原始宗教观念: 读泰勒《原始文化》散札[J]. 三峡论坛, 2011（6）.

[10] 袁凡茹. "万物有灵论"的生态之思[J]. 攀枝花学院学报, 2012（2）.

[11] 秋加才让. 念珠[J]. 贡嘎山, 2015（6）.

[12] 秋加才让. 寂寞的雪花[J]. 青海湖, 2013（7）.

[13] 迟子建. 今天还需要神话吗[J]高中生, 2018（4）.

[14] 尼玛松保. 谁, 捋走了思念[J]. 诗林, 2015（1）.

[15] 那萨. 假如我有神力[J]诗林, 2015（1）.

[16] 孙淑奇. 诗意、此在、栖居: 解读海德格尔《人诗意的栖居》. 理论界

[J]. 2008（7）.

[17] 鲁宝. 无家可归者的还乡之路：海德格尔的"诗意栖居"思想及其困境[J]. 2018（1）.

[18] 尼玛松保. 这地方[J]. 诗选刊, 2013（5）.

[19] 夏加. 囚徒[J]. 中国诗歌, 2017（6）.

[20] 遗忘. 更求金巴[J]. 诗江南, 2017（3）.

[21] 邵春, 胡志强. 夸张与意识双重结构[J]. 西安外国语大学学报, 2017（3）.

[22] 罗赛群. 移就的修辞心理分析[J]. 广州大学学报：社会科学版, 2003（3）.

[23] 赵丹, 刘洋. 论"陌生化诗学"的审美意义与理论缺陷[J]. 中国科技财富, 2018（12）.

[24] 龚兆华. 本维尼斯特论诗歌语言与日常语言之别[J]. 当代修辞学, 2016（6）.

[25] 朱志荣. 论美与意象的关系[J]. 社会科学, 2022（2）.

[26] 甲波布初. 一抹雪痕踩响的部落[J]. 贡嘎山, 2020(5).

[27] 林继富. 藏族白石崇拜探微[J]. 西藏研究, 1990（1）.

[28] 徐岱. 艺术的特性与特征：也谈艺术中情感与形象的关系[J]. 当代文坛, 1984（10）.

[29] 段海龙, 罗一民. 艺术形象性探源：从美学的窗口看艺术认识的特点[J]. 南京大学学报：哲学人文社会科学, 1996（2）

[30] 董云飞. 艺术形象：艺术地把握界的载体[J]. 齐齐哈尔大学学报：哲学社会科学版, 1999.

[31] Jean-Luc Nancy, The Muses, trans. Peggy Kamuf, Stanford: Stanford University Press, 1996.

[32] 李咏吟. 艺术形象与形象学解释的理指向[J]. 文艺评论, 2011（07）.

[33] 王继霞. 百年回族文学价值述略[J]. 青海民族大学学报：社会科学版, 2014（02）.

[34] 张俊明. 论藏传佛教对藏族民族心理的影响[J]. 兰州文理学院学报:社会科学版, 2016（4）.

[35] 尼玛松保. 多年以后 [J]. 诗江南, 2013（3）.

[36] 张瑞, 艾美华. 新疆当代多民族文学传播方式[J]. 视听, 2017（01）.

[37] 迎超. 评梅萨诗歌兼论少数民族诗人写作的超越[J]. 贡嘎山: 汉文版, 2018（02）.

[38] 更求金巴. 仓央嘉措[J]. 贡嘎山, 2017（05）.

[39] 刘波. 口语诗如何成为可能: 关于口语诗命题的一些思考[J]. 诗探索, 2012（03）.

[40] 罗丽. 民族的, 就是世界的? : 对民族性问题的两点思考[J]. 南国红豆, 2006（05）.

[41] 徐其超. 谈和谐文化建设与民族文学繁荣: 以凉山彝族文化诗派为例[J]. 西南民族大学学报: 人文社科版, 2007（04）.

[42] 马克·本德尔, 王静, 李生柱. 垂死的猎手, 有毒的植物, 失声的奴隶: 当代诺苏彝族诗歌中的自然与传统[J]. 节日研究, 2018（01）.

[43] 罗庆春. 口头传统与中国当代少数民族母语文学创作: 以彝族为例[J]. 西南民族大学学报: 人文社科版, 2010, 31（06）.

[44] 阿牛木支. 20世纪彝族文学创作概述[J]. 民族文学, 2004（1）.

[45] 时长日黑. 当代彝文文学发展的园地: 在《凉山文学》彝文版创刊30周年庆祝会上的发言[J]. 凉山文学, 2011（4）.

[46] 沙马拉毅. 论彝族"克智"[J]. 西南民族学院学报: 哲学社会科学版, 2003（01）.

[47] 瓦西罗曲. 凉山彝族"尔比"研究之一[J]. 民族文学研究, 1987（05）.

[48] 钱文亮. 当代文学的现代性问题[J]. 南方文坛, 2020（01）.

[49] 阿牛木支. 彝族母语文学的文化生态与现代书写[J]. 民族文学研究, 2008（04）.

[50] 罗庆春, 北海. 母语的光辉: 新时期四川少数民族母语文学创作概论[J]. 西南民族学院学报: 哲学社会科学版, 2001（06）.

[51] 李正文. 当代彝族母语新诗创作述评[J]. 西南民族大学学报: 人文社科版, 2009, 30（05）.

[52] 张叹凤. 早期凉山彝族题材诗歌地标与风物特色书写[J]. 阿来研究, 2016（02）.

[53] 李骞. 论当代大凉山彝族诗人群的民俗记忆[J]. 文艺争鸣, 2016（12）.

[54] 孙静轩. 从大凉山走向世界: 同彝族青年诗人吉狄马加漫谈[J]. 当代文坛, 1985 (12).

[55] 翁贝尔托. 萨巴. 王东东, 译. 翁贝尔托·萨巴诗选 (20首) [J]. 诗歌月刊, 2015 (5).

[56] 谢君兰. 精神的跨文明接续: 初探阿库乌雾旅美诗集《密西西比河的倾诉》[J]. 科技信息: 学术研究, 2007 (26).

[57] 陈晓军. 魂兮归来: 读《凯欧蒂神迹: 阿库乌雾旅美诗歌选》[J]. 文化遗产研究, 2015 (02).

[58] 罗庆春, 刘兴禄. 感恩乡土: 论霓虹诗歌的乡土文化精神[J]. 西昌学院学报: 社会科学版, 2006 (02).

三、学位论文

[1] 朱未央. 族性书写中的民族文化素与身份隐喻: 以扎西达娃、 阿来等少数民族作家为例[D]. 上海: 复旦大学. 2012.

[2] 乔莉莉. 《格萨尔》之图腾文化研究[D]. 西北民族大学, 2010.

四、网页

[1] 甲波扎西. 母亲的镰刀 (组诗). 藏人文化网[EB/OL]. https: //mp. weixin. qq. com/s/IosbQjgFi_HUT_U8N8wbZA, 2020-11-10.

[2] 耶杰·茨仁措姆. 耶杰·茨仁措姆2020年自选诗. 藏人文化网[EB/OL]. https: //mp. weixin. qqcom/s48EpskzxavP8DG7FwyjR3w. 2021-01-18.

[3] 宗丞降初. 一坨酥油. 新世纪诗典[EB/OL]. https: //mp. weixin. qq. com/s/YMkzgqU_EQ8mI7R-BSUnLQ, 2022-03-09.

[4] 宗丞降初. 一坨酥油. 新世纪诗典[EB/OL]. https: //mp. weixin. qq. com/s/YMkzgqU_EQ8mI7R-BSUntQ, 2022-03-09.

[5] 聂·塔尔青. 草原, 谁的归宿. 潮头文学[EB/OL]. https: //mp. weixin. qq. com/s/3bcyKg_iK9umhXN1hE9U8w, 2018-10-27.

[6] 布钦·嘎玛文青. 卡瓦格博的沉默（组诗）. 藏人文化[EB/OL]. https: //mp. weixin. qq. com/s/p0t028YyAIzbbLORKk1Zsg, 2021-12-28.

[7] 夏加. 高地视角（组章）. 藏人文化网[EB/OL]. https: //mp. weixin. qq. com/s/ 4spdjvx-HMHW2cpnY_gAXQ, 2022-03-23.

[8] 耶杰·茨仁措姆. 耶杰·茨仁措姆2021年自选诗. 藏人文化网[EB/OL]. https: //mp. weixin. qq. com/s/EmzAOkSVSX4CeG4yE_1F6A, 2022-01-20.

[9] 此称. 此称的诗. 触迪庆[EB/OL]. https: //mp. weixin. qq. com/s/Wud-2ro-SzH5fRh4W-wGhTQ, 2020-06-15.

[10] 那萨. 太阳回归线桑的一块暗影（组诗）. 藏人文化网[EB/OL]. https: //mp. weixin. qq. com/s/gxrMK_WiFLLcTXBr5aS-oA, 2021-11-11.

[11] 聂·塔尔青. 香巴拉佛塔. 格桑花开[EB/OL]. https: //mp. weixin. qq. com/s/9t40nv1j3K8tPYgV9b1X0w, 2019-09-03.

[12] 甲波布初. 雪野，被雪尘隐藏的秘籍（组诗）[EB/OL]. https: //mp. weixin. qq. com/s/-_c1CUvd_BKN60sbVDhI6w, 2021-09-09.

[13] 拉卡·索南伊巴. 无言的默契（组诗）. 藏人文化网[EB/OL]. https: //mp. weixin. qq. com/s/cnJccFQDXvwAT-9XrUbtNg, 2021-03-02.

[14] 尕降初. 复仇之夜：宗尕降初近作12首[EB/OL]. https: //mp. weixin. qq. com/s/HWUAkF_eMnqCRGU9W58pFg, 2020-05-01.

[15] 彝族人网[EB/OL]. http: //www. yizuren. com/book/qkbz/gkcb/606. htm, 12020/2/8.

[16] 本报采访组走访《凉山日报》彝文版编辑部. 广西民族报网[EB/OL], http: //www. gxmzb. net/content/2014—12/11/content_8515. htm, 2014-12-11/2020-02-08.

[17] 《民族》杂志社彝文版：全国唯一获得"中国最美期刊"的少数民族文字版综合性刊物年度评审会在西昌举行. 彝族人网[EB/OL]. http: //www. yizuren. com/social/yw/37169. html, 2018-07-25/2020-02-08.

[18] 吉木狼格. 在美国[EB/OL]. https: //mp. weixin. qq. com/s/Odw4qzx-61iTXoKIKcSS9Lw, 2022-05-16.

[19] 吉木狼格. 希拉里和川普：不管谁获胜美国还是美国[EB/OL]. https: //mp. weixin. qq. com/s/KSpuykOJ55FVaeBkk—9BIg, 2022-05-16.